乡村旅游社区家庭生计恢复力研究

尚前浪 明庆忠 李梦雪 邓华泽 / 著

国家自然科学基金旅游研究项目文库

中国旅游出版社

项目策划：张芸艳
责任编辑：张芸艳
责任印制：钱　宬
封面设计：武爱听

图书在版编目（CIP）数据

乡村旅游社区家庭生计恢复力研究 / 尚前浪等著 . --
北京：中国旅游出版社 , 2024. 12. --（国家自然科学
基金旅游研究项目文库）. -- ISBN 978-7-5032-7514-2

Ⅰ . F592.3；F325.1

中国国家版本馆 CIP 数据核字第 20248WA188 号

书　　名：	乡村旅游社区家庭生计恢复力研究
作　　者：	尚前浪　明庆忠　李梦雪　邓华泽
出版发行：	中国旅游出版社
	（北京静安东里 6 号　邮编：100028）
	http://www.cttp.net.cn　E-mail:cttp@mct.gov.cn
	营销中心电话：010-57377103，010-57377106
	读者服务部电话：010-57377107
排　　版：	北京天韵科技有限公司
经　　销：	全国各地新华书店
印　　刷：	三河市灵山芝兰印刷有限公司
版　　次：	2024 年 12 月第 1 版　2024 年 12 月第 1 次印刷
开　　本：	720 毫米 ×970 毫米　1/16
印　　张：	14.5
字　　数：	229 千
定　　价：	59.80 元
Ｉ Ｓ Ｂ Ｎ	978-7-5032-7514-2

版权所有　翻印必究
如发现质量问题，请直接与营销中心联系调换

前　言

　　乡村旅游是推动乡村全面振兴和促进共同富裕的重要途径。近年来，在国家乡村振兴和共同富裕等一系列政策的推动下，大量乡村社区进行了旅游开发，推动了乡村产业发展、文化传承、居民增收和就业创业，同时也带动了乡村旅游社区家庭由传统生计方式向旅游经营转型。然而，由于旅游波动、旅游治理和文化差异等原因，乡村旅游发展容易引发家庭脱贫后返贫、生计脆弱性和文化适应等问题。特别是受全球经济下行、地区冲突频发和公共卫生安全等因素影响，全球旅游业发展遭受严重冲击，使得乡村旅游经营家庭的生计可持续面临较大困难，保障旅游社区家庭生计恢复显得尤为重要。世界经济论坛将"生计恢复"列为全球未来 10 年共同风险之一，并提出增强恢复力以应对各种挑战。那么，如何增强旅游社区家庭生计恢复力以抵御未来风险成为亟待解决的重要理论和现实问题。

　　面对危机和挑战，"恢复力"理论为洞察旅游家庭的生计恢复提供了新的视角。生计恢复力更加注重居民参与及生计动态性，扩展了传统的可持续生计途径。恢复力理论被应用于旅游系统恢复力研究，为旅游可持续生计研究提供了新方向。但是，现有生计恢复力研究在理论分析框架构建、研究内容和尺度等方面存在不足，缺少典型案例的深入分析，对旅游生计恢复力的理论研究和实践造成一定困难。那么，如何完善现有理论分析框架，构建适合乡村旅游发展和文化环境的家庭生计恢复力理论分析框架？如何突破旅游生计恢复力单一维度的研究现状，从多维度科学认识家庭生计恢复力状况？如何深入分析家庭生计恢复力的影响因素和内在关系，从而提高对生计恢复力的规律性把握？如何开展家庭生计恢复力协同治理，实现家庭生计恢复力、社区治理和旅游的协同发展？这些都是值得深入研究的重要科学问题。

　　针对上述研究问题，本书以乡村旅游社区为研究对象，将生计恢复力与可持续生计理论相融合，突出传统文化要素，构建家庭生计恢复力理论分析框架，建立多维测度方法，选取云南和海南五个典型乡村旅游案例地，开展家庭生计恢复力多维测度和对比分析，研究不同旅游社区和不同家庭生计策略的差异状况，剖析影响因素及其作用机制，最后从政府、社区和家庭层面提出协同治理路径，形成以下主要研究结论。

第一，将生计恢复力和可持续生计理论相融合，构建乡村旅游社区家庭生计恢复力理论分析框架。研究把"文化适应力"作为生计恢复力的重要构成，将文化适应力、社区影响、生计资本、生计策略等要素融入分析，构建包括文化适应力、缓冲能力、自组织能力和学习能力的框架。分析框架体现了旅游生计恢复力研究的多层次性，突出了动态特征，形成了测度、影响机制和协同治理的研究内容体系。

第二，多案例研究展现了乡村旅游社区家庭生计恢复力水平和差异状况。（1）外部环境冲击造成的旅游波动对案例地旅游经营活动冲击较大，负面影响按生计策略划分依次为旅游型、旅游兼业型和其他型。（2）家庭生计恢复力总体以中等水平为主，不同社区及生计策略差异明显，居民认同的旅游发展模式的社区恢复力更强，各维度得分依次为自组织能力、学习能力、缓冲能力和文化适应力。（3）多样生计方式和参与旅游经营的家庭生计恢复力水平较高。（4）文化适应力反映出不同文化环境下家庭的感受和选择，文化保护和传承使社区整体生计恢复力水平较高。（5）地方性知识是乡村社会的典型特征，通过合理利用和保护地方性知识，可以促进生计可持续，增强文化认同感。

第三，深度剖析了乡村旅游社区家庭生计恢复力影响因素及其内在作用路径。（1）基于不同生计策略以及不同社区家庭生计恢复力差异性对比，从外部、社区、家庭自身等不同层面识别出了22个影响因素，构建家庭生计恢复力影响因素解释结构模型，划分了4个影响层级，找出2个根源因素，分析每层级影响因素作用，辨别了根源因素对应的主要三条影响机制路径。（2）通过交叉影响矩阵相乘法，将影响因素进一步分为Ⅰ自治因素、Ⅱ依赖因素、Ⅲ独立因素、Ⅳ关联因素，明确了旅游社区家庭生计恢复力各影响因素的驱动力和依赖性，进一步分析了各影响因素作用路径与特征。（3）通过多案例的验证分析，发现政策知晓度、文化自信度和储蓄状况等因素对家庭生计恢复力的影响作用尤为明显。

第四，从政府政策、社区治理和家庭生计层面提出乡村旅游社区家庭生计恢复力协同治理路径。（1）政府产业政策层面，提出文化恢复是文化旅游产业恢复的重要内容，加强政策支持和旅游治理。（2）社区治理层面，强化治理能力和网络，发挥基层组织和旅游行业组织的治理功能，建立帮扶治理网络。（3）家庭生计层面，积极引导家庭生计策略适应和优化，加强经营技能培训，合理配置生计资本，增强生计恢复能力。

研究的主要贡献体现在：（1）创新构建了乡村旅游社区家庭生计恢复力理论分析框架，将文化适应力纳入考量，并通过典型案例验证和分析，论证了外部冲击、旅游生计恢复力和生计策略的关系。（2）制定了旅游生计恢复力测度指标和方法，增加了适合旅游发展环境的文化适应力测度指标，形成了完整的分析方法体系。（3）通过多个典型案例，探究了旅游波动对家庭生计恢复的具体影响，对不同案例地和生计策略的家庭生计恢复情况进行了详细的对比分析，揭示了生计恢复力的内在影响因素和作用机制。

总体来看，研究进一步完善了旅游生计恢复力理论分析框架，丰富了分析维度和研究内容，为旅游生计恢复力研究提供了典型案例支持，推动了后续旅游韧性相关研究。同时，提出的协同治理路径有助于评估旅游开发效应、促进家庭生计与社区协同发展，对乡村旅游高质量发展、乡村振兴和居民共同富裕具有实践价值。

本书是尚前浪承担的国家自然科学基金项目"中缅边境民族旅游村寨家庭生计恢复力研究：多维测度、演化机制及协同治理"（72064039）、国家自然科学基金项目"乡村旅游小微企业成长韧性的动态评估、影响机制与提升组态路径研究"（72462032）、云南省基础研究项目"云南乡村旅游小企业韧性影响机制研究"（202401AT070287）和"兴滇英才"专项项目"营商环境视野下云南乡村旅游小企业恢复力影响机制与提升组态路径研究"阶段成果。特别感谢云南财经大学明庆忠教授对本研究的指导和对本书出版的支持，云南财经大学李梦雪和邓华泽承担了部分内容的撰写，邓萌、范云舒和耿欣参与了调研和资料整理。研究在开展过程中得到了案例地政府管理部门、乡村社区、当地居民以及相关学者的大力支持。本书的出版也离不开中国旅游出版社各位编辑老师的帮助，在此一并表示由衷的感谢！

由于作者水平有限，书中难免有错误或不妥之处，恳请读者批评指正。

尚前浪

2024 年 6 月

目 录

第一章 绪 论 / 001

第一节 研究背景与问题 / 001

第二节 国内外研究现状与述评 / 004

第三节 研究目的及意义 / 019

第四节 研究思路与内容 / 021

第五节 研究方法与技术路线 / 025

第六节 本章小结 / 030

第二章 理论基础与分析框架 / 032

第一节 相关概念与理论基础 / 032

第二节 乡村旅游社区家庭生计恢复力理论分析框架构建 / 037

第三节 指标体系与分析方法 / 043

第四节 本章小结 / 053

第三章 乡村旅游发展与家庭生计转型 / 055

第一节 案例地的选择 / 055

第二节 案例地乡村旅游发展环境与资源 / 058

第三节 案例地乡村旅游发展历程 / 066

第四节 乡村旅游发展对家庭生计的影响 / 070

第五节 本章小结 / 074

第四章　乡村旅游社区家庭生计恢复力测度 / 076

第一节　家庭生计策略类型 / 076

第二节　乡村旅游社区家庭生计恢复力测度结果 / 078

第三节　不同乡村旅游社区家庭生计恢复力对比分析 / 082

第四节　不同生计策略家庭生计恢复力对比分析 / 088

第五节　本章小结 / 094

第五章　乡村旅游社区家庭生计恢复力影响机制 / 096

第一节　家庭生计恢复力影响因素识别 / 096

第二节　家庭生计恢复力影响作用机制 / 101

第三节　家庭生计恢复力影响因素驱动—依赖分析 / 112

第四节　家庭生计恢复力影响因素综合分析 / 114

第五节　本章小结 / 120

第六章　乡村地方性知识与家庭生计可持续 / 122

第一节　海南疍家人生计变迁 / 122

第二节　海南疍家人可持续生计评价 / 129

第三节　海南疍家人可持续生计对比分析 / 142

第四节　海南疍家人地方性知识对可持续生计的作用 / 153

第五节　本章小结 / 161

第七章　乡村旅游社区家庭生计恢复力协同治理 / 163

第一节　政府层面协同治理 / 163

第二节　乡村社区层面协同治理 / 166

第三节　家庭生计层面协同治理 / 171

第四节　本章小结 / 174

第八章　研究结论与展望 / 176

　　第一节　研究结论和讨论 / 176
　　第二节　研究的主要贡献 / 185
　　第三节　研究展望 / 186

参考文献 / 189

附　　录 / 205

　　附录 A　乡村旅游社区家庭生计恢复力调查问卷 / 205
　　附录 B　乡村旅游社区家庭生计恢复力影响因素专家问卷 / 207
　　附录 C　海南疍家人地方性知识与旅游发展访谈提纲 / 219
　　附录 D　海南疍家人旅游可持续生计调查问卷 / 220

第一章

绪　　论

乡村旅游社区家庭生计恢复力的理论与实践问题，是当前重要的研究议题。本章在分析研究背景、梳理相关研究动态的基础上，重点对可持续生计与生计恢复力理论进行了系统梳理，旨在明确乡村旅游社区家庭生计恢复力的研究问题、研究目的及研究意义。围绕"乡村旅游社区家庭生计恢复力分析框架与指标体系构建—家庭生计恢复力测度与多案例对比—影响因素识别以及作用机制分析—生计恢复力协同治理路径"的研究思路展开，基于研究问题和思路明确主要研究内容。

第一节　研究背景与问题

一、研究背景

（一）乡村旅游成为居民生计可持续的有效策略

乡村旅游的发展为当地居民带来了社会、教育和文化利益的提升，促进了乡村旅游社区经济社会的稳定发展，推动了家庭生计方式向旅游经营为主导的转型，从而提升了当地居民的收入水平。然而，旅游发展对当地社区生计的影响具有不确定性，可能引发收入分配差异、社会不公等问题（郭华等，2020）。尤其是当旅游发展推动当地生计方式向旅游相关活动转变后，居民依赖旅游的生计模式可能变得脆弱（刘佳欣等，2024）。因此，研究旅游发展过程中社区居民生计方式的变迁与生计资本变化，提升居民对旅游发展的适应性及风险抵御能力，对于增强生计的可持续性至关重要（尚前浪等，2023）。

（二）提高恢复力成为未来旅游可持续发展的重要途径

旅游具有高度的敏感性，其发展受多种因素影响。由于旅游系统的复杂性和对外部威胁的固有脆弱性（Faulkner，1999），如危机事件的冲击和国际关系的波动等，均可能威胁旅游业的可持续发展。特别是公共卫生安全危机，对全球旅游系统造成了严重冲击。面对这些挑战和危机，旅游系统如何适应变化、恢复增长并保持发展活力，成为亟待解决的问题（郭永锐等，2015）。恢复力思维作为一种有效的策略，有助于应对不确定背景下的现有及未来风险（Okafor等，2022），恢复力规划已成为比可持续性范式更有效的社区规划和发展方法（Lew，2014）。恢复力理论在旅游系统研究中的应用，为旅游业应对和适应变化提供了新的视角和新理念（Calgaro等，2014；郭永锐等，2015）。

（三）生计恢复力成为旅游生计可持续新的理论视角

旅游业的快速发展增加了当地居民的生计资本并促使其生计多样化（郭华等，2020）。然而，旅游发展的波动性对于生计高度依赖旅游业的旅游社区来说，其居民生计尤其是从事旅游经营的居民生计面临严峻挑战（苗钰聪等，2021）。生计恢复力概念为我们理解旅游社区在面对不利变化时如何维持或改善生计提供了新视角。它更加关注福利提升和生计变化的可持续性（Lew，2014），强调主体在复杂环境下的生计适应性和恢复力建设，为旅游目的地家庭生计可持续研究提供了新的方向（Quandt，2018；Chen等，2020）。将恢复力理论与生计研究相结合运用到旅游发展背景中，可以加强对旅游目的地家庭如何追求和改善生计以应对变化的理解（Speranza等，2014），可以更好地研究主体生存状态的安全性，生计方式、生计状态的适宜性和可持续性（Li等，2019）。生计恢复力能够评估农户应对乡村旅游等外部冲击时的适应能力，是当前乡村社会—生态系统恢复力研究的热点之一（吴吉林等，2024）。然而，当前生计恢复力在旅游发展背景下的研究相对不足，尤其是在气候变化、自然灾害等特殊事件之外的应用。

（四）文化要素成为旅游恢复的关键影响要素

文化作为旅游发展的重要资源，不仅增强了社区的生计资产，还在经济、社会和政治变革造成的生计脆弱性期间提升了人们的积极性和创造性。旅游社区家庭通过运用传统文化、技能等创造性资源，可以转化新的生计手段来满足多样化的生计目标（张瑾，2011）。特别是在旅游面对冲击时，文化成为旅游恢复的关键资源和重要变量（Daskon 和 Binns，2010），有助于加强旅游地家庭的生计安全和可持续性（Daskon，2010）。旅游社区家庭所拥有的文化知识为他们提供了供给独特旅游产品、吸引游客和获取经济利益的机会，当地的文化模式也通过塑造社交网络的运作方式影响了当地的旅游发展模式（尚前浪等，2023）。

二、问题的提出

乡村旅游作为推动乡村地区经济社会发展和实现共同富裕的重要动力，发展势头迅猛。然而，乡村旅游的发展易受自然灾害、公共卫生安全、产业结构调整等多种不确定因素的影响，对乡村旅游社区居民的生计造成了前所未有的冲击。在这种背景下，深入研究生计恢复力对于理解家庭如何应对外部冲击、提高家庭应对不确定性并适应不断变化的能力具有重要意义（Marschke 等，2006；Quandt 等，2017）。

因此，本研究的核心问题聚焦于以下几个方面：（1）如何构建与乡村旅游发展和文化环境相契合的家庭生计恢复力理论分析框架；（2）如何从多维度科学评估家庭生计恢复力的现状；（3）家庭生计恢复力的主要影响因素及其内在关系是什么；（4）如何实现家庭生计恢复力的协同治理，促进社区治理和旅游发展的共同进步。

针对以上问题，本研究以乡村旅游社区为研究对象，从以下四个方面展开深入研究。（1）理论框架创新：将旅游生计恢复力与可持续生计理论相结合，并引入传统文化要素,构建多维度的乡村旅游社区家庭生计恢复力理论分析框架。(2)多维度评估:建立家庭生计恢复力的多维度评估方法,选取乡村旅游典型案例地,从社区、家庭和时间等多个维度进行家庭生计恢复力的测度和对比研究,以全面掌握不同类型家庭和社区的生计恢复力状况。(3)影响因素与作用机制分析:采用多种分析方法,深入剖析家庭生计恢复力的主要影响因素及其作用关系,揭示乡村旅游社区家庭生计恢复力的影响机制。(4)协同治理路径探索:将理论研究成果应用于实践,从旅游产业政策、旅游社区治理和家庭生计优化等多个层面提出乡村旅游社区家庭生计恢复力的协同治理路径,以促进乡村旅游社区的可持续发展。

第二节　国内外研究现状与述评

为了更好地切合本研究的目的,围绕前文提到的主要研究问题,我们从以下三个方面对研究现状及发展动态进行梳理和述评:(1)梳理生计恢复力与可持续生计的理论关联,剖析二者进行理论结合的必要性,阐述文化要素对生计恢复力的重要作用,为构建家庭生计恢复力理论分析框架奠定基础;(2)分析生计恢复力理论框架、测度方法与影响因素研究,以及生计恢复力的协同治理研究;为生计恢复力分析框架构建和案例地实证分析提供依据;(3)总结旅游生计恢复力研究状况,尤其是生计恢复力应用到旅游研究领域时产生的差异,梳理旅游生计恢复力的研究进展和存在的研究空间。

一、生计恢复力与可持续生计的理论关联

(一)生计恢复力与可持续生计的关联

"恢复力"(resilience),也称为"韧性"或"弹性",源自物理和工程领域(Nyamwanza,2012)。Holling(1973)将恢复力引入生态学研究之后,恢复力的研究范式从最初的"生态恢复力"延伸到"社会—生态系统恢复力"(Holling,2001;Janssen 和 Ostrom,2006),以及"社区恢复力"研究(Robinson 和

Carson，2016）。这意味着恢复力理论开始扩展到社会研究领域，定义为"个体、社会群体或者社会生态系统应对压力及干扰的能力，以及维持或者提高基本生计方式的能力"（Adger，2000；Cutter 等，2008；Biggs 等，2012）。这个定义把恢复力跟生计结合了起来，将恢复力作为研究个体或社会生计的纽带（Obrist 等，2010），为"生计恢复力"的提出奠定了基础。

恢复力的思想是隐含在可持续生计方法当中的（Obrist 等，2010；Speranza 等，2014）。生计是谋生的方式，可持续生计（SLA）是恢复和面对压力、冲击以及维持资本和保持增长的能力（Chambers 和 Conway，1992）。DFID(1999)等一些国际组织和机构提出"可持续生计途径"分析框架，Ellis（2000）、Carney（2003）和 Simpson（2009）等进一步细化拓展了可持续生计途径。目前可持续生计研究领域广泛（何仁伟等，2017），可持续生计方法已经成为主流的国际发展方法（赵雪雁，2017）。在此过程中，学者们发现可持续生计方法对应对外部压力和冲击能力的强调与"恢复力"概念密切相关（Sallu 等，2010）。

从"能力"的角度出发，生计和恢复力是可以结合起来的。Allison 和 Ellis（2001）认为最健壮的生计系统是具有高恢复力和低敏感性的系统。Marschke 和 Berkes（2006）提出恢复力为探索压力和冲击下的生计动态特征提供了视角。Scoones（2009）认为生计研究未能捕捉到系统的转变和长期变化，建议将生计和恢复力思维结合起来。Sallu 等（2010）提出在生计理论中考察脆弱性和恢复力，可以提升该领域的学术水平。之后，Nyamwanza(2012) 和 Thulstrup(2015) 将抵御力和恢复能力的概念纳入了可持续生计中。之后，Tanner 等（2015）将生计恢复力定义为"尽管环境、经济、社会和政治动荡，世代相传的所有人维持和改善其生计机会和福祉的能力"。

生计恢复力强调动态性，扩展了传统的可持续生计研究（Walker 等，2004；Folke，2006；Adger 等，2005；Lew 等，2016）。Walker 等（2004）认为恢复力更加强调了主体的动态过程以及主体的参与性。Scoones（2009）强调生计恢复力可以增强对生计动态的把握。Sallu 等（2010）提出应当从时间维度考察生计恢复力的动态变化和生计轨迹。Speranza 等（2014）认为生计恢复力使人们应对冲击的能力以及如何减少贫困和提高恢复力成为分析的中心。Tanner 等

（2015）认为生计恢复力将人作为研究的中心。Lew 等（2016）认为恢复力概念扩展了传统的可持续性研究方法。Chen 等（2020）提出，为了适应迅速变化的新环境，社区需要保持恢复力以维持成功的生计。

（二）文化因素对生计恢复力的影响作用

对传统文化的重视是生计恢复力和旅游可持续生计的理论共识。Daskon（2010）认为传统文化不仅增强农村社区的生计资本，还提供生计的替代或适应策略，恢复了社会和政治变化造成的脆弱性。Sydnor-Bouss 等（2011）发现社区共同准则和价值观的社会网络对提升恢复力极其重要。Bui 等（2020）揭示了地方性知识和实践对社区恢复力的重要作用。尤其对乡村家庭生计而言，张瑾（2011）发现由地方性知识转化而来的新生计手段为红瑶妇女带来了更好的生活与发展。扎拉加（2014）观察地方性知识如何在旅游语境中影响当地的生计变迁及其发展。毛舒欣等（2018）进一步提出应当将传统文化纳入可持续生计分析框架。刘相军和孙儿霞（2019）探究了乡村旅游社区居民在生计方式转型中的传统文化适应。

文化对加强社区恢复力的作用引起重视。Clauss-Ehlers 等（2008）说明了文化如何有助于恢复力，并提出了文化恢复力测量的意义及其对发展社区干预的有用性。Allred 等（2022）阐述了文化在当地社区恢复力中的作用，当地社区通过坚定不移地坚持其核心传统价值观，积极追求集体社区恢复力的道路，是他们成功抵御不确定性和变革浪潮的希望。Boccardi（2015）提出文化遗产可以通过创造性地转型来适应变化并继续发展，进而提高社区恢复力。Ghahramani 等（2020）研究了文化遗产作为旅游开发的来源对增强社区恢复力的作用。Burnell 等（2013）将文化行动理解为释放资产和建设社区恢复力的资源。

在旅游发展环境下，文化成分可能在将生计资源转化为生计战略，特别是涉及旅游业的生计战略中发挥重要作用（Su 等，2019）。Daskon 等（2010）认为文化和传统价值观不仅可以增强生计资产，还可以在经济、社会和政治变革造成的脆弱期间创造新机会。刘相军等（2019）以雨崩藏族村落为案例地，构建了宗教信仰—传统规则—日常生活的理论分析框架，探究旅游社区居民在生计方式转型中的传统文化适应（梁旺兵等，2021）。张瑾（2011）从文化人类学的研究视角出发，发现由地方性知识转化而来的新生计手段为红瑶妇女带来了更好的生活与发展。

旅游发展在推动社区经济发展的同时，将文化的潜在价值转化为实际价值，激发了文化资源的经济效益和社会效益（张祎娜，2022），同时促进了旅游地家庭生计资本的积累，提高了旅游地家庭的生计水平（王蓉等，2021）。Daskon等（2010）探讨文化价值在生计恢复力建设中的作用，以及人们如何利用其知识、技能、价值观、规范以及经验应对生计脆弱性。王蓉等（2022）提出了对传统文化的认识和运用可以提升当地农户的生计水平。

二、生计恢复力理论框架、影响因素与协同治理

（一）生计恢复力理论分析框架

现有研究开发了生计恢复力概念框架，主要用于探讨在气候变化、自然灾害等情况下的生计恢复力（Speranza等，2014）。Sina等（2019a）提出框架，评估受灾情况下移民的生计恢复力。Speranza等（2014）提出生计恢复力分析框架以及三个维度的同时考虑了机构和社会机构的作用。孙彦等（2022）提出脱贫户的生计恢复力分析框架，重点关注了外部扰动、政策干预、区域条件对生计恢复力产生的影响。Wang等（2021）开发了一个基于代理的模型来研究社会网络如何影响家庭生计恢复力，用来捕捉生态系统服务干预、社会网络、家庭生计决策和环境变化之间的反馈。Chen等（2020）提出生计资本、机构和社会结构三个组件构成的机构生计弹性框架，评估生计恢复力的同时，强调了机构在塑造恢复力方面的作用。Mavhura（2017）提出的弹性因果框架，制定了一个因果关系，使恢复力可以与骚乱和在非任意时期测量的幸福变化联系起来。Marschke等（2006）在弹性因素聚类框架基础上（Folke等，2002）分析三个层次的反应，第一类反应与学会在变化和不确定性中生活有关；第二类反应与培养学习和适应的过程有关；第三类反应与为自组织创造机会有关，并尝试增强或建立恢复力，以产生更强健的生计战略。李颖超等（2023）构建了气象灾害下的农户生计恢复力框架。

(二)生计恢复力测度方法

衡量生计恢复力是最困难的任务之一,难以在不同尺度上确定衡量生计弹性的关键指标,现如今主要在理论分析框架基础上设置指标对生计恢复力进行分析评估(Liu 等,2020)。由于生计和弹性在不同层次上具有不同的维度,因此标杆化和可操作性相当困难,在整合生计和弹性时应考虑多个维度(Speranza 等,2014;Fang 等,2018)。

Alam 等(2018)基于指标的恢复力指数(RCI),将弹性称为敏感性和适应能力的函数,并使用这两个组成部分来表示弹性。Quandt(2018)为了探索肯尼亚农林业在应对气候变化的生计恢复力方面的作用,采用可持续生计方法(SLA)来确定生计恢复力指标。同样,Thulstrup(2015)采用(SLA)来衡量越南家庭和社区的恢复力,恢复力被理解为衡量获得资源禀赋的水平。Sina 等(2019a)建立衡量灾后流离失所情况下的生计恢复力框架,从个人生计应对能力、个人福祉、获得生计资源以及当地社区的社会物质稳健性四个方面建立指标,衡量灾后搬迁情况下的生计恢复力。Fang 等(2018)运用结构动力学从生计质量、生计促进、生计供给和灾害能力四个维度建立指标来确定四川农村居民生计恢复力的变化,苏飞等(2022)学者同样是从这四个维度构建模型来评估气象灾害影响下农村居民生计恢复力水平。Li 等(2019)提出农户生计弹性框架,从访问资源的能力、学习新知识的能力、利用外部资源和能力三个方面建立指标来分析生计恢复力,从而研究农户生计恢复力在巩固扶贫工作和发展成果方面的生成机制,从而引导农户走向可持续发展的道路。

其中,Speranza 等(2014)制定的生计恢复力框架中广泛而灵活的指标具有更大的可操作前景(Amadu 等,2021),许多学者在 Speranza 等(2014)提出的缓冲能力、自组织能力、学习能力三个维度的基础上建立指标体系衡量不同情况下的生计恢复力(纪金雄等,2021;温腾飞等,2018)。还有一些学者在三个维度的基础上结合实际情况进行维度的增加,比如 Zhou 等(2021)增加防灾减灾能力维度,在四个维度建立指标衡量自然灾害下的生计恢复力。Zhao 等(2021)从三个维度建立生计恢复力指标体系,来研究生态功能区农户生计恢复力。Amadu 等（2021）从三个维度设计感知量表，通过因子分析进行生计恢复力分析。吴晓萍（2019）在三个维度基础上增加心理感知能力建立指标，通过主、客观因素相结合研究气候灾害下黄土高原农户生计恢复力。蒙子钰等（2023）从自组织能力、缓冲能力、学习能力三个维度对欠发达山区农户生计恢复力进行了评价。

（三）生计恢复力影响因素

识别影响生计恢复力的关键因素，有助于生计恢复力水平的提高（王子侨，2018）。不同类型资本的积累可以对压力源和冲击产生缓冲（Scoones，1998），缓冲能力是生计资本所表现的能力及其动态反映（Liu 等，2020），是构建生计恢复力的根本保障和前提（Zhao 等，2021）。所以，人力、物质、自然、金融及社会五类生计资本都对生计恢复力产生巨大的影响。强大的社会凝聚力和高水平的社会资本可以显著降低家庭的脆弱性，增强其生计资本，提高其生计恢复力（Thulstrup，2015；Quandt，2018）。赵锋（2015）提出生计资产、策略和能力之前的配合、协调度越好，生计效率越高。在 Scoones（1998）提出的迁移型生计策略中，移动性权力和禀赋越强，生计恢复力越强。Tebboth 等（2019）提出移动性禀赋和移动性权力对恢复力影响方面有重大的作用，有能力决定并随时制定关于流动的决定的个人和家庭具有更大的适应力。Wang 等（2021）通过模型研究社交网络如何影响家庭生计弹性，提出社交网络对恢复力建设产生了积极影响。但是由于社交网络的结构和功能的衰退以及大规模的农村到城市的移民，它们的影响会随着时间的推移而衰减。

许多学者在易地搬迁、自然灾害等特殊背景下进行生计恢复力的影响因素研究。刘伟等（2023）对易地搬迁背景下农户生计恢复力的影响因素进行了研究，发现安置方式、搬迁类型对农户生计弹性均产生负向影响，所以搬迁在开始时会破坏原有生计环境以及生计方式，但是长远来看，可以改善迁入地的生产条件，创造发展条件，帮助他们更好地脱贫致富，还提出劳动力占比、集体事务参与程度、社会影响力等也是重要的影响因素。季天妮等（2022）通过对易地扶贫搬迁前后农户生计恢复力对比分析，得出社会保障、家庭经济状况和风险应对能力是影响生计恢复力的关键因素。苏飞等（2022）通过对气象灾害影响下农户生计恢复力进行研究，提出水土流失综合治理面积和节水灌溉面积是最显著的影响因素。Zhou 等（2021）对中国黄河水源区进行研究，提出生态政策、户主年龄、生计多样性、家庭规模和环境依赖是影响生态功能区农户生计恢复力的关键因素。Liu 等（2020）通过研究得出资本禀赋、社会合作网络、交通便利、教育技能和城乡迁移对生计弹性建设有显著影响。Sina 等（2019）提出早期恢复收入支助、转到其他工作/技能的能力、身心健康、生计资助的可获得性和及时性，以及文化敏感性和治理结构，是灾后搬迁社区生计恢复力的主要影响因素。

学者们除了从不同背景下分析生计恢复力的影响因素，还从不同角度对生计恢复力影响因素进行分析。Poelma 等（2021）提出沿海农户对气候变化的生计适应力受内部和外部因素的影响，其中内部因素不仅包括客观因素，还涉及个人的文化认同、风险感知、地点感和社会规范（Adger 等，2009），外部因素除了气候变化因素，还包括媒体、政府或非正式关系，以及社会经济驱动因素。这些外部因素也会影响农民的主观弹性，其中知识、收入和制度因素（如政策环境）起着至关重要的作用（Grothmann 等，2005）。因此，外部因素同时影响农民的客观和主观生计弹性。Tran 等（2022）提出性别与种族对小规模农业社区的影响，并且提出在不同的种族群体中，拥有工资的工作、教育、农业培训、社会成员、获得道路和灌溉系统以及作物多样性是有助于提高家庭生计资本得分的主要因素。周云波等（2023）探究了农户生计恢复力对家庭教育期望的影响和作用机制。

三、旅游生计恢复力研究

（一）旅游可持续生计研究

国内外学者将生计概念和理论应用于旅游研究，并认为可持续发展和可持续旅游的概念虽被广泛使用，但是在概念和实际操作上存在缺陷，而"生计"是一个比"发展"更具体的概念，更容易理解和使用，强调了旅游应该在更广泛的经济和文化背景下被理解（Tao 等，2009）。此后，国内外大量学者进行了旅游与生计的研究。

国外主要对可持续生计在旅游研究中的应用、旅游生计与生态保护、旅游发展与当地生计的影响方面展开。可持续生计在旅游研究中的应用主要围绕框架的探讨，其中Shen等（2008）应用可持续生计分析框架思考旅游发展问题，提出可持续旅游生计框架（Sustainable Tourism Livelihood Approach，STLA）（罗文斌等，2019）。此外，旅游生计与生态保护也是国外研究的重点，Pham等（2021）认为促进旅游业被认为是减少人民对海洋资源的依赖和为生活在海洋保护区的社区创造替代生计的一项关键战略。Nyaupane等（2011）认为旅游业的发展有利于改变当地人对保护生物多样性的态度，降低当地人对自然资源的依赖（王蓉等，2022）。旅游发展对生计的影响以及当地的可持续发展同样是研究的重点。Anup等（2014）研究尼泊尔马纳斯鲁保护区的旅游业及其对生计的影响。Rhaman（2016）研究了旅游业对生计的社会和经济影响，并描述了孟加拉国和南亚国家旅游业发展的方式。Aazami等（2020）通过对旅游湿地对生计资本的影响研究，进而探讨对伊朗农村可持续生计的影响。

国内旅游可持续生计的研究主要集中在旅游发展对农户生计变迁与生计策略的影响方面，以及生计资本、生计策略、生计结果三者的关系方面。尚前浪等（2024）研究了乡村旅游对社区和家庭生计的影响。张馨月（2020）以夏河县拉卜楞镇为例，进行了旅游影响下的社区居民生计变迁研究。罗文斌等（2019）进行土地整理、旅游发展与农户生计的影响机理研究。李文龙等（2019）研究草原牧区旅游发展对牧户生计的影响。李会琴等（2018）基于扎根理论对可持续旅游生计策略选择的影响因素进行研究。席建超等（2016）对旅游地农户生计资本进行评估，明确了影响两类脆弱性农户生计策略选择的主要因素。

除此之外，旅游发展脱贫与生态保护、居民生计、地方知识等之间的关系互动也引起了学者们的重视。包战雄等（2017）对旅游发展、生态保护与社区生计关系进行研究，解释了生态保护与社区生计间的复杂相互作用，提出了社区生计与生态保护协调发展的途径。崔明昆等（2015）应用生态人类学的文化适应理论分析了大槟榔园的传统生计模式及其变迁，以及生计变迁对生态文化的影响等问题。

（二）旅游恢复力相关研究

自恢复力的概念引入社会科学研究以来，恢复力开始成为理解社区应对和适应环境和社会变化的重要框架（Wilson，2012；郭永锐，2014）。由于旅游业经常受到各种自然灾害的影响，恢复力思维作为一种有用的应用策略，可以更好地帮助旅游地区面对不确定背景下未知的现有风险和未来风险（Okafor 等，2022）。恢复力的研究开始渗透到旅游研究领域（郭永锐，2014），其应用主要集中在社区恢复力中，学者对旅游社区恢复力进行了大量的研究，主要集中在影响因素、分析框架、评价与测度三个方面（李梦雪等，2022）。

1. 旅游社区恢复力影响因素

旅游社区恢复力影响因素的研究主要集中在社会、管理、经济、生态四个层面（王群等，2017；Adger，2010；Baral，2014）。

社会因素主要包括地方依恋、职业认同（郭永锐，2018）、社会资本网络化（王群等，2017）、社会信任以及社会公平等（Adger，2000）。Régnier 等（2008）认为，当地社区网络和高团结水平可以通过多种方式为该社区的家庭建立恢复力。Guo 等（2018）提出影响中国旅游地社区弹性的最关键因素是关联社会资本，描述了人与机构之间的信任关系，有利于促进旅游市场的复苏，增强旅游社区的恢复力。Orchiston（2013）提出地方依恋能够增加社区凝聚力。Marshall 等（2011）认为高职业认同的人们可能会对其所从事的职业和其所依赖的资源具有更高的依赖性。管理因素主要包括权力共享（Holladay 等，2013）、社区参与、社区增权等（郭永锐等，2018）。Joakim 等（2015）认为社区内强有力的领导可以在创造就业稳定和促进创业方面发挥重大作用，最终将减弱经济脆弱性和提高生计恢复力。经济因素主要有生计方式多样性（Baral，2014）、经济机会多样性（Adger，2000）、经济发展潜力、漏损最小化等（李梦雪等，2022）。发展多样化的社区生计可以帮助保持社区功能稳定和增强社区恢复力（Baral，2014；尚前浪等，2020）。生态因素主要包括自然性和基础设施的可用性（Holladay 等，2013）。

除了以上四个层面，学者们还提出了其他重要的影响因素。Kuščer

等（2022）将利益相关者的协作作为实现和增强目的地恢复力的重要因素。Holladay 等（2013）提出增强社区恢复力的因素包括社会纽带、当地机构的能力和旅游产品的多样化。Orchiston 等（2016）利用新西兰坎特伯雷旅游组织的数据，发现"规划和文化"以及"协作和创新"是灾后环境下组织恢复力的重要决定因素。Luthe 等（2012）应用社会网络分析研究了瑞士哥达地区旅游供应链的网络结构对恢复力的影响。

2. 旅游社区恢复力分析框架

基于对影响因素的分析，学者们提出旅游社区恢复力框架来帮助社区提高应对风险的能力，其中 Bec 等（2016）提出社区恢复力框架来解释旅游业的衰退或复兴（即外部压力）导致社区的结构变化并最终影响社区弹性。Cochrane（2010）提出，旅游恢复力的圈层模型可以从资源可持续管理的角度进行研究。Calgaro 等（2014）提出的旅游目的地可持续框架从地方、尺度和时间维度等不同的角度和维度来分析和识别旅游社区恢复力的关键因素。郭永锐等（2015）提出的旅游社区恢复力研究框架通过界定影响因素及作用机制，为提升旅游社区恢复力提供指导。Filimonau 等（2020）提出了一个框架，以促进利益相关者的合作，并最终增强旅游目的地的组织弹性和社区弹性。他们指出，社区备灾工作的主要缺点是利益攸关者在备灾和恢复阶段缺乏协作。

3. 旅游社区恢复力评价与测度

社区恢复力评价与测度是一个重要的研究领域。社区恢复力的衡量可以分为两类：基于经济和物质条件以及基于行为者的感知和代理（Guo 等，2018）。许多学者认为社区恢复力可以通过管理、生态、经济、社会等方面建立指标来评估。王群等（2017）从治理、生态、社会、经济四个层面建立指标来测度旅游地社区恢复力。Yang 等（2021）从社会、经济、基础设施、社会资本、机构、旅游需求方面提出了旅游社区恢复力测量模型，指出旅游需求可以在提高社区恢复力方面发挥关键作用，展示了旅游业与社区恢复力之间的关系。

除此之外，一些研究表明人类感知变化和规划未来的能力是适应能力和社区弹性的重要因素（Calgaro 等，2014）。Christmann 等（2012）指出，弹性不仅是客观给予的，还取决于社区成员的感知和行动。旅游社区恢复力的评估应考虑社区的社会维度，包括社区居民对恢复力的感知。Davidson等（2013）提出旅游社区恢复力的测度指标体系，主要包括影响恢复力的慢性和快速变量、系统阈值、反馈因素、应对行为以及社区对变化的态度和感知。Powell等（2018）基于社会（政治参与）、经济（工作机会）、环境（水质）三个层面建立基于居民认知的社区韧性指数。Biggs等（2015）开发了感知弹性量表来衡量旅游企业的适应能力和弹性。Becken（2013）提出了一个针对旅游的框架，通过访谈来衡量旅游目的地的弹性，描述了旅游目的地社会生态系统的11个关键维度。Powell等（2018）根据居民的看法衡量了社区的弹性，特别关注经济、环境和社会弹性领域。

（三）生计策略对生计恢复力的影响研究

生计策略与生计恢复力之间具有相关性。生计恢复力作为生计资本的动态延伸，不仅包括自身的资源禀赋，还包括总结实践经验、创造自组织机会、培养学习和适应行为等能力，能够更好地反映家庭在外部冲击下的生计策略选择（Zhou等，2021）。家庭的生计策略不是固定的，而是会根据政策、制度、外部环境以及生计资本的变化不断调整。例如，当居民面临自然灾害、生态退化的风险时，他们通常会根据所拥有的资本改变生计策略（Chen等，2014）。邹瑜等（2020）在生计恢复力框架下对易地扶贫搬迁农户非农就业的影响因素进行了研究，提出内部缓冲能力是直接、深层影响非农就业的因素。

面对外界冲击，及时调整生计策略可以为社区及家庭提供有效的保护。Liu等（2020）认为家庭生计策略选择的范围取决于生计恢复能力的水平，从生计恢复力的角度探讨其对生计策略选择以及转变的影响及作用机制，为家庭调整生计策略应对外界冲击提供依据。

不同的生计策略选择在不同的政治环境以及不同的背景下会产生不同的生计恢复力结果（Nath等，2020）。Chitongo等（2019）研究了家庭在面对恶劣气候条件下的生计策略，认为家庭采用多样性的生计策略可以提高家庭面对粮食不安全的生计恢复力，并通过研究提出影响生计策略效力的障碍因素。一些学者认为多样化的生计策略可以通过分散风险来提高抵御能力（Mohammed 等，2021；Matter 等，2021）。其他学者们也从不同角度提出不同生计策略的主要影响因素或主要障碍因子（张二申等，2022），为管理者针对不同生计类型制定政策措施提供了依据。这些研究为提高生计恢复能力和改善现有生计策略以抵御外界冲击提供了政策启示。

（四）旅游生计恢复力研究

旅游业是当地社区的重要经济来源，是提升社区居民生计的重要方式，生计恢复力可以更好地理解社区异质性和社区内不同的个人或家庭有不同水平的生计恢复力的重要性（李梦雪等，2022），确立建立生计恢复力的具体途径，所以旅游生计恢复力的研究可以更好地帮助旅游发展环境下目的地居民生存状态的安全性、生计方式的可持续性（Li 等，2019），更好地构建旅游生计恢复力路径的研究方向。

旅游与生计以及恢复力结合是主要的研究趋势，对旅游社区和旅游地生计恢复力的关注度在不断提升。Sarker 等（2020）研究了旅游业如何影响游牧区生计恢复力，通过利用旅游能力保护游牧文化和文化遗产并使其产品多样化，提高游牧生计恢复力，并帮助其他游牧区或当地社区进一步评估旅游业如何提高他们的生计恢复力。Holland 等（2021）从个人和社区参与层面研究了旅游业对肯尼亚马赛马拉国家保护区当地生计和社区恢复力支持的影响。Chen 等（2020）开发了一个基于机构的生计恢复力框架，用以研究人类机构对旅游社区生计恢复力产生的作用。莫潇杭（2020）对乡村旅游地农户生计恢复力水平以及影响因素进行了研究。温馨（2019）研究了秦岭山区旅游扶贫开发下农户生计恢复力的水平以及适应路径。刘嘉乐等（2023）分析后提出社会网络、家庭存款充裕度、生计多样性、信息获取能力、家庭成员健康状况分别是影响不同生计策略居民生计韧性水平的首要制约因素。李会琴等（2023）从生计恢复力的视角评估了旅游地农户返贫风险。卜诗洁等（2023）研究了生态旅游发展模式下影响国家公园居民生计韧性的因素及促进其生计韧性提升的策略。

四、研究述评

从上述研究进展可以看出,现有旅游生计恢复力研究呈现出跨学科理论构建、传统文化聚焦和多维度动态分析等趋势特征,对推动恢复力和旅游生计理论研究起到了重要作用,但是在理论分析框架、研究维度、动态演化分析和协同治理研究等方面还存在较为明显的研究不足(尚前浪等,2022),具体表现在以下四个方面。

(一)现有分析框架对传统文化要素重视不足

旅游生计恢复力研究总体上还处于探索阶段(Chen等,2020)。现有的生计恢复力研究集中在农村扶贫、搬迁等领域,主要基于Nyamwanza(2012)提出的"学习、适应和自我组织"概念框架以及Speranza等(2014)等人提出的"缓冲能力、自我组织和学习能力"理论分析框架开展实证分析。将这些分析框架应用于旅游研究时会出现明显的不适应:第一,分析框架是基于普遍农村发展环境下提出的,尤其对传统文化的特殊作用没有充分体现,对旅游发展环境下特殊的生计方式、旅游社区管理、社区参与等重要问题并未系统讨论;第二,对旅游生计恢复力的研究框架尚未形成统一认识,研究内容体系还不完善;第三,旅游生计恢复力研究尚未充分与旅游可持续生计丰富的理论成果相结合,割裂了生计恢复力与可持续生计的理论关联。为此,结合本研究实际,有必要构建适合乡村旅游发展和文化环境的乡村旅游社区家庭生计恢复力理论分析框架。

综合上述分析,针对提出的理论构建不足问题,认为有必要将生计恢复力和可持续生计理论相融合,创新提出"文化适应力"作为生计恢复力的重要构成,将文化适应力、社区影响、生计资本、生计策略等要素融入家庭生计恢复力理论分析,构建具有多维视角的乡村旅游社区家庭生计恢复力理论分析框架。

(二)旅游生计恢复力研究维度单一

如前文所述,目前旅游恢复力研究主要集中在社区恢复力研究方面(代表性的有：Holladay 和 Powell，2013；Lew，2014；Espiner 等，2017；王群等，2017；郭永锐等，2018等），而对家庭层面的生计恢复力研究较少，对社区和家庭生计的互动讨论更为少见，研究维度较为单一。

但是生计恢复力研究应该是多维的，被许多学者引用的 Nyamwanza（2012）和 Speranza 等（2014）提出的分析框架中，都强调了应注重社区和家庭多维度的生计恢复力研究。Speranza 等（2014）提出要从多个层次提升对生计恢复力的认识。Quandt（2018）也强调要区分"家庭生计恢复力"和"社区恢复力"。就生计恢复力研究维度来说，生计恢复力既关系到社区层面因素如基层组织（李聪等，2019）、文化传统（Daskon，2010）、代理机构（Chen 等，2020）、权力状况（Quandt，2018）、社会资本（Guo 等，2018）等方面，又与家庭生计资本（陈佳等，2016；励汀郁，谭淑豪，2018）、生计多样化（Li 等，2019）等家庭层面要素紧密相关。因此，旅游生计恢复力研究需要考虑社区、家庭等多个维度从而完善生计恢复力研究。

鉴于此，围绕提出的研究维度单一问题，本研究通过建立家庭生计恢复力多维度测度方法，从家庭维度（包括不同家庭结构、不同家庭生计策略、不同旅游参与程度等）和社区维度（包括不同旅游发展阶段、不同文化背景、不同社区治理模式等）开展生计恢复力的多维测度和对比分析。

（三）基于多案例的旅游生计恢复力影响机制分析缺乏

目前的生计恢复力研究主要以某一时点或案例点的静态生计恢复力评估和分析为主，缺乏多案例综合研究及其内在影响机制研究（王子侨，2018）。而"动态性"恰恰就是"生计"研究（Scoones，2009）和"恢复力"研究（Speranza 等，2014）的重要特征，生计恢复力特别强调时间序列上系统变化特征及其相互影响关系（王子侨，2018），多案例综合对比研究能够为认识生计恢复力规律及提升决策提供足够的参考（Speranza 等，2014）。

生计恢复力影响机制研究急需加强。现有研究中，许多学者已经意识到动态演化研究的缺失，如郭永锐等（2015）提出的旅游社区恢复力研究框架考虑了时间演化特征，Li 等（2019）明确提出生计恢复力演化机制的缺失等，但总体来讲，旅游生计恢复力动态特征和演化机制分析仍然较为缺乏。此外，已有旅游可持续生计研究中关于旅游生计变迁作用机制（尚前浪等，2020）、生计转型（席建超，张楠，2016）、文化适应（刘相军，孙九霞，2019）等研究就是生计动态性的表现，能够为我们提供重要的参考。

因此，针对提出的多案例研究下的影响机制分析缺乏，本研究在对多案例地开展追踪调查，在多维测度和案例对比分析的基础上，分析当地家庭生计恢复力影响因素，判定家庭生计恢复力主要影响因素和作用过程，厘清家庭生计恢复力影响机制。

（四）生计恢复力的协同治理研究需要进一步整合

旅游社区治理问题是与旅游恢复力研究紧密相关的研究议题（尚前浪等，2022），但是目前专门的旅游生计恢复力治理研究较少。乡村旅游社区生计恢复力影响因素的复杂性和社区治理的综合性表明，需要整合多个层面角度开展生计恢复力协同治理研究。

一方面，生计恢复力提升需要多层面协同实现。家庭生计恢复力已经不仅仅涉及家庭生计资本和生计策略等（Li 等，2019；李聪等，2019），而且受到社区和旅游发展等多因素复杂影响。例如，文化恢复和适应（Lew 等，2016；黄震方，黄睿，2018）、地方性知识（Bui 等，2020；孙九霞，刘相军，2014）、社区管理体制（Calgaro 等，2014；Luthe 等，2014；尚前浪等，2020）、社会网络（Rockenbauch 等，2019）、社区增权（郭永锐等，2018）和社区参与（Xu 等，2019）、代理机构（Chen 等，2020）、土地综合整治（罗文斌等，2019；吴诗嫚等，2023）以及与乡村旅游的协同发展（史玉丁，李建军，2018）等，需要系统构建农户生计恢复力提升路径（马随随等，2023）。

另一方面，乡村旅游社区治理也需要多方协同合作。既需要政府和社区层面从社区治理体制（管前程，2019；王猛，2019）、农民再组织（张春敏，张领，2019）、传统文化（尚前浪，陈刚，2016；王林生，2019；王章基，2019）、治理能人（张中奎，2019）、法制和德治（廖林燕，2018）、城乡融合（黄开腾，2019）等方面整合各项治理资源，也需要针对家庭结构的不同激发家庭发展潜力（王卓，胡梦珠，2019），只有多元协同合作才能实现对乡村社区的良性治理和乡村振兴（曹昶辉，2018；徐俊六，2019；李军等，2020），从而推动乡村旅游地区居民共享旅游发展成果（尚前浪，陈刚，2018）。

为此，针对提出的生计恢复力协同治理问题，本研究应用家庭生计恢复力多案例对比分析、主要影响因素和机制分析理论研究成果，从旅游政策、旅游社区和家庭生计等多层次提出乡村旅游社区家庭生计恢复力协同治理路径。

第三节　研究目的及意义

一、研究目的

对乡村旅游典型案例地开展调查研究，把握家庭生计恢复力状况、判断影响其变化的主要因素、分析其作用机制并提出协同治理路径，对于政府部门制定乡村旅游发展政策、促进旅游高质量发展以及家庭生计恢复力提升都具有重要现实意义。

（一）构建家庭生计恢复力理论分析框架

将旅游生计恢复力和可持续生计理论相融合，把文化适应力、多维测度、演化机制、生计策略、协同治理等关键要素引入旅游家庭生计恢复力理论分析，构建具有多维视角的乡村旅游社区家庭生计恢复力理论分析框架，实现本研究的理论研究目标。

（二）建立多维测度方法进行家庭生计恢复力测度

开展多案例调查研究，从文化适应力、缓冲能力、自组织能力和学习能力层面制定指标体系，建立家庭生计恢复力多维测度方法，采用定量分析方法对家庭生计恢复力进行测度，从家庭、社区和时间多个维度进行生计恢复力多案例对比分析，展现乡村旅游社区家庭生计恢复力多维度测度状况和特征。

（三）厘清乡村旅游社区家庭生计恢复力影响机制

对多案例地开展对比分析和追踪调查，对比分析家庭生计恢复力差异状况，采用多元回归分析方法判定家庭生计恢复力影响因素及其作用过程,研究乡村旅游社区家庭生计恢复力影响机制。

(四)提出家庭生计恢复力协同治理路径

将理论研究成果应用于家庭生计恢复力治理实践,从旅游产业、家庭、旅游社区发展层面提出乡村旅游社区家庭生计恢复力协同治理路径。

二、研究意义

目前生计恢复力的研究着眼于社区规模或更大的规模,忽略了家庭规模分析在构建生计恢复力方面的价值(Quandt 等,2018),所以本书从典型乡村旅游社区家庭微观视角切入,丰富当前生计恢复力微观化、定量化研究视角。将生计恢复力运用到旅游发展环境中,提出适用于乡村旅游社区家庭生计恢复力的分析框架与指标体系,测度家庭生计恢复力水平,分析家庭生计恢复力的影响因素及其作用,对完善生计恢复力理论及应用具有重要意义。

(一)理论意义

1. 完善旅游生计恢复力理论分析框架

将可持续生计与生计恢复力理论相融合,并将文化适应力作为家庭生计恢复力的重要构成,形成家庭生计恢复力多维测度、演化机制和协同治理研究内容体系,构建具有多维视角的乡村旅游社区家庭生计恢复力理论分析框架,为完善旅游生计恢复力研究内容和构建理论研究框架方面做出贡献。

2. 丰富旅游生计恢复力分析维度和影响机制研究

建立家庭生计恢复力多维测度方法,进行家庭生计恢复力多维测度和多案例对比,深入剖析家庭生计恢复力的影响机制,丰富生计恢复力研究维度和影响机制研究。

3. 为旅游生计恢复力理论研究提供典型案例支持

针对乡村旅游社区这一特殊对象开展实证研究,突出传统文化要素构建理论分析框架,通过典型案例对比分析家庭生计恢复力影响因素和演化机制,并提出多层面的乡村旅游社区家庭生计恢复力协同治理路径,为旅游生计恢复力理论研究提供典型案例支持。

（二）实践意义

1. 家庭生计恢复力多维测度有利于旅游开发效应评估

多维度开展乡村旅游社区家庭生计恢复力测度，对比与总结不同类型家庭和社区的生计恢复力典型特征和差异表现，能够客观把握家庭生计恢复力状况，从家庭生计恢复力视角洞察旅游发展和社区治理状况，有利于开展旅游开发效应与政策实施效果评估。

2. 家庭生计恢复力协同治理促进家庭生计与旅游社区协同发展

剖析家庭生计恢复力演化过程和机制，并提出乡村旅游社区家庭生计恢复力的协同治理路径，对提升乡村旅游社区家庭生计恢复能力以及促进与旅游社区的协同发展方面都具有实践价值。

3. 典型案例研究推动乡村旅游可持续发展和社区治理能力提升

针对乡村旅游社区典型案例地，开展典型案例研究、生计恢复力多维测度以及协同治理研究，对乡村旅游社区家庭生计恢复力提升和旅游可持续发展都有重要实践意义，对我国类似乡村旅游社区的旅游发展、生计可持续和旅游社区治理也有启示意义。

第四节　研究思路与内容

一、研究思路

乡村旅游发展推动了当地家庭生计向旅游经营转型，但是旅游波动和环境变化会给生计可持续带来风险，生计恢复面临较大挑战，提升恢复力已经是当前全球旅游业发展的重要议题。本研究以乡村旅游社区为研究对象，围绕提出的理论分析框架、生计恢复力测度、生计恢复力影响因素和协同治理四个研究问题展开研究。首先，将生计恢复力与可持续生计理论相融合，突出传统文化要素构建家庭生计恢复力理论分析框架，建立家庭生计恢复力多维测度方法；

其次，选取云南大理喜洲村、大理双廊村、腾冲水碓村和海南陵水疍家人社区为研究案例地，开展家庭生计恢复力多维测度和对比分析；再次，研究不同旅游社区和不同家庭生计策略家庭生计恢复力差异状况，剖析家庭生计恢复力影响因素及其作用关系，提出乡村旅游社区家庭生计恢复力影响机制；最后，从旅游产业、社区和家庭等层面提出乡村旅游社区家庭生计恢复力协同治理路径。

二、研究内容

（一）构建乡村旅游社区家庭生计恢复力理论分析框架

针对现有研究在理论构建方面的不足，本部分研究将生计恢复力与旅游可持续生计理论相融合，创新提出文化适应力作为生计恢复力的重要构成，并考虑乡村旅游社区特殊的文化环境和家庭生计实际，构建具有多维视角的乡村旅游社区家庭生计恢复力理论分析框架，形成家庭生计恢复力多维测度、演化机制和协同治理研究内容体系，并建立家庭生计恢复力多维测度和影响因素分析方法。

第一，构建理论分析框架。系统梳理生计恢复力与旅游可持续生计理论体系，分析两者在理论基础、研究问题、分析框架、研究维度等方面的理论关联，将生计恢复力与旅游可持续生计理论相结合。考虑乡村旅游社区家庭生计与传统文化的特殊关系，重点探讨生计恢复力应用于旅游研究时对旅游环境、传统文化、生计策略、影响机制等要素的考量及其理论依据。将文化适应力、生计策略、社区影响等要素纳入家庭生计恢复力理论分析，构建包括旅游发展环境、外部冲击、多维测度、影响因素、演化机制、生计资本和生计策略、协同治理等主要内容的乡村旅游社区家庭生计恢复力理论分析框架。

第二，建立家庭生计恢复力多维测度和影响因素分析方法。根据分析框架，制定以文化适应力、缓冲力、自我组织、学习能力为主要内容的家庭生计恢复力测度指标体系，明确生计恢复力测度指标选取、数据收集和测算的具体步骤，采用主成分分析方法测定指标权重和计算方法，确定家庭生计恢复力社区和时间维度的测度对比分析方法，形成家庭生计恢复力多维测度方法。从家庭和旅游社区等层面构建家庭生计恢复力影响因素分析框架，完成变量选取和研究模型设置，确定家庭生计恢复力影响因素分析方法。

（二）乡村旅游社区家庭生计恢复力多维测度

为了突破现有研究在生计恢复力研究维度单一的问题，本部分拟开展家庭生计恢复力多维测度，研究特色一方面是将乡村旅游社区特殊的文化适应力、生计资本等纳入家庭生计恢复力测度体系，另一方面是开展家庭生计恢复力多维测度，从而对乡村旅游社区家庭生计恢复力状况有较为全面的掌握。

第一，乡村旅游社区多案例调查研究。筛选乡村旅游社区（包括云南大理喜洲村、大理双廊村、腾冲水碓村和海南陵水疍家人社区），采用访谈、问卷调查和参与式观察等田野调查方法，收集案例地家庭层面的生计资本、生计策略、文化适应、社区参与、生计变迁等资料数据，社区旅游发展层面旅游发展阶段、旅游经济指标、旅游管理模式、传统文化利用、社区管理、土地利用、政策支持等资料，以及时间维度家庭生计恢复力演化表现，形成乡村旅游社区家庭生计多案例调查资料体系，按照理论分析框架和指标体系对数据进行分类整理和分析。

第二，乡村旅游社区家庭生计恢复力测度。基于建立的家庭生计恢复力多维测度方法，根据多案例调查研究数据资料，采用主成分分析和定量测算方法，从文化适应力、缓冲能力、自组织能力和学习能力四个方面测度家庭生计恢复力，对测度结果进行分类和统计分析，初步呈现家庭生计恢复力状况。

第三，家庭和社区多维度进行生计恢复力测度和多案例对比。家庭维度：根据家庭生计恢复力测度结果，按照家庭结构、家庭生计策略、家庭旅游参与程度等标准分类测度家庭生计恢复力，对比分析社区内和跨社区不同类型家庭的生计恢复力差异，总结家庭生计恢复力典型特征。社区维度：测度案例地社区层面生计恢复力，从社区旅游发展阶段、旅游管理模式、传统文化利用等层面进行分类，对比案例地生计恢复力差异及其具体表现和原因。

（三）乡村旅游社区家庭生计恢复力影响机制研究

针对现有旅游生计恢复力研究在影响机制分析较为薄弱的现状以及其理论

研究的必要性,本部分开展家庭生计恢复力影响机制研究。研究亮点一方面是开展多案例地追踪调查和对比分析;另一方面是突出对家庭生计恢复力的影响研究,综合分析其主要影响因素和作用关系,研究乡村旅游社区家庭生计恢复力影响机制。

第一,家庭生计恢复力主要影响因素及其作用过程研究。基于家庭生计恢复力测度和对比分析,采用多元回归分析等定量分析方法,分析家庭和旅游社区层面要素对生计恢复力的影响作用。家庭层面影响要素主要包括家庭结构、生计资本、生计策略、文化适应等;旅游社区层面影响要素如社区管理、土地利用、传统文化、社区参与旅游、旅游政策支持等。综合判定家庭生计恢复力的主要影响因素,结合访谈和调查数据,分析这些主要影响因素对家庭生计恢复力演化之间的内在联系,系统分析影响因素对家庭生计恢复力的动态影响作用过程。

具体地,基于不同生计策略以及不同案例地家庭生计恢复力差异性对比分析,辨别影响因素。运用ISM方法构建递阶结构模型,划分各层级影响因素,分析各层级因素之间的影响关系,找出影响旅游社区家庭生计恢复力的根本影响因素。运用MICMAC方法,得出影响因素驱动依赖度,进一步掌握影响因素对旅游社区家庭生计恢复力的作用途径和效果。结合ISM与MICMAC结果,明确了各影响因素的重要性和特性以及相互间的影响作用。

第二,家庭生计恢复力影响机制研究。综合分析家庭生计恢复力阶段特征、影响因素、作用过程、作用机制、作用结果等主要内容,分析家庭生计恢复力与主要影响因素的互动关系,展现家庭生计恢复力受家庭、社区、旅游发展等多层次影响下的影响过程和内在作用机制,深入分析家庭生计恢复力影响机制,提高对家庭生计恢复力的规律性把握。

(四)乡村旅游社区家庭生计恢复力协同治理路径

本部分在理论分析框架构建、多维测度和影响机制研究基础上,将理论研究成果应用于乡村旅游社区家庭生计恢复力治理实践,研究重点是围绕家庭生计恢复力提出多层面的协同治理路径。

从旅游产业、家庭和旅游社区层面提出家庭生计恢复力协同治理路径。旅游产业政策方面，提出加大对乡村旅游发展的政策支持力度，突出乡村旅游开发中的乡村文化挖掘和文旅融合，提高社区参与旅游发展的支持力度。家庭生计恢复力提升策略方面，基于家庭生计恢复力测度状况和主要影响因素提出家庭生计恢复力的提升策略和实施路径，包括生计资本的优化、生计策略的选择、文化适应力的提升、参与旅游发展等方面。旅游社区层面，根据旅游社区层面因素对家庭生计恢复力的影响及其互动关系，提出旅游社区层面的生计恢复力协同治理路径，主要包括社区管理模式、社区参与、传统文化利用、土地开发、旅游产品开发和旅游政策支持等内容。

从具体分析过程来看，针对社区管理层面，根据家庭生计恢复力关键层驱动因素、中间层关联因素、表层自治因素、表层依赖因素分别提出提升策略。针对家庭层面，从不同生计策略对比中找出得分较低的影响因素，结合解释结构模型（ISM）与交叉影响矩阵相乘法（MICMAC）结果，分析不同生计策略生计恢复力提升路径，有针对性地提出对策。

第五节　研究方法与技术路线

根据主要研究内容，本研究主要采用文献研究法、田野调查法、多案例对比分析法和定量分析法，科学判断乡村旅游社区家庭生计恢复力状况和影响因素，深入研究其影响机制，结合实际提出家庭生计恢复力协同治理路径，确保研究成果具有较好的理论创新性和实际应用价值。

一、文献研究法

系统梳理现有研究文献，掌握生计恢复力理论研究动态和趋势，深入剖析现有研究在理论构建、研究维度、演化机制等研究方面的不足，重点掌握生计恢复力与旅游可持续生计的理论关联，分析生计恢复力理论框架应用于旅游研究时产生的差异，研究乡村旅游社区特殊的传统文化、生计资本、社区影响等要素与生计恢复力理论体系的关系，为生计恢复力与旅游可持续生计理论融合奠定基础，从而构建乡村旅游社区家庭生计恢复力理论分析框架。

二、田野调查法

（一）利益相关者和知情人深入访谈

采用半结构化和集体访谈方式，对乡村旅游案例地旅游主管部门、村委会、景区公司主管、当地家庭、文化传承人、旅游经营户、游客等知情人进行重点访谈。设计不同的访谈提纲，从旅游发展状况、旅游管理模式、社区管理、社区参与、文化适应、利益分配、家庭生计活动等多层面掌握家庭生计内外部环境。重点是收集家庭和旅游社区对生计恢复力状况和主要影响因素的感知，以及家庭生计恢复力变化情况。

（二）家庭问卷调查

根据乡村旅游社区家庭生计恢复力分析框架和指标体系，设计包括家庭基本信息、家庭生计恢复力（文化适应力、缓冲能力、自组织能力、学习能力）、家庭生计策略、家庭生计结果、旅游社区影响（社区管理、土地利用、社区参与旅游、旅游政策支持、旅游产品开发等）、传统文化利用、生计恢复力演化等10部分35类问题的调查问卷，在完成专家调查和家庭预调查的前提下，深入案例地家庭采取"一对一"方式对不少于400户家庭进行问卷调查。目的是系统收集案例地家庭生计恢复力和社区旅游发展等相关资料形成多案例数据体系，为生计恢复力多维测度、影响因素和多案例对比分析提供数据支撑。

（三）参与式观察

案例地调查过程中研究团队与居民同吃同住，观察居民的生计活动和文化适应状况，记录家庭参与旅游生计活动内容和时间安排，感受居民生计恢复力的变化；参与乡村旅游管理活动和日常社区工作，收集社区居民参与旅游发展信息，整理景区旅游产品开发和旅游支持政策，观察景区和乡村旅游发展合作关系；记录游客构成、游览过程、消费情况等。目的是理解家庭生计活动开展和生计演化的内在逻辑，协助判断影响家庭生计恢复力的主要因素，把握家庭生计与旅游发展、社区治理的协同关系，并通过建立合作关系为研究后续补充调查奠定基础。

三、多案例对比分析法

选取多个不同类型的典型乡村旅游社区为案例，开展多案例对比分析。目的在于：一方面，研究乡村传统文化对家庭生计恢复力的影响，从而完善生计恢复力理论框架在文化要素方面的不足；另一方面，通过多案例对比分析开展乡村旅游社区家庭生计恢复力多维测度和演化机制研究，完善家庭生计恢复力研究内容体系。

本研究选取云南大理喜洲村、大理双廊村和腾冲水碓村为主要案例地，并以海南陵水三海村和赤岭村为辅佐案例，主要原因如下。

第一，近年来云南通过乡村旅游促进地区发展和居民脱贫致富的举措吸引了理论和实践研究的关注，提供了许多可供研究的典型案例地，及时对案例地家庭生计恢复力状况和演化规律进行总结分析，对居民生计可持续、乡村旅游发展和社区治理都具有积极的理论和实际意义。

第二，主要案例地均为国家和省级乡村旅游发展特色村，传统文化保存较好，但在旅游发展环境、旅游发展阶段和旅游管理模式等方面不尽相同。同时，案例地家庭开展了多样的旅游经营生计活动，而且在家庭生计演变、生计资本、生计策略等方面表现出了不同的特征。案例地在乡村旅游和旅游生计研究中都具有典型性，能够为家庭生计恢复力多维测度、文化适应力的影响以及多案例对比研究提供很好的案例支撑。

第三，选取海南疍家人两个社区作为辅佐案例开展研究，论证传统地方性知识对生计可持续的重要影响作用，主要是因为：首先，海南疍家人的历史和文化背景独特，形成了独特的生产方式和传统文化习俗。作为研究案例可以深入了解这一特殊群体的历史演变和文化传承，揭示传统文化与社会经济发展的互动关系。其次，海南疍家人的生计变迁历程具有代表性。从古代到现代，海南疍家人的生计方式经历了从水上居住、捕鱼为生到陆上定居、多元化生计的转变。这一过程既反映了海南地区社会经济的变化，也体现了疍家人对生存环境的适应和创新。此外，随着现代社会的快速发展和城市化进程的推进，海南地区的产业结构和社会环境发生了巨大变化。海南疍家人作为当地的特殊群体，其生计方式的转变和适应对于当地社会经济的发展和学术研究都具有重要意义。

第四，研究团队于2019—2023年对案例地进行过系统调研，并且围绕家庭生计变迁、生计可持续分类评价、生计可持续实现路径等内容进行过研究并发表了研究成果，结合本次课题进行案例地跟踪调查，便于开展家庭生计恢复力的影响机制研究。

四、定量分析法

定量分析方法主要包括家庭生计恢复力多维测度方法和影响因素分析方法。研究的特别之处在于，将文化适应力、生计资本等要素纳入指标体系，并从家庭、社区和时间多个维度进行生计恢复力测度，影响因素分析中考虑了家庭、旅游社区多层面的因素。

第一，家庭生计恢复力多维测度方法。首先，基于构建出的理论分析框架，从文化适应力、缓冲能力、自组织能力和学习能力等层面制定测度指标体系，对数据采用主成分分析方法测定指标权重，并根据计算公式测定家庭生计恢复力指数。其次，从家庭、社区和时间多维度进行生计恢复力测度。家庭维度按照家庭结构、家庭生计策略、家庭旅游参与程度等标准分类测度家庭生计恢复力；社区维度是测度不同案例地社区层面生计恢复力；时间维度则是测度不同时间段家庭和社区的生计恢复力状况。最后，根据多维测度结果进行多案例对比分析和演化研究。对比分析社区内和跨社区不同类型家庭的生计恢复力差异，对比不同旅游发展阶段、不同旅游管理模式、不同传统文化利用的社区生计恢复力状况等。

第二，家庭生计恢复力影响因素分析方法。主要是基于构建的理论框架，在生计恢复力测度结果的基础上，选取家庭、旅游社区层面的因素为自变量，以家庭生计恢复力为因变量，采用多元回归方法判定影响家庭生计恢复力主要因素，分析主要影响因素对家庭生计恢复力的影响关系。

五、研究技术路线

本书的研究技术路线如图1-1所示。

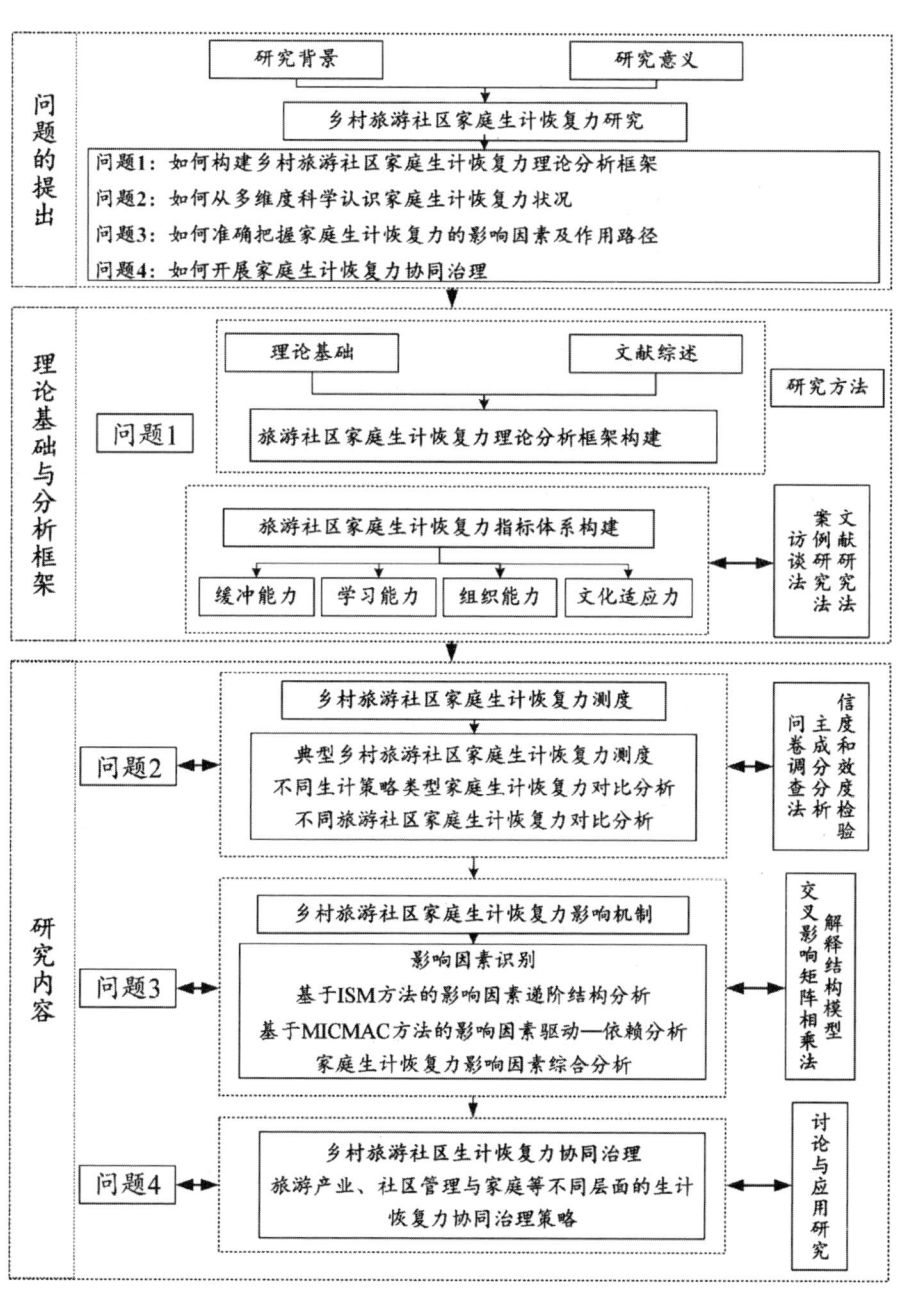

图 1-1 研究技术路线

第六节　本章小结

本章在对乡村旅游社区家庭生计恢复力的研究背景、目的及意义进行深入分析的基础上，明确了本研究的主要研究问题、研究思路、研究内容以及研究方法和技术路线等。

第一，研究问题的提出基于旅游发展对社区生计带来的不确定性影响，尤其是公共卫生安全对旅游系统的巨大冲击，凸显了提升家庭生计恢复力在旅游社区可持续发展中的重要性。主要研究问题包括如何构建适合乡村旅游发展和文化环境的家庭生计恢复力理论分析框架，如何科学认识家庭生计恢复力的多维度状况，如何深入分析家庭生计恢复力的影响因素及其内在关系，以及如何实现家庭生计恢复力、社区治理和旅游的协同发展。

第二，研究以乡村旅游社区为对象，遵循"理论构建—多维测度—影响因素分析—协同治理路径"的思路。创新性地将旅游生计恢复力和可持续生计理论相融合，引入文化适应力等要素，构建理论分析框架；建立多维度的生计恢复力测度方法，并通过多案例对比分析掌握不同家庭和社区的生计恢复力状况；采用多种分析方法识别影响家庭生计恢复力的主要因素及其作用机制；最后提出多层面的协同治理路径。

第三，研究内容主要围绕理论分析框架的构建、家庭生计恢复力的多维测度、影响因素的识别与作用机制分析，以及协同治理路径的提出。具体来说，研究内容包括：（1）创新构建家庭生计恢复力理论分析框架；（2）建立多维度的家庭生计恢复力测度方法；（3）开展影响因素分析，识别并厘清家庭生计恢复力的影响机制；（4）提出乡村旅游社区家庭生计恢复力的协同治理路径。

第四，研究方法包括文献研究法、田野调查法、多案例对比分析法和定量分析法。文献研究法用于梳理现有研究，构建理论基础；田野调查法通过访谈、问卷和参与式观察收集数据；多案例对比分析法用于深入分析不同案例地的特点和差异；定量分析法则用于测定生计恢复力指数和分析影响因素。这些方法的综合运用，旨在确保研究结果的科学性和实用性。

通过上述研究问题、思路、目的、内容和方法的综合运用，本章为乡村旅游社区家庭生计恢复力的深入研究奠定了基础，并为后续章节的理论框架构建、实证分析和协同治理路径的提出提供了清晰的研究思路。

第二章

理论基础与分析框架

生计恢复力与可持续生计理论是开展乡村旅游社区家庭生计恢复力研究的重要理论基础。本章首先对生计恢复力概念、理论进行详细梳理，阐述可持续生计与生计恢复力理论结合的必要性，提出适用于乡村旅游发展环境的家庭生计恢复力的理论分析框架。其次，基于分析采纳相关研究检验过的指标，结合乡村旅游社区特点构建乡村旅游社区家庭生计恢复力指标体系，为下一步生计恢复力的测度等分析奠定基础。最后，针对具体研究内容选择合适的研究方法，主要阐述案例对比等研究方法。

第一节 相关概念与理论基础

一、生计恢复力理论

生计恢复力是指生计系统吸收和适应各种类型的干扰（包括迫在眉睫的和可预测的多重干扰），并确保生计系统各组成部分正常运转的能力（Walker等，2012）。由于恢复力更加强调主体的参与主动性（Li等，2019），更加强调生计系统应对变化和干扰的能力，已经成为生计可持续发展的新概念（Quandt，2018）。将生计方法与恢复力相结合，可以加强对农村家庭生计动态的理解，以及对农村家庭如何寻求改善生计以应对变化的理解（Speranza等，2014；Liu等，2020）。

尽管生计恢复力是生计方法与弹性思维的结合，但是在研究的过程中，不同的学者对生计恢复力的定义存在差异。Nyamwanza（2012）和 Thulstrup（2015）将恢复力和适应能力的概念融入可持续的生计中，强调生计恢复力是由不同形式的资源资本决定的，这些资源资本影响着人们应对压力和冲击的能力。Nyamwanza（2012）将生计恢复力定义为家庭和社区应对、恢复和学习变化和干扰，改变其生计模式以适应变化和挑战的过程。Tanner 等（2015）定义生计恢复力为"在环境、经济、社会和政治动荡的情况下，所有世世代代的人保持和改善生计机会和福祉的能力"。Speranza 等将生计恢复力定义为生计在维持或改善基本特性和功能的同时缓冲压力和干扰的能力（王子侨，2018）。

Speranza 等（2014）提出生计恢复力的特点是行动者的资产和战略，以维护和增加资产，提高自我组织和学习能力，因此生计恢复力取决于生计功能的好坏，取决于行动者的能力和机构，以及社会、体制和自然条件（王子侨，2018）。使用恢复力的概念，既考虑机构，也考虑结构，通过回顾相关理论和文献，提出生计恢复力综合实证分析的框架以及生计恢复力的三个维度，并对属性和指标做出界定（见图 2-1）。

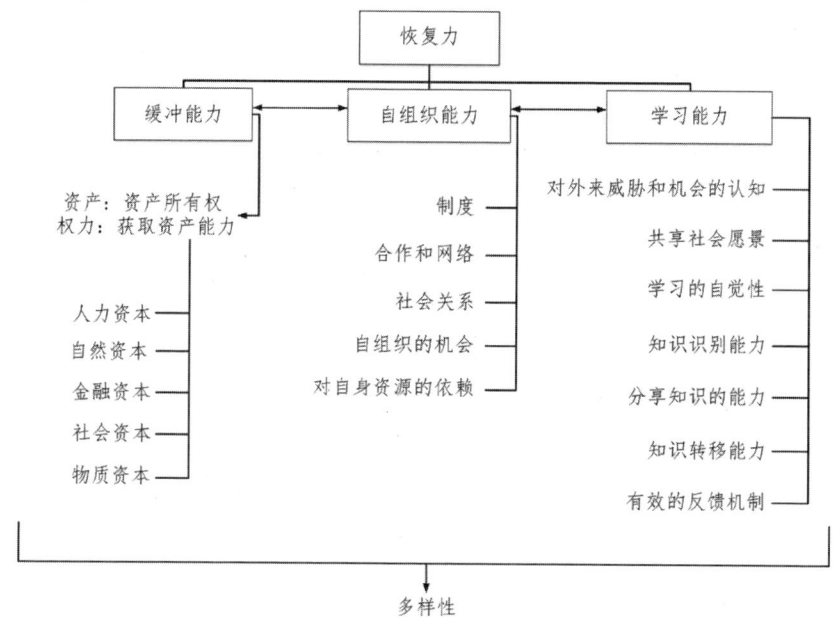

图 2-1　生计恢复力分析框架

资料来源：参考 Speranza（2014）研究成果绘制

缓冲能力被描述为一个系统能够经受（吸收）的变化（扰动）的数量，并且仍然保持相同的结构、功能、身份，以及对功能和结构的反馈（Carpenter 等，2001；王子侨，2018）。禀赋是指人所拥有的资源，权力是指人对资源的获取（Speranza 等，2014；王子侨，2018）。禀赋使用生计资本代替，主要包括人力资本、金融资本、物质资本、社会资本、自然资本（尚前浪等，2020）。不同类型资本的积累可以对压力源和冲击产生缓冲（Matter 等，2021）。权力决定能力，拥有更多禀赋和权力的群体和个人往往比拥有较少或没有的社会经济地位群体或个人更有可能缓冲不利影响。此外，缓冲能力还取决于生计策略的选择（Speranza 等，2014）。

自组织能力是指建立灵活多变的沟通和互助网络，以及融入当地社会、经济和制度环境的能力（Milestad 等，2003；Zhou 等，2021；Speranza 等，2014；温腾飞，2018；王子侨，2018）。此外，自组织是指机构、合作网络、网络结构以及对自身资源的依赖。机构，指社会规范和规则以及团体、组织和政府机构等正式机构，它们可以增强或限制行动者的适应能力，对建立恢复力至关重要（王子侨，2018）。合作和网络是自组织的良好基础，帮助建立信任，减少对外部行动者的信息、创新和资本依赖。在冲击或压力发生时，信任的增加能够维持生计的社会资本，对于建立和维持弹性是至关重要的。社会生态系统的网络结构可以影响系统动态和管理结果，在更大的系统中使生计免受冲击，或更快地传播冲击（王子侨，2018）。对自己资源的依赖减少了对外部投入的依赖（Speranza 等，2014）。

学习能力为创造、获取和转移知识的能力，以及修改家庭生计活动以获得新知识和反思洞察力的能力。学习能力包括对威胁和潜在机会的预知能力、共同的愿景、学习的承诺、知识认证能力、知识共享和转移能力和有效的反馈机制（Liu 等，2020）。对威胁和潜在机会的预知能力是指农户的知识与关注的问题相关的程度。共同的愿景可以促进恢复力的转变，集体的社会愿景影响着集体行为。知识识别能力，是在生计系统中识别有价值的知识的能力。知识共享和转移能力，是向其他人传播知识的程度，以及运用自身或者学到的知识，实现生计目标的程度（温馨，2019）。有效的反馈机制可以通过行动者之间的良性互动传播知识和增加社会记忆（王子侨，2018）。

二、可持续生计途径

可持续生计是在应对全球贫困问题的背景下提出的，是指恢复和面对压力、冲击以及维持资本和保持增长的能力（Chambers 和 Conway，1992）。英国国际发展署（Department for International Development）等一些国际组织和机构提出可持续生计途径分析框架（DFID，1999），分析框架展示了影响生计的主要因素，强调通过各种因素相互作用实现其生计结果（Simpson，2009）。可持续生计途径因其较强的理论解释力而成为主流的国际发展方法。

可持续生计观念有着悠久的理论渊源。自20世纪70年代以来，西方学者在总结发展中国家农村反贫困经验教训的基础上，通过多年研究，逐步深入、系统地论述了贫困农民脱贫发展的一种新思想理论，即可持续生计观念（王三秀，2010）。20世纪90年代，在联合国举行的世界环境与发展大会上明确提出了可持续生计观念，其含义是"具备维持基本生活所必需的充足的食品与现金储备量以及流动量"。

可持续生计观念逐步形成一套完整的规范理论体系和分析范式。20世纪末，这一时期较典型的文章有Scoones（1998）的《可持续性农村生计：一个分析框架》以及Farrington（1999）等学者的《可持续性生计实践：概念在农村的早期应用》，这两篇文章对可持续生计框架进行了概括和讨论，成为此后该理论研究的重要参考。

生计内容的整体性得到了学者们的认同。Scoones（1998）认为，一个完整的生计维持系统包括能力、资产（包括物质资源和社会资源）以及维持生活所必需的活动。只有当一个生计维持系统能够应付压力和打击并可从中恢复过来，它才是具有可持续性的，要重视自身能力的发展。Farrington（1999）等学者认为，可持续生计目标是多元的，包括收入的增加、更多的福利、脆弱性减少、自然资源的持续利用等。

基于可持续生计观念，研究人员需要创建生计分析框架来分析和解决问题。目前，有多种生计分析框架并存，侧重的方面各有差异。其中应用最广泛的是DFID（1999）在《可持续生计指南》中所提出的可持续生计分析框架。分析框架由脆弱性背景、生计资本、结构和制度的转变、生计策略和生计结果5个部分组成,这些组成成分以复杂的方式互相作用。它将资本、能力与活动(行为)结合起来,展示了"脆弱性环境(或外部冲击)→(导致人们)生计资本(发生变化)→(人们根据资本禀赋结构制定多种)生计策略→(来实现生计目标)生计结果"的过程。这里的生计资本包括人力资本、自然资本、金融资本、物质资本和社会资本。

三、生计恢复力与可持续生计的理论关联

生计恢复力与可持续生计途径(SLA)有较强的理论关联(见表2-1)。二者的理论联系主要体现在:(1)脆弱环境下的生计问题是二者产生的背景,目的在于维持生计系统的可持续性和面对冲击的恢复能力。(2)生计能力都是研究的核心问题(Speranza等,2014),最健壮的生计系统是具有高恢复能力和低敏感性的系统(Allison和Ellis,2001)。(3)都关注生计系统可持续性和恢复能力的研究方法以及实践路径(卜诗洁,卓玛措,2021),并将生计资本和生计策略作为优化生计的重要途径。(4)对传统文化的重视也是二者的理论共识。传统文化通过提供生计的替代或适应策略,恢复了社会和政治变化造成的脆弱性(Daskon,2010)。

表2-1 生计恢复力与可持续生计途径的理论关联

理论关联		生计恢复力	可持续生计途径
理论联系	产生背景	脆弱环境下的生计问题	
	核心概念	生计能力	
	实践途径	生计资本和策略适应调整	
	理论共识	传统文化的作用	
差异表现	生计目标	生计恢复能力建设	生计系统可持续
	实施导向	主体参与和能力提升过程	可持续生计结果
	研究层次	政府部门、机构、社区、家庭	家庭生计资本、策略和结果
	研究尺度	时间尺度、地理空间	地理空间

资料来源:作者根据相关研究整理

同时，二者在内涵和研究运用上存在差异。（1）生计目标不同。生计恢复力强调实现具有适应性、吸收性和变革能力的生计恢复能力（Sarker，2019），可持续生计则强调生计系统可持续性问题。（2）实施导向不同。可持续生计途径以实现可持续生计结果为导向，而生计恢复力将人作为研究的中心，通过主体参与实现生计恢复能力（Tanner 等，2015），凸显参与者能力增强的过程。（3）研究层次不同。可持续生计着重围绕家庭生计资本、生计策略和生计结果的相互关系，生计恢复力则将其研究层次拓展至政府部门、机构、社区和家庭（Sarker，2019）。（4）研究尺度存在差异。可持续性途径看重对地理空间尺度的研究，而生计恢复力增加了时间尺度的生计考察，注重对生计动态性的把握（Scoones，2009）。

第二节　乡村旅游社区家庭生计恢复力理论分析框架构建

一、生计恢复力与可持续生计结合构建分析框架的必要性

（一）两个理论都适合乡村旅游发展环境

旅游业的发展被认为是一种变化和冲击的因素，对社区和居民的经济发展、生活方式、就业机会和社区活动等产生重大的影响（Butler，2017），改变了目的地社区和居民的生计方式，加速了当地环境、经济、文化和社会的变化（Tsai 等，2016）。随着旅游业与各地区特别是乡村地区的经济社会融合度的不断加深（郭华，2020），旅游业成为扶贫和可持续生计的有效策略，给旅游地居民带来了生计资本水平的提升，赋予居民更高的生计选择权。

但外部公共卫生事件、自然灾害等冲击造成的旅游业外部市场风险，季节性以及旅游社区管理制度都会对生计资产和结果产生重大影响。面对外界脆弱性背景，生计恢复力是改善旅游地居民生计和促进其可持续发展的最佳途径（Adger 等，2005；Folke，2006；Walker 等，2004）。以往生计研究更多关注的是当地居民生计资本的存量和组合，但生计资本的积累和转化不能积极保护他们

免受冲击，也不考虑他们在外部冲击下的适应和调整行为（纪金雄等，2021；王晨，2019）。恢复力思维为生计研究提供了一个新的视角，可以帮助我们理解旅游地居民如何在不利变化的影响下维持生计水平（Forster 等，2014；王晨，2019）。将生计方法与恢复力思维相结合并运用到旅游环境中，可以加强对旅游地家庭生计动态的理解，以及对旅游地家庭如何追求和改善生计以应对变化和干扰的理解（Speranza 等，2014）。

针对乡村旅游发展环境，可持续生计与生计恢复力都具有较好的研究场景适用性。与生计可持续理论相比，生计恢复力关注的是在变化中保持生计正常运转的因素和过程，并将人们应对冲击的能力作为分析的中心（Speranza 等，2014）。将生计恢复力研究应用到旅游环境下，可以更加注重旅游地居民的生计动态性（Lew，2014），更加强调家庭面对旅游环境的生计适应性和生计能力建设，帮助家庭从干扰中恢复、从变化中学习，调整生活和生产结构，提高应对和适应社会经济和环境变化的能力（Marschke 和 Berkes，2006；Quandt 等，2017；Li 等，2019）。帮助旅游地家庭建立较高水平的生计恢复力，使得旅游地家庭生活条件的长期安全得到保障，包括生计模式、生计结构和生计状态的适当性和可持续性（Li 等，2019）。

（二）两个理论具有很强的内在理论关联

第一，生计恢复力与可持续生计相结合已是未来研究的趋势，需要体现在理论分析框架中（尚前浪等，2023）。一方面，恢复力思想是隐含在可持续生计方法当中的（Obrist 等，2010；Speranza 等，2014），恢复力可以捕捉到生计的长期动态变化（Scoones，2009），对传统的可持续性研究方法是一种新扩展（Lew 等，2016），因此 Scoones（2009）建议将生计和恢复力思维结合起来。另一方面，在现有研究中，Nyamwanza（2012）和 Thulstrup（2015）将恢复力纳入了可持续生计进行了前期理论论证，Wall（2018）认为恢复力对旅游可持续生计有潜在的用途，是未来研究的重要方向。因此，将二者进行理论结合已经成为未来研究的趋势。

第二，旅游可持续生计理论成果也表明与家庭生计恢复力在文化适应、生计能力、协同发展等方面有较强的理论关联。例如，Tao 和 Wall（2009）构建了基于旅游发展环境的旅游可持续生计理论框架；Daskon（2010）突出传统文化对生计的替代或适应策略的贡献；陈佳等（2015）对采取不同生计策略的农户家庭应对生计风险的能力进行了研究；Su等（2016）强调了当地的社会文化关联和生计可持续性的关系；尚前浪等（2018）对不同生计策略和旅游参与程度的家庭生计能力进行了分类评价；史玉丁和李建军（2018）对生计可持续与乡村旅游的协同发展进行了研究。同时，针对乡村旅游社区传统文化与家庭生计的关系，还要考虑地方性知识（张瑾，2011）、乡村旅游特征（尚前浪等，2024）、文化适应（刘相军，孙九霞，2019）等要素对家庭生计恢复力的特殊影响。这些研究都为旅游生计恢复力理论分析框架构建提供了重要依据。

二、分析框架构建的基础

（一）生计恢复力适用于旅游发展环境

由于旅游系统的复杂性和对外部威胁的固有脆弱性（Faulkner，1999），外部环境的冲击、产业结构的调整、政策变动等因素都会极大地威胁当地旅游业的可持续发展，影响旅游系统的稳定性，进而影响旅游地家庭的生计稳定。基于此，可持续生计研究已经被大量运用到旅游环境下，形成旅游可持续生计相关研究成果（郭华等，2020）。但可持续生计被认为是通过学习和协调来适应新的环境条件，并且不对环境和资源造成损害（Li等，2019），强调保护和减缓（Chen等，2020）。与之相比，恢复力更强调主体为匹配甚至改变环境而自我完善的动态过程（Li等，2019），将变化视为正常（Chen等，2020），并且恢复力并不局限于抵抗扰动的能力，也包括扰动所带来的机会（Mohammed等，2021；Folke，2006）。所以生计恢复力可以加强对旅游地家庭生计动态的理解，以及对旅游地家庭如何追求和改善生计以应对变化和干扰的理解（Speranza等，2014），帮助旅游地家庭从干扰中恢复、从变化中学习。

（二）文化要素对生计恢复力的实践作用被广泛认同

如前文所述，文化要素在旅游发展中的重要性以及对生计恢复力的实践作用已经被广泛认同。承认和支持实现当地文化和传统价值的潜力（Daskon，

2010），对当地可持续性发展至关重要，而传统文化和随后的物质产出是实现当地家庭生计目标的重要资源（Daskon 等，2012）。Daskon 等（2010）认为文化和传统价值观不仅可以增加生计资产，还可以在经济、社会和政治变革造成的脆弱期间创造新机会。张瑾（2011）从文化人类学的研究视角出发，发现由地方性知识转化而来的新生计手段为红瑶妇女带来了更好的生活与发展。刘相军等（2019）探究了传统文化适应在生计方式转型过程中的调节作用。旅游发展在推动社区经济发展的同时，将文化的潜在价值转化为实际价值，激发了文化资源的经济效益和社会效益，同时促进了旅游地家庭生计资本的积累，提高了旅游地家庭的生计水平（王蓉等，2021）。所以文化适应力是旅游生计恢复力的重要构成，有必要将"文化适应力"纳入生计恢复力理论分析框架。

（三）文化适应是生计恢复力的重要内容

文化适应力与乡村旅游社区家庭生计恢复力密切相关。"文化适应"是"不同文化的群体发生持续的、直接的文化接触，导致一方或双方原有文化模式发生变化的现象"（Berry，2005），主要关注文化群体在相互交往和融合中的文化适应问题（孙进，2010），其中文化适应问题尤为凸显（杨宝琰，万明钢，2010）。现有研究表明，旅游地居民文化适应会对居民旅游支持行为（范莉娜，2017）、生存策略（彭莉，2017）、生态环境（郭家骥，2006）等产生影响，生计方式转型也与传统文化适应性密切相关（刘相军，孙九霞，2019），Wall（2018）也特别提出在旅游恢复力研究中要突出文化的重要作用。毫无疑问，文化适应力是乡村旅游社区家庭生计恢复力的重要构成，代表了家庭在旅游发展环境下利用或借助传统文化、传统规则和传统技能等文化要素适应外部环境变化或冲击的能力。但是现有的生计恢复力分析框架中并没有充分体现文化适应对生计恢复力的重要影响，因此有必要将"文化适应力"纳入生计恢复力理论分析框架。

三、分析框架的构成与特征

根据对文献的梳理和上述理论基础分析，结合乡村旅游社区家庭在外部冲击下的实际情况，研究将生计恢复力理论运用到乡村旅游发展环境中，将生计恢复力与旅游可持续生计理论相融合，创新提出文化适应力作为生计恢复力的重要构成（尚前浪等，2023），构建了具有多层视角的乡村旅游社区家庭生计恢复力理论分析框架（见图2-2），形成旅游生计恢复力测度、演化机制和协同治理研究内容体系，展现了旅游发展环境下各要素的相互关系、动态变化和应对策略，最终形成长期稳定的旅游生计恢复能力。

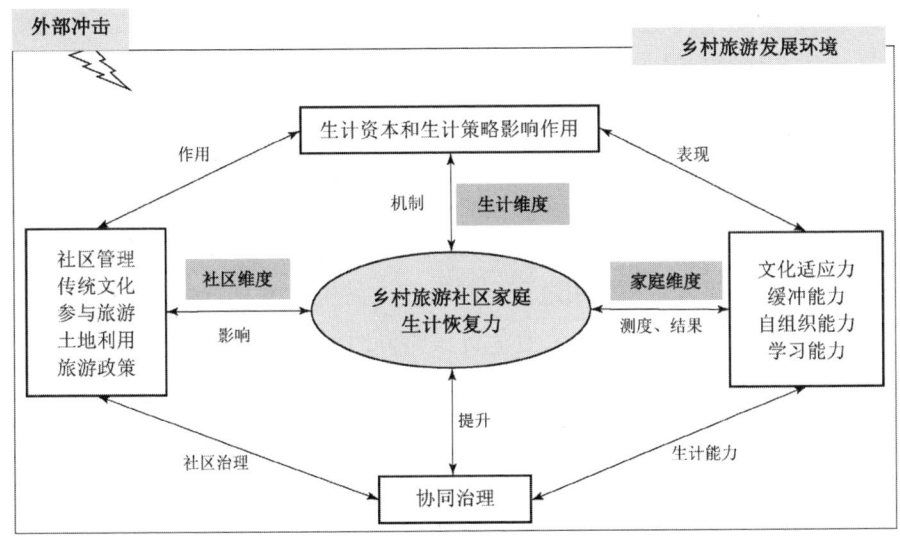

图2-2　乡村旅游社区家庭生计恢复力理论分析框架

从分析框架构成来看，在外部冲击和旅游发展环境变化下，家庭通过适应和学习获得生计恢复能力的提升以及进行生计策略的动态适应，旅游社区通过完善治理模式、调整社区参与方式、利用传统文化等途径提升治理水平，家庭、社区和政府等多层面开展协同治理共同提升旅游生计恢复力。其中，家庭层次和社区层次体现了旅游生计恢复力的多层次特征，生计资本和生计策略随时间的演化体现出了动态特征，多元共同参与旅游社区治理凸显协同治理的重要性，其主要特征表现在以下几个方面。

（一）将生计恢复力和可持续生计理论相融合

把"文化适应力"作为生计恢复力的重要构成，将文化适应力、社区影响、生计资本、生计策略等要素融入生计恢复力理论分析，构建包括生计恢复力主要研究内容的旅游生计恢复力理论分析框架。家庭生计恢复力在 Speranza（2014）框架基础上建立，增加文化适应力，代表旅游社区家庭在旅游发展环境下利用或借助传统文化、传统规则和传统技能等文化要素适应外部环境变化或冲击的能力（尚前浪等，2022）。弥补生计恢复力框架中对文化作用分析的缺失。通过梳理生计恢复力以及旅游生计可持续的相关文献，结合旅游社区实际情况，从四个维度构建生计恢复力指标体系。

（二）体现旅游生计恢复力研究的多层次性

分析框架体现了从家庭层次开展旅游生计恢复力测度，分析不同类型家庭生计恢复力的特征和差异，在此基础上开展社区层次的生计恢复力水平和对比研究。同时针对案例地分析家庭旅游生计恢复力影响作用，研究旅游生计恢复力主要影响因素和作用过程，并探究旅游生计恢复力内在影响机制。

将外部干扰、社区管理、家庭生计策略同时纳入旅游社区家庭生计恢复力分析框架，更好地分析它们对家庭生计恢复力的影响。自组织能力、学习能力、缓冲能力、文化适应力直接决定家庭生计恢复力水平。不同社区有不同的旅游管理模式和旅游发展方向，从而影响家庭的生计恢复力水平，在外部干扰对家庭生计恢复力造成严重影响时，社区的管理以及政策的扶持可以提高家庭的风险抵御能力。生计策略的选择同样会影响家庭生计恢复力，多样性生计方式的家庭生计恢复力以及抗风险能力都会更强。外部干扰会直接影响家庭收入等，从而影响家庭生计恢复力水平，也会通过影响家庭生计策略的转变以及社区的管理来间接影响家庭的生计恢复力水平。从多维度识别家庭生计恢复力的影响作用，分析关键影响因素的作用路径，为多层面提出生计恢复力提升策略奠定基础。

（三）乡村旅游社区家庭生计恢复力协同治理的整体性

从家庭维度开展生计恢复力的测度，以及从不同生计策略、不同社区开展家庭生计恢复力对比分析。分析不同社区以及不同生计策略家庭生计恢复力的差异性，识别更多的影响因素，体现旅游生计恢复力研究的社区治理功能。

第三节 指标体系与分析方法

一、生计恢复力指标体系构建

（一）指标构建的方法

指标体系的选取借鉴 Speranza 等（2014）、Quandt（2018）、李聪等（2019）、刘伟等（2019）等关于测度指标体系的相关研究，确定将家庭缓冲能力、自组织能力和学习能力纳入指标体系，并根据旅游发展环境重新确定二级指标。亮点是将"文化适应力"纳入指标体系，并将可持续生计框架中的"生计资本"作为缓冲能力的主要内容。缓冲能力主要包括人力资本、自然资本、物质资本、金融资本和社会资本等二级指标。自组织能力主要包括参与社会组织、参与旅游经营、参与社区管理、组织旅游活动等。学习能力主要包括教育程度、学习培训机会、旅游政策掌握、机遇风险认知等。文化适应力代表了家庭在旅游发展环境下利用或借助传统文化、传统规则和传统技能等文化要素适应外部环境变化或冲击的能力，指标借鉴了 Berry（2005）和范莉娜（2017）关于文化适应的构建并结合乡村旅游实际，主要包括传统文化技能、传统文化转化、参与旅游文化活动、与游客沟通、日常文化生活等。

（二）指标体系的内涵

由于旅游发展背景下评估生计恢复力需要考虑多个因素、它们之间的相互作用以及对家庭长期维持生计至关重要的过程，并且在旅游背景下，文化在将生计资源转化为生计战略，特别是涉及旅游业的生计战略中发挥重要作用（Su 等，2019），所以本节在 Speranza 等提出的框架（Speranza 等，2014；Matter 等，2021）以及尚前浪等学者分析框架的基础上，从缓冲能力、自组织能力、学习能力、文化适应力四个维度构建（见表2-2）。

表 2-2 乡村旅游社区家庭生计恢复力指标体系

维度层	指标层	指标描述与定义	指标来源
缓冲能力	劳动能力	根据社区家庭成员年龄构成衡量（年龄≤10×0.2+11-18×0.6+19-60×1+≥60×0.5）	管睿等（2021） 吴孔森等（2021） 王蓉等（2022） Zhou等（2021） 崔晓明等（2018） 李聪等（2019） Speranza等（2014） Liu等（2020） 温腾飞等（2018） 尚前浪等（2018） 江易华等（2020） 陈佳等（2016） 王蓉（2019）
	住房状况	根据家庭住房类型结构进行赋值（传统民居风格结构赋值1；传统木结构与混凝土混搭赋值0.75；砖木结构赋值0.5；混凝土结构赋值0.25）	
	生活和生产资产	空调、洗衣机、电视、电脑、冰箱、自行车、电动车、摩托车、汽车、手机、床、桌椅等家庭耐用品的数量	
	家庭收入	家庭年收入水平[20万元及以上赋值1；15万（含）~20万元赋值0.75；10万（含）~15万元赋值0.5；5万（含）~10万元赋值0.25]	
	储蓄状况	根据家庭目前储蓄额度赋值[20万元及以上赋值1；15万（含）~20万元赋值0.75；10万（含）~15万元赋值0.5；5万（含）~10万元赋值0.25；5万元以下赋值0]	
	借贷能力	是否能获得借款（如果有，赋值1；如果没有，赋值0）	
自组织能力	家中或亲戚中是否有村干部	家庭的领导能力（有赋值为1；否则赋值为0）	
	政策知晓度	由对旅游、社保、扶贫、补助等政策的知晓度表征（非常清楚=1；比较了解=0.75；一般，模糊=0.5；不太了解=0.25；几乎不了解=0）	

续表

维度层	指标层	指标描述与定义	指标来源
自组织能力	政策扶持	能够获得的政府资助和政策优惠机会（机会多=1；机会较多=0.75；机会一般=0.5；机会较少=0.25；没有机会=0）	
	关系网络信任	对邻里和亲戚朋友的信任程度表征（全部信任=1；绝大部分信任=0.75；一半可信=0.5；大部分不太相信=0.25；全部提防=0）	
	社会支持网络	能够提供帮助的亲朋好友数量（多=1；较多=0.75；一般=0.5；较少=0.25；无=0）	
	社区和组织参与	家庭成员参与社区活动、加入合作社、协会和地方团体的情况（参与多=1；参与较多=0.75；参与一般=0.5；参与较少=0.25；不参与=0）	
学习能力	教育程度	根据社区或家庭成员学历构成衡量（大学本科及以上=1；高中或中专=0.75；初中或中专=0.5；小学=0.25；未上学=0）	
	信息获取能力	家庭获取信息的渠道数量（多=1；较多=0.75；一般=0.5；较少=0.25；无=0）	
	分享的能力	农户间信息资源与技能交流的程度（交流很多=1；交流较多=0.75；交流一般=0.5；交流较少=0.25；无交流=0）	

续表

维度层	指标层	指标描述与定义	指标来源
学习能力	技能培训机会	家庭成员参加技能培训的机会（多=1；较多=0.75；一般=0.5；较少=0.25；无=0）	
	旅游认知能力	家庭成员对旅游发展机会的识别能力（识别能力高=1；识别能力较强=0.75；识别能力一般=0.5；识别能力较低=0.25；识别能力低=0）	
	未来风险应对能力	家庭应对未来可预见的生计风险所能采用的应对策略种类数量（多=1；较多=0.75；一般=0.5；较少=0.25；无=0）	
文化适应力	文化自信度	家庭对当地传统文化发展和传承的自信程度（自信程度非常高=1；自信程度较高=0.75；自信程度一般=0.5；自信程度较低=0.25；完全不自信=0）	
	文化拥有度	家庭对能用于旅游开发的物质文化资源的拥有度（非常富有=1；比较富有=0.75；一般=0.5；不太富有=0.25；完全没有=0）	
	文化运用度	家庭在旅游经营过程中对当地传统文化的运用程度（运用多=1；运用较多=0.75；一般=0.5；运用较少=0.25；完全不运用=0）	

资料来源：作者整理

缓冲能力（buffer capacity）是个人能力在生计资产及其动态性方面的反映，用来抵御外部冲击并利用机会获得更好的生计结果（Speranza等，2014）。本节在可持续生计研究的基础上选取了劳动能力、住房状况、生产和生活资料、家庭收入、储蓄状况、借贷能力指标反映旅游地家庭缓冲能力。具体来说，劳动能力代表了家庭劳动力的数量和质量，决定了家庭驾驭其他资本的能力。家庭收入、储蓄状况、借贷能力是旅游地家庭的金融资本，是抵御干扰和维持生计最有效、最直接的因素。住房状况、生活和生产资产是家庭的物质资本，当遇到干扰和风险时，可以变现转化为金融资本。

自组织能力（self-organisation）代表了形成恢复网络的能力，以及与社会、经济和制度安排等相关的能力（Speranza等，2014；Zhou等，2021；Milestad和Darnhofer，2003）。自组织能力可以用家中或亲戚中是否有村干部、政策知晓度、政策扶持、关系网络信任、社会支持网络、社区和组织参与指标来表征。旅游地家庭政策知晓度和获得政府政策扶持程度越高，越善于利用政府扶持政策来增强抵御生计风险的能力（纪金雄等，2021）。关系网络信任体现了旅游地家庭之间相互信任和互助扶持的程度。社会支持网络反映了农民在遇到干扰时通过自己的社会网络获得外部帮助的机会（王晨，2019）。家中或亲戚中是否有村干部、社区和组织参与状况作为社会资本代表了家庭获得发展机会的能力。

学习能力（capacity for learning）是创造、获取和转移知识的能力，提升家庭生计活动以获得新知识和反思的能力（Speranza等，2014）。本节选取了教育程度、信息获取能力、分享的能力、技能培训机会、旅游认知能力、未来风险应对能力来衡量旅游地家庭学习能力水平。家庭成员受教育程度越高，越容易把握适应社会变化的发展机遇，引导家庭选择更好的谋生方式（Zhou等，2021；王晨，2019）。信息获取能力越强，旅游地家庭把握信息越迅速，调整行动应对风险越及时。分享的能力代表了信息技术、知识与经验的交换。旅游地家庭参与技能培训的次数越多，获取的技能知识越多，就越容易找到高质量的工作，从而保证他们生计的稳定。旅游认知能力越强，越能识别并把握旅游发展的机会。未来风险应对能力越强，抵御风险和把握机遇的能力越强，反映了较强的学习能力。

文化适应力（acculturation）代表了旅游社区和家庭在旅游发展环境下利用或借助传统文化、传统规则和传统技能等文化要素适应外部环境变化或冲击的能力（尚前浪等，2022）。根植在个体或组织之中的价值观念、信仰、行为方式、文化风俗和文化体制等表现在人精神层面上的隐形文化，包括各种文化技能技艺、知识储备、综合能力和经验等（苏慧等，2013），在旅游发展过程中展现的生命力以及家庭文化生计的形成加强了文化认同，肯定了当地文化价值，进一步提升了旅游地家庭的文化自信，所以采用文化自信度与文化运用度两个指标来衡量。存在于被赋予了文化价值的文化产品中，如宗祠、民居、古建筑等物质层面的显性文化，通过其对能用于旅游开发的物质文化资源拥有度来衡量（王蓉等，2021）。文化自信度代表了旅游地家庭对当地传统文化资源价值与内涵的了解程度以及发展、传承的自信程度，强烈的文化认同和文化自信使得旅游地家庭在面对外界环境变化对当地传统文化造成冲击时，能够追求强有力的生计战略，积极、主动地采取行动抵制不可预见的变化（Su 等，2019；Daskon 等，2010）。文化拥有度代表了旅游地家庭可以用于旅游开发的物质文化资源的拥有程度，文化运用度代表了家庭在旅游经营过程中对所拥有的物质文化资源的运用程度，两者程度越高，提供独特的旅游产品、吸引游客和获得经济利益的机会越多。

二、生计恢复力分析方法

（一）生计恢复力测度方法

首先，对调查数据采用极差标准化方法进行无量纲标准化处理。其次，利用 SPSS 软件对数据进行整理和检查，对异常数据进行核对、校正和剔除，对缺失数据采用样本均值替代法处理，采用克隆巴赫系数（Cronbach's α）进行信度检验，指标变量效度检验利用主成分分析法中的 KMO 和 Bartlett 球形检验。再次，借鉴 Sallu 等（2010）、陈佳等（2016）、刘伟等（2019）、李聪等（2019）等学者研究，利用主成分分析方法进一步提取生计恢复力的主要因子并确定指标权重，以确保指标权重计算的科学性。最后，依据计算公式测定家庭生计恢复力指数,并采用 SPSS 软件系统聚类法对家庭生计恢复力划分等级,从家庭和社区维度开展多维度测度和多案例对比分析。

1. 信效度检验

运用 SPSS 23 统计软件对数据进行信效度检验,Cronbach's α 系数为 0.768,说明数据信度较高;KMO=0.747,表明数据具有较高的抽样充足性;Bartlett 球形检验统计量的值为 977.133,sig=0.000,表明测度指标的效度检验良好。

2. 标准化处理

收集的各指标数据在量纲上存在差异,应对原始数据进行标准化处理,本节采用极差标准化方法对指标变量进行无量纲化处理,由于本节的指标都为正向指标,采用正向指标标准化公式。计算公式为:

$$X'_{ij} = \frac{X_{ij} - \lambda_{j\min}}{\lambda_{j\max} - \lambda_{j\min}} \qquad (2.1)$$

其中,X_{ij} 为 i 行 j 列的原始数据,$\lambda_{j\min}$ 为 j 列原始数值的最小值,$\lambda_{j\max}$ 为 j 列原始数值的最大值,X'_{ij} 为标准化后的 i 行 j 列的数据。

3. 主成分分析

基于构建的旅游家庭生计恢复力指标体系,采用主成分分析法提取旅游发展背景下家庭生计恢复力的主要因子。对失地农户家庭生计指标体系进行进一步筛选,并确定指标权重。具体公式为:

$$S_i = \sum_1^m F_i * E_i / \sum_1^m E_i \qquad (2.2)$$

$$Q_i = S_i / \sum_1^m S_i \qquad (2.3)$$

$$R = \sum_i^m Q_i X_i \qquad (2.4)$$

式中,S_i 表示非标准化指标权重,m 为指标数,F_i 表示载荷平方根比值,E_i 表示第 i 个指标的方差解释率,Q_i 表示第 i 个指标的标准化权重,R 表示的是旅游生计恢复力的值;X_i 表示的是 i 指标的标准化值。

(二)生计恢复力影响因素分析方法

1. 多元回归分析

根据考察多个层面对家庭生计恢复力影响的研究目的,选取包括家庭和旅游社区层面的变量作为自变量，以家庭生计恢复力为因变量，运用多元回归方法，分析影响家庭生计恢复力的主要因素。同时根据分析结果，结合方差分析技术和主成分分析，综合判定影响家庭生计恢复力的主要因素。

多元回归模型为：$R=\alpha+\beta_i X_i+\mu_i$

其中，R 为家庭生计恢复力，α 为常数项，β_i 为第 i 个变量的系数，X_i 表示生计恢复力 R 所可能的影响因素，μ_i 表示残差。家庭层面因素对生计恢复力的影响已经有了较多的讨论（Fang 等，2018；Li 等，2019；陈佳等，2016；李聪，高梦，2019；刘伟等，2019），结合乡村旅游社区家庭生计活动特征和旅游发展环境，本节拟从家庭结构、生计资本、生计策略、参与旅游、文化适应等方面选取自变量，以便于开展多维度对比和演化机制研究。旅游社区层面影响因素较为复杂，现有研究认为社区恢复力既受到共同准则和价值观（Sydnor-Bouss 等，2011）等传统文化因素影响，也受到管理体制（Calgaro 等，2014）、土地利用（王新歌等，2016）等旅游社区管理层面影响，社区参与度（年四锋等，2019）、社会资本（郭永锐等，2018）、代理机构（Chen 等，2020）等社区与居民的互动关系，以及受旅游企业（Orchiston，2013）、利益相关者合作（Luthe 等，2014）、旅游发展阶段（Cochrane，2010）、旅游政策（王群等，2017）等社区旅游发展要素影响，为此本节拟从旅游社区管理、传统文化利用、土地利用、社区参与旅游、旅游产品开发、旅游政策支持等层面选取自变量。

2. ISM 模型

（1）构建邻接矩阵。

本节使用 ISM 方法充分利用专家的经验和知识来对乡村旅游社区家庭生计恢复力的影响因素关系做出科学性研究，邀请 10 名专业领域的学者对影响因素的相互影响关系进行打分。当超过 67% 的专家认为某一因素对另一因素有直接影响时，视为直接作用。若有记为"1"，若无记为"0"，其对角线元素为 0。记第 i 行第 j 列的元素为 b_{ij}，最终可得旅游社区家庭生计恢复力影响因素的邻接矩阵 A。

$$b_{ij}=\begin{cases} 0, & 元素\ i\ 不影响\ j \\ 1, & 元素\ i\ 影响\ j \end{cases},\ i,j=1,2,\cdots,22 \qquad (2.5)$$

(2）计算可达矩阵并进行层次化处理。

由于邻接矩阵不能反映影响因素之间的间隔关系，所以根据布尔矩阵运算规则，通过以下公式生成可达矩阵 M。

$$M=(A+I)^{K+1}\neq(A+I)^K\neq\cdots\neq(A+I)^2\neq(A+I) \tag{2.6}$$

I 为单位矩阵，K 为运算次数，根据可达矩阵 M，依次确定可达集 $R(S_i)$、先行集 $Q(S_i)$、共同集 $C(S_i)$，其中 $C(S_i)=R(S_i)\cap Q(S_i)$，由此得出乡村旅游社区家庭生计恢复力影响因素的层级关系。

3. MICMAC 模型绘制驱动力—依赖度分类图

通过 MICMAC 法分析乡村旅游社区家庭生计恢复力的驱动力和依赖性，将可达矩阵 M 各行与各列分别相加得到每个因素的驱动力 M_i 和依赖度 N_i，根据对应的驱动力和依赖度值将旅游小企业影响因素分为：I 自治因素、II 依赖因素、III 独立因素、IV 关联因素。结合上述影响因素分析，综合研究乡村旅游社区家庭生计恢复力的影响机制。

三、数据收集方法

本研究选取云南大理喜洲村、大理双廊村和腾冲水碓村为主要案例地，并以海南陵水三海村和赤岭村为辅佐案例，采用分阶段案例调查和数据收集方法，乡村旅游发展和家庭生计恢复力的相关数据主要通过访谈法、问卷调查法和参与式观察等田野调查方法收集。访谈方式是采用半结构化访谈和集体访谈来进行，主要的访谈对象主要是村委会主任、村主任和村支书、旅游开发公司相关人员、旅游经营户、旅游景区相关工作人员、文化传承人、村中年长者等。根据构建的乡村旅游社区家庭生计恢复力指标体系设计调查问卷，通过问卷调查收集生计恢复力测度和影响因素分析的重要数据资料。问卷调查问题主要包括：一是家庭人员结构、收入水平、生计策略、职业状况等基本情况；二是生计恢复力的主要测量指标，包括 21 项指标；三是家庭参与旅游发展、旅游波动影响、旅游恢复措施以及未来应对策略等情况。

研究团队采用分阶段调查方法对案例地数据进行收集（见图 2-3），具体过程如下。

研究团队于2021年8月和2022年1月在云南大理喜洲村进行调研

研究团队于2021年8月和2022年1月在云南大理双廊村进行调研

研究团队于2022年8月在云南腾冲水碓村进行调研

研究团队成员于2023年6月和12月在海南疍家人社区进行调研

图2-3 研究团队案例地调研图片

(一)云南大理喜洲村和双廊村调研

2021年8月和2022年1月,研究团队对大理市喜洲村和双廊村进行了调研。通过入户调查问卷和半结构访谈,共访谈了32人,发放问卷199份,其中有效问卷198份,问卷有效率达99.5%。调研中,户均调查时间为40~60分钟,确保了数据的翔实性和准确性。

(二)云南腾冲水碓村调研

2022年8月,研究团队对水碓村进行了实地调研。通过入户问卷调查、半结构化访谈和参与式观察法,共收集到96份有效问卷。同样,户均调查时间控制在40~60分钟,以确保数据的可靠性和完整性。

(三)海南陵水调研

2023年6月和12月,研究团队成员深入海南省陵水县新村镇三海村和英州镇赤岭村进行了调研。调研采用了深度访谈、问卷调查和田野观察等多种方法,对每个家庭的调研时间平均达到50分钟以上。本次调研共访谈了10人,发放问卷230份,有效问卷226份,有效率达98.3%。除了问卷调查和访谈,研究团队还进行了大量的田野观察,亲身体验了疍家人的生活环境和文化氛围,对观察到的现象进行了深入的分析和解读。

第四节 本章小结

本章深入探讨了生计恢复力与可持续生计理论在乡村旅游社区家庭生计恢复力研究中的应用,构建了理论分析框架,并构建了相应的指标体系和分析方法。通过本章内容研究,能够为乡村旅游社区家庭生计恢复力的研究提供理论支撑、分析框架、指标体系和研究方法,为后续研究奠定坚实的理论和方法基础。

首先,对生计恢复力与可持续生计理论进行了深入的理论关联分析。通过对比分析，明确了二者在关注脆弱环境下生计问题、生计能力的中心地位、研究方法和实践路径上的共同点。同时，也指出了它们在生计目标、实施导向、研究层次和尺度上的差异。特别是将文化适应力作为生计恢复力的重要组成部分，强调了文化要素在旅游发展中的重要性，为后续的分析框架构建提供了坚实的理论基础。

其次，基于二者理论关联的分析，研究提出了一个融合生计恢复力与可持续生计理论的乡村旅游社区家庭生计恢复力理论分析框架。该框架不仅包含了生计恢复力的三个核心维度——缓冲能力、自组织能力和学习能力，还特别强调文化适应力的重要性。框架的构建考虑了乡村旅游社区的特点，旨在通过多层视角分析家庭生计恢复力的动态性和复杂性，以及家庭、社区和政府等多层面的协同治理。

再次，为了测度和分析乡村旅游社区家庭的生计恢复力，本章构建了一个详细的指标体系。该体系涵盖了缓冲能力、自组织能力、学习能力和文化适应力四个维度，并进一步细分为具体的二级指标。特别之处在于，文化适应力的引入为评估家庭如何利用传统文化资源适应外部变化提供了新的视角。指标体系的构建不仅基于现有文献，还结合了乡村旅游社区的实际情况，确保了其科学性和适用性。

最后，研究构建了用于生计恢复力测度和影响因素分析的综合方法。首先，通过极差标准化方法对原始数据进行无量纲化处理，然后利用分析软件进行信效度检验和主成分分析，提取主要因子并确定指标权重。此外，还采用了多元回归分析和 ISM 模型来探究影响家庭生计恢复力的因素及其相互关系。这些方法的综合运用，为生计恢复力的深入研究提供了科学、系统的工具。

第三章

乡村旅游发展与家庭生计转型

基于第二章构建的乡村旅游社区家庭生计恢复力理论分析框架，本章旨在研究大理喜洲村和腾冲水碓村在乡村旅游发展过程中的生计变迁。将描述不同旅游发展阶段下社区管理方式的变化，以及家庭生计方式转变的影响。特别强调旅游发展环境对家庭生计方式的影响，以表明制度管理和外界冲击对家庭生计策略的转变作用。这些研究将为不同家庭生计策略的恢复力研究及差异性分析提供基础。

第一节 案例地的选择

一、案例地的典型性

为深入研究旅游社区家庭生计恢复力问题，本书选取了云南大理市喜洲镇中心的喜洲村和腾冲市和顺镇水碓村作为案例地。这两个案例地都是云南重要的乡村旅游目的地，乡村旅游业的发展推动了生计方式逐渐向旅游型生计的转变，旅游经营成为当地居民重要的生计方式。然而，当面临严重的旅游波动时，案例地居民的生计受到了严重影响。

（一）案例地旅游文化资源丰富，是云南重要的乡村旅游目的地

大理喜洲村是中国白族第一村，聚居着大量白族人口，是大理白族文化的

发源地之一,被誉为"白族民俗的活化石"。喜洲村拥有数百座佛、道、儒寺院,以及众多古牌坊、古戏台、古桥等古建筑,形成了独具特色的明清民国时期民居建筑群,是中国民居建筑的重要代表(赵勤,2015)。

腾冲水碓村所在的和顺古镇地处西南极边之地,是南方丝绸古道上的商贸、文化和旅游名镇。和顺古镇拥有全国首个由民间投资兴建的最大抗战博物馆——滇缅抗战博物馆,以及全国建馆历史最长、藏书最丰富的乡村级图书馆——和顺图书馆,于2006年被列为全国重点文物保护单位。此外,和顺还有独特的宗祠文化、翡翠文化、马帮文化和滇商文化,以及丰富的民俗文化遗产,如古法造纸、打铁、织布、木雕、酿土锅酒等。该地更是一代哲人的故乡,同时也以翡翠产业闻名,拥有保存完好的八大宗祠等古建筑。

(二)旅游经营成为当地家庭重要的生计方式

随着旅游快速发展,旅游业成为喜洲和和顺的支柱产业,对当地居民的工作和生活方式产生了深远影响(杨荣彬等,2015)。旅游开发后,旅游经营成为当地重要的商业活动,推动了喜洲和和顺居民生计方式的转变。喜洲由过去的农业、务工和经商转变为以旅游经营为主、务工为辅;而和顺则由农业和务工为主转变为以旅游经营为主。居民通过经营旅游商店、特色餐饮店、手工艺品店、摆摊以及在景区工作等方式参与旅游业,提高家庭收入,从而改善了家庭生计水平。

(三)乡村家庭旅游生计受到冲击

案例地旅游发展受到多种复杂因素的影响,当地居民的生计受到了严重冲击。喜洲受到旅游波动和洱海生态治理政策的双重影响,游客数量减少,建筑业受到冲击,导致经营旅游商品店和手工艺品店的居民收入降低。在巷口摆摊的居民逐渐减少,而从事建筑行业的居民大部分只能外出打工,但由于旅游波动和房地产行业不景气,外出打工的机会也相应减少,导致部分居民被迫失业。和顺水碓村受到旅游冲击,游客数量减少,部分民宿价格下降,部分玉石店因游客减少而收入减少,同时由于缅甸封矿,进货来源减少,成本上升。固定摊位经营玉石的居民受到严重影响,货物流动减缓,资金积压在玉石中。政府同样受到严重影响,喜洲由于洱海生态治理政策的影响,当地居民不得私自维修民居,必须由政府接管，然而资金需求大大超出了旅游收入，导致资金缺口日益严重。和顺古镇景区由于游客减少，企业收入骤减，影响老人的养老金、医疗保险等福利。

二、案例对比研究的可行性

（一）案例地家庭旅游生计活动共性

喜洲古镇被誉为"中国白族风情第一镇"，而和顺古镇则被称为"中国极边第一城"，这两个地方在许多方面具有相似之处。首先，它们都拥有丰富的旅游文化资源，是云南重要的旅游景点。在建筑风格上，两地都有独具特色的民居建筑，喜洲古镇被誉为"白族民居博物馆"，而和顺古镇则被称为"中国古代建筑的活化石"。两地都有独特的商帮文化，如喜洲古镇形成了著名的"喜洲商帮"（罗杨，2014）。俗语"穷走夷方急走厂"描述了和顺人世代外出的历史，创立了最古老的跨国商号。两地发展脉络相似，从贸易城镇转变为农业主导发展，最终成为旅游城镇。

旅游业对于两地家庭都带来了重大影响，成为当地居民的重要生计方式。由于发展脉络的相似性，两地居民的生计方式转变也较为相似，都是从农业、务工、经商转变为以旅游经营为主、务工为辅的模式。在应对旅游波动时，两地居民同样受到了收入减少等严重冲击。

（二）案例地旅游发展模式的差异性

尽管两个案例在文化资源、发展模式和产品业态等方面存在差异，但它们都在引导居民参与旅游方面采取了一系列措施。喜洲依托当地文化发展旅游产业，并采用"政府引导+企业开发+居民参与"的合作模式（何思薇，2021），形成了特色产业并带动其他产业的发展。和顺则采取"保护风貌、浮现文化、适度配套、和谐发展"的发展思路，加强了水环境治理和景观提升改造，并推出了一系列符合当地发展思路的措施。两地的发展模式都注重政府引导、企业运作和全民参与，形成了利益共享机制（朱宏莉，2010）。

然而，两地在带动居民参与旅游的具体方式上存在差异。喜洲主要通过发展旅游文化产业和推动传统院落活化利用来带动居民参与旅游，居民通过餐饮、售卖当地特色文化产品、开办客栈等方式获得收益。和顺则通过支付当地居民租金并直接给予福利来促进居民参与旅游，当地居民主要通过餐饮和玉石销售等参与旅游，而当地的客栈大部分由外地人经营，本地居民则更多地通过出租房屋或在外地人经营的客栈工作来参与旅游。

第二节 案例地乡村旅游发展环境与资源

一、大理喜洲村旅游发展环境与资源

（一）区位和自然环境

喜洲村位于大理市喜洲镇，处于喜洲古镇的核心地带，交通十分便利，距离市区34公里，地理位置优越。它西临苍山，东临洱海，地形平坦，土壤肥沃，地势西高东低。村庄以白族为主的多民族聚居，面积为3平方公里，年平均气温约为15.10℃，拥有耕地面积806.17亩，山林面积1178亩。这里被称为"四时之气常如春，寒止于凉，暑止于温"的美丽之地[①]。

（二）社会和经济环境

喜洲镇辖13个村，是以白族为主的建制镇，镇政府驻地即为喜洲村。这个区域居住着白族、汉族、回族、纳西族、傣族、彝族等14个民族，总面积为167.81平方公里。据2021年数据显示，喜洲镇完成财政总收入4479.72万元，增长率为5.6%[②]。喜洲村则是喜洲镇的政治、经济和文化中心，村委会辖15个村民小组和7个居民小组，共计1549户，总人口约3600人，以白族为主，其他民族包括回族、汉族等，其中白族人口占87.4%，回族占9.0%，汉族及其他民族占3.6%[③]。

---

① 大理市喜洲镇人民政府：《大理市喜洲镇喜洲村民族特色旅游村寨建设申报材料》。
② 大理市喜洲镇人民政府：《喜洲镇2022年政府工作报告》。
③ 大理市喜洲镇人民政府：《大理市喜洲镇喜洲村民族特色旅游村寨建设申报材料》。

（三）乡村旅游发展环境

大理喜洲村的旅游发展直接受益于大理州整体旅游业的状况和政策环境。改革开放后，电影《五朵金花》带动了大理旅游业的兴起。自1994年起，大理州便开始实施"以旅活市"战略，将以旅游业为主的第三产业逐步打造成为引领大理经济发展的主要动力。《大理州"十四五"文化和旅游发展规划》为大理文旅产业的发展提供了科学指导和依据，旨在将其打造成为"千亿级产业"和"世界级文旅产业"。在2016年至2020年期间，大理州的文化产业增加值从19.43亿元增长至29.99亿元，累计接待旅游者达到22013.8万人次，同比增长96.38%，其中国外游客达398.02万人次。旅游总收入从2016年的534.58亿元增长至2023年的1603.4亿元[①]（见表3-1）。

表3-1 大理州2016—2023年旅游指标数据

项目＼年份	2016年	2017年	2018年	2019年	2020年	2021年	2022年	2023年
文化产业增加值（亿元）	19.43	21.51	31.97	35.1	29.99	—	—	—
接待旅游者（万人次）	3859.18	4222.53	4710.84	5300.03	3921.22	4451.80	5693.60	9530.30
其中：国外游客（万人次）	93.44	102.08	104.58	93.52	4.40	0.90	2.00	16.90
接待旅游者同比增长（%）	31.78	9.40	11.58	12.51	−26.00	13.50	27.89	67.39
旅游总收入（亿元）	534.58	647.74	795.80	941.95	604.60	539.50	783.40	1603.40
旅游总收入同比增长（%）	37.64	21.26	22.28	18.36	−35.80	−10.80	45.21	104.67

资料来源：根据《大理州"十四五"文化和旅游发展规划》《大理白族自治州2021年国民经济和社会发展统计公报》《大理白族自治州2022年国民经济和社会发展统计公报》《大理白族自治州2023年国民经济和社会发展统计公报》等资料整理。

---

① 大理州人民政府：《大理州"十四五"文化和旅游发展规划》。

目前大理州直接参与旅游开发的村落主要集中在大理市，大理市2000年旅游人数仅445万人次，到2019年旅游人数达到了2062.2万人次，旅游总收入达到了369.12亿元。但2020年大理州共接待海内外旅游人数3921.22万人次，同比下降26.00%[①]。大理州总体客流量的减少直接导致各景区游客的锐减。2021—2023年，大理州接待游客数量逐步增加，且在2023年接待国内外游客9530.3万人次，达到2016年以来最高峰。

喜洲镇作为大理州加快世界级旅游度假区建设步伐和文旅特色小镇建设工程之一，抓实特色小镇建设，成为以"生活味、白族风、田园情、国际范"为特色的"中国白族风情第一镇"。2005年列为省级旅游小镇，2007年喜洲镇被评为"云南省十大名镇"，2009年获"全国民族团结进步模范镇"，喜洲镇成为中外游客到大理的又一个重要目的地。喜洲镇在2016年10月被认定为第一批中国特色小镇后，大力促进喜洲古镇旅游的发展。2020年，全镇接待游客约200万人次[②]。

（四）乡村旅游发展制度环境

针对旅游业发展，国务院及国家相关部门陆续出台了一系列法规与政策措施，明确了旅游业的定位，为促进旅游业发展提供了全方位的法律和政策保障。在国家层面，与旅游发展相关的政策措施相继颁布，为推动旅游业高质量发展提供了重要支持。云南省也针对旅游产业的转型升级制定了一系列重要文件，如《云南省旅游产业升级三年行动计划（2016—2018年）》《云南省全域旅游创建实施方案》《云南省人民政府关于加快特色小镇发展的意见》等，以加快旅游产业转型升级、促进旅游高质量发展。此外，《云南省"十四五"文化和旅游发展规划》也明确了云南建设文化和旅游"双强省"的主要目标和政策措施。

大理州积极响应国家和云南省旅游发展政策，2016年大理市被列入首批创建"国家级全域旅游示范区"，并随后发布《大理市人民政府关于加快

---

① 大理州人民政府：《大理白族自治州2020年国民经济和社会发展统计公报》。
② 云南省人民政府：《大理喜洲：旅游活镇　产业富民》。

大理市全域旅游发展的实施意见》，大理州进入了全新的旅游发展阶段。此后，大理州陆续出台了一系列促进旅游产业发展的政策文件，如《大理市关于加快推进旅游革命促进旅游业转型升级实施意见（2018—2020）》《大理市旅游总体规划（2020—2035）》等。同时，《大理州"十四五"文化和旅游发展规划》也进一步明确了大理州文旅产业发展的基本思路、主要目标和行动指南。

喜洲古镇作为大理州的重要旅游景点，在2016年被认定为第一批中国特色小镇，并相继出台了《喜洲特色小镇发展总体规划》《喜洲古镇文物保护专项规划》等规划文件，确定了其作为"中国白族风情第一镇"的发展定位。这些政策措施为喜洲古镇的文化旅游发展提供了坚实的制度环境和政策支持，促进了该地区旅游业的蓬勃发展。

（五）乡村旅游文化资源

喜洲因其悠久的历史文化和壮丽的自然景观而闻名，拥有丰富多彩的文化风情和独具特色的白族民居建筑群，主要的旅游文化资源如下。

商帮文化：喜洲被誉为"富甲南滇"，其商帮起源于100多年前，涉足中亚、欧洲、东南亚等地。清末民初，喜洲商帮迅速崛起，成为滇西第一大商帮。喜洲商人以卓越的商业头脑和经营才能，致富于经营，促进了当地经济和文化事业的繁荣发展。

传统民居文化：喜洲白族民居建筑群是其建筑艺术的杰作，保存着大量明清至民国时期的特色建筑。这些建筑不仅展示了白族人民的建筑技艺，还是国家级和省级重点文物保护单位，被誉为"白族民居博物馆"。

风俗节庆文化：喜洲白族文化孕育了丰富多彩的民俗和节庆活动，包括古代民俗、宗教仪式、历史纪念活动以及英雄崇敬等。舞蹈、戏曲、音乐、诗歌等形式的表演丰富多样，展现了白族人民的文学艺术创造力。

手工艺文化：喜洲白族人民在雕刻、泥塑、剪纸、扎染等手工艺方面有着悠久的历史传统。这些手工艺品不仅展示了白族人民的艺术创造力，还是非物质文化遗产的重要组成部分。

综合来看，喜洲的乡村旅游文化资源丰富多样，从商帮文化到民居建筑，再到民俗节庆和手工艺品,都展现了白族人民丰富的文化内涵和独特的生活方式。

二、腾冲水碓村旅游发展环境与资源

(一)区位和自然环境

和顺镇位于腾冲西南4公里处,距腾冲市区5公里,面积17.4平方公里,四周峰峦起伏,气候宜人,风景秀丽,海拔为1490~2091米。年平均气温15~17℃,古名"阳温登",因小河绕村而过改名为"河顺",后名"和顺"。全镇耕地面积8152.65亩,林地面积1.45万亩,森林覆盖率为74%。

水碓村位于和顺镇的东边,东邻腾越镇,南邻清水乡,面对来凤山,背靠黑龙山,区域面积2.48平方公里,耕地面积1880.06亩,林地面积1622.85亩。

(二)社会和经济环境

和顺镇下辖3个社区8个自然村,2020年年末有2175户7067人,是云南省著名的侨乡。水碓村至2018年有596户1778人,属农业人口。2021年全镇农村经济总收入2.05亿元,农村常住居民可支配收入17130元[1]。水碓村农村常住人口可支配收入12769元。

(三)乡村旅游发展环境

腾冲市的旅游发展状况和交通基础设施对和顺古镇的发展有重要影响。腾冲是滇西旅游的重要节点,交通便利。近年来,腾冲市打响了"世界腾冲·天下和顺"文旅品牌,推动了世界文化旅游名城建设。腾冲市旅游业呈现出持续增长的态势,但2020年受疫情影响,旅游人数和收入出现大幅下滑。和顺古镇作为腾冲市的重要景点,也受到了旅游波动的影响[2]。

---

[1] 腾冲市人民政府:和顺镇镇情简介。
[2] 腾冲市文化和旅游局:《腾冲市2021年11月旅游业统计基本情况》。

和顺古镇是云南四大古镇之一，也是腾冲市重要景点。和顺古镇确定"保护风貌、浮现文化、适度配套、和谐发展"古镇保护与开发模式，创建国家5A级旅游景区。和顺古镇旅游业发展态势良好，从2008年至2020年，全镇民居餐馆从25户增加到96户，客栈旅馆从37户增加到485户，商铺从69户增加到740家，旅游就业和旅游收入已成为和顺居民增收致富的主渠道，全年累计接待游客38.4万人次，实现旅游总收入7680万元[①]。

和顺古镇作为腾冲市重要景点，受旅游波动影响严重。云南柏联和顺旅游文化发展有限公司除负责古镇运营管理外，还需要负担古镇60岁以上老人的养老金和希望小学等费用，但由于古镇游客大幅下降，企业入不敷出，养老金福利已被迫暂停。政府为维持收入在2022年1月开始收取门票，非腾冲户籍人员实行门票55元/人，腾冲市户籍实行15元/人，古镇居民和商户免费。从数据对比可以更加直观地看出对古镇旅游业的影响，2019年到2021年，旅游接待人数从82万人次下降到38.4万人次，旅游总收入从1.21亿元下降到7680万元。2022年7月19日昆明到保山高铁的开通，促进了和顺古镇的旅游发展。

截至2023年，和顺民宿和餐饮等服务业已从2019年的1562户增加至2113户，增长26.1%，古镇内商铺、客栈、餐馆、酒吧、咖啡吧等从2019年的1288家增加至2023年的1640家。群众收入持续增加，景区运营公司也从数十名员工发展成为拥有40类岗位400多名员工的规模化公司，全镇80%以上居民参与旅游发展，拉动居民人均年收入从2019年的13277元提升至2023年的18560元，其中旅游收入占总收入的比重达75%，切实享受到了旅游发展带来的"红利"。

水碓村作为和顺古镇的重要组成部分，拥有丰富的旅游资源和文化底蕴。辖区内有全国最大的乡村图书馆——和顺图书馆，一代哲人故里——艾思奇故居，三教合一的宗教场所——元龙阁，滇西著名侨校——益群中学，规模宏大的刘氏宗祠和李氏宗祠，还有水车、水碓、水磨、洗衣亭、湿地、水库等，2012年被列入第一批中国传统村落名录。该村依托自然风光和文化遗产，将生

---

① 腾冲市人民政府网：和顺镇镇情简介。

态农业、非遗文化和民宿相结合，走出了一条可持续发展的旅游发展之路。水碓村的旅游业不仅促进了当地居民的增收致富，还推动了当地旅游产业的蓬勃发展。2023年，水碓村接待游客93万人次，实现旅游总收入9060万元，旅游收入占居民人均纯收入的80%以上[①]。

（四）乡村旅游发展制度环境

腾冲市积极响应国家和云南省旅游发展政策，自2016年被确定为全国首批全域旅游示范区创建单位以来，便着力推进全域旅游发展。市政府高度重视旅游产业的发展，在旅游发展规划方面采取了一系列措施。首先，高标准编制了《腾冲市全域旅游总体规划》，明确了旅游发展的目标和路径。其次，完成了《全域旅游产业发展布局规划》的编制，推动了旅游业与多元产业的融合发展。此外，市政府还制定了《旅游品牌化发展实施意见》，旨在集中打造"世界温泉朝圣地、户外运动大本营、休闲度假目的地"等全域旅游品牌。为了进一步引领腾冲市的旅游规划工作，市政府还编制了《腾冲市"十四五"文化旅游体育产业发展规划》以及《腾冲南部乡镇健康旅游和健康运动发展规划、近期实施方案及可行性研究报告》，为未来的发展方向明确了路径和策略。

和顺古镇作为腾冲市的重要景区，于2020年11月被列入国家5A级旅游景区创建名单。为了保障古镇的创建工作顺利进行，古镇对相关工作进行了修改和完善。制定了《和顺古镇创建国家5A级旅游景区工作实施方案》和《和顺古镇创建国家5A级旅游景区计划任务书》，并编制了《和顺古镇创建国家5A级旅游景区总体规划》和《和顺古镇创建国家5A级旅游景区提升规划》[②]，为古镇的创建工作提供了保障和指导。

通过这些制度环境的建立和完善，腾冲市和和顺古镇在乡村旅游发展中拥有了更加清晰的发展目标和规划，为乡村旅游的健康发展提供了有力支撑。

---

① 保山新闻网：《腾冲和顺水碓村：人和业顺　村美民富》。
② 腾冲市人民政府网：《腾冲市文化和旅游局2021年工作总结及下步工作计划》。

（五）乡村旅游文化资源

腾冲市和顺古镇是享有多项荣誉的国家 5A 级旅游景区，曾被誉为"中国第一魅力名镇"和"国家级历史文化名镇"。和顺古镇位于南亚的门户，被火山环抱，景色优美，是以大马帮驮运翡翠而闻名的休闲胜地。这里是汉文化、西方文化和南亚文化的交汇之地，也是西南丝绸古道上最大的侨乡，是居民和谐生活的典范之地（何立荣，2018）。和顺古镇拥有丰富的旅游文化资源，被誉为建筑博物馆，是多元文化融合的典范，同时也是名人的故乡。

1. 建筑文化

和顺古镇被誉为中国古代建筑的"活化石"，拥有保存完好的明清古建筑群 100 余处。其建筑文化体现了"四和三顺"的特点：和谐、融合、随和、和睦、顺势而建、顺巷而建、顺其自然。建筑风格融合了中国徽派、江南民居以及南亚和西方的特色，独具魅力。在古镇内，有许多独具特色的建筑，如洗衣亭、总大门和大月台等，它们都是古镇独特的地标性建筑，展现了当地独特的文化和历史底蕴。

2. 宗祠文化

和顺古镇的宗祠文化以"和"与"活"为特点。八大宗祠共存共荣，强调着和睦相处和以德服人的理念。这些宗祠保存完好，保留了较完整的族谱，并且每年春秋两祭时举行盛大的祭祖活动。八大宗祠包括寸氏宗祠、刘氏宗祠、李氏宗祠、尹氏宗祠、贾氏宗祠、张氏宗祠、杨氏宗祠和钏氏宗祠，共同见证了当地世代相传的文化与传统（何思薇，2021）。

3. 民俗文化

和顺古镇的民俗文化具有浓厚的边地特色，受到边地传统文化和南亚文化的影响。这里拥有丰富的非物质文化遗产，如神马、皮影、古法造纸、根雕等，展现了当地独特的手工艺传统。此外，当地特产如土锅酒、扯丝糖等美食也是吸引游客的亮点。而赶马肉、大救驾、土火锅、松花糕、咸鸭蛋、棕包等特色美食更是让游客流连忘返。此外，打保境习俗是当地重要的民俗活动之一，每年农历五月举行，祈求上苍保佑五谷丰登、六畜兴旺。

第三节　案例地乡村旅游发展历程

一、喜洲旅游发展历程

（一）第一阶段：初步发展阶段（2010年以前）

在中华人民共和国成立后，喜洲镇开始着力保护名胜古迹、文物保护单位和自然景点，并设计了旅游线路，建设了旅游基础设施，制定了古镇保护规划，推动了喜洲古镇的文化旅游业迅速发展。在2000年到2010年期间，喜洲镇政府对文物保护与城镇化建设进行了持续投入。2001年，喜洲镇的白族古建筑群被评为国家级文保单位。2004年，对喜洲古镇主街进行了修建。随后，喜洲镇制定了《大理喜洲古镇保护与发展规划》和《喜洲古镇保护与发展规划》，重点建设基础设施与公益设施。2006年，喜洲镇荣获云南省"十大名镇"的称号。2009年，制定了村庄建设与整治规划，对各村落进行了环境整治。

（二）第二阶段：稳定发展阶段（2010—2016年）

在政策支持和自身努力下，喜洲旅游业逐渐成为经济支柱。在这个阶段，喜洲镇制定了《大理市喜洲镇总体规划》，并进行了示范区建设发展。2015年，喜洲被评为云南十大旅游新地标和省级生态文明示范镇，成为环洱海旅游圈的新兴旅游点。在此期间，喜洲镇加强了古镇保护和修复建设，并完成了各项旅游项目的建设。2016年，喜洲古镇成功入选国家首批特色小镇，旅游人数和收入稳步增长。经过不断努力，喜洲古镇在2016年成功入选国家首批特色小镇。喜洲古镇的旅游人数与旅游收入稳步上涨。到2016年，喜洲镇接待旅游人数327万人次，实现旅游经济总收入1.8亿元[①]。

[①] 大理市喜洲镇人民政府：《大理市喜洲镇人民政府2016年度部门决算情况说明》。

（三）第三阶段：转型升级阶段（2016年至今）

自2016年开始，喜洲古镇确立了"政府＋公司＋居民"的模式，并先后编制了《大理市喜洲镇总体规划（2017—2030）》《喜洲古镇街区保护规划》《喜洲镇新区控制性详细规划》《喜洲古镇消防专项规划》《喜洲古镇文物保护专项规划》《喜洲古镇街区风貌整治设计方案》，推动了喜洲特色小镇有序建设、产业布局转型升级，主要体现在以下几个方面。

第一，推进项目建设。围绕"五美喜洲"，着力展示农耕、商帮、民俗文化，紧扣"中国白族风情第一镇"的建设要求，实施民艺中心、蓝织馆、赵府、转角楼等文化产业发展类项目，持续推进"三线入地"、古镇街区风貌提升改造等基础设施类项目。

第二，激活品牌效应。发展以"喜米""喜油""喜酒"为代表的"喜"文化农副产品，通过系统包装和运营策划，进入电商交易平台，进行"农商旅"融合发展。

第三，发挥文化作用。加强传统文化遗产保护，做精传统工艺。深度挖掘传统文化的精神内涵，促进传统文化工艺与产业发展的融合，形成文化特色产业。

第四，推进产业布局。有序推进农业产业结构调整，结合全域旅游慢行道建设、机耕道路生态化提升以及田园综合体构建①，形成大理洱海西岸"最美的田埂"；激活古镇、古院、古街文化内涵，将喜林苑、宝成府、喜遇等一批精品酒店投入运营，形成以农业观光、绿色生态、休闲度假为主的新型旅游业态。

二、和顺旅游发展历程

自20世纪90年代，和顺镇始终坚持把保护好田园风光作为和顺旅游发展的重要基础工程来抓。加大对农村环境整治工作力度；实施水环境综合整治；实施绿化荒山行动，为后续的旅游发展打下了坚实的基础。

---

① 大理州人民政府：《大理市特色小镇创建实现"四化两提升"》。

（一）第一阶段：探索阶段（2000—2002年）

2000年年底，腾冲县旅游局与和顺乡政府联合发起组建腾冲县和顺侨乡旅游发展有限责任公司，开始对和顺的旅游资源进行开发（朱昌茂等，2015；何思薇，2021）。政府投资，对镇内道路进行重新修建，对艾思奇纪念馆等古建筑进行修缮，水碓村基础设施得到一定的改善。2021年10月第二届腾冲火山热海旅游节在和顺召开，和顺旅游开始发展起来。然而，由于经营理念落后和资金不足等问题，旅游发展取得的成效比较有限。

（二）第二阶段：初步发展阶段（2003—2005年）

2003年11月1日，政府以招商引资方式引入柏联集团，柏联集团兼并原腾冲和顺侨乡旅游发展有限公司，成立云南柏联和顺旅游文化发展有限公司，进行和顺旅游40年的经营管理（朱昌茂等，2015）。确定"保护风貌、浮现文化、适度配套、和谐发展"古镇保护与开发模式，对和顺的文化资源进行保护和开发[①]。在2005年和顺获得"中国第一魅力名镇"，进一步推动了水碓村旅游的发展。

2004年2月19日，开始修缮弯楼子，"弯楼子民居博物馆"对公众开放。2004年3月，对和顺的历史文化基本情况进行调查研究，包括100多户古建筑，建立电子档案和文书档案；对名木古树进行调查，并建立档案。同时组织专家对和顺文化进行梳理，为和顺文化旅游产业开发项目的展开奠定基础。同年，公司修建大水车，新建"和顺人家"和"水上餐厅"餐饮点以及古镇停车场，并逐步改造镇内不协调建筑。

（三）第三阶段：快速发展阶段（2006年至今）

从2006年开始，和顺古镇进入了快速发展阶段。柏联集团不断加强和顺旅游文化资源的开发和基础设施建设，促进了古镇保护和发展。经过不懈努力，

---

① 云南省水文资源局保山分局：《腾冲县和顺旅游文化柏联SPA温泉建设项目水资源论证研究报告书》。

2020年11月，和顺古镇成功列入国家5A级旅游景区名单。在此期间，采取的措施主要体现在以下几个方面。

第一，不断加强基础设施建设。2016—2018年，累计投入固定资产3.2亿多元，实施了道路、垃圾清运、污水处理、旅游设施、环境整治、古镇建设、农田、生态建设等项目，不断完善和顺基础设施，各类基础设施及功能配套更趋完善，为和顺旅游发展奠定了更加坚实的基础。

第二，打造文化旅游设施。建立大马帮博物馆、和顺小巷、总兵府客栈、和顺柏联SPA温泉、和顺柏联精品酒店等文化项目和旅游度假设施。

第三，项目推动发展。全域旅游战略、国家级特色旅游小镇、5A级旅游景区创建等项目的实施都进一步推动了和顺古镇旅游的发展。加快推进特色小镇建设，实施水环境治理工程，生态建设成效显著，旅游基础设施不断夯实。

第四，完善旅游相关规章制度。和顺古镇确定较为完整的旅游质量、市场营销、导游管理、环境卫生、环境保护、旅游安全及旅游统计等各项规章制度，并制定和公布高峰期游客安全应急措施紧急预案及游客紧急分流示意图。

第五，成立和顺古镇保护管理局，提高监管能力。随着和顺古镇商业投资的逐年增加，古镇风貌、房建、市场、交通等监管工作矛盾日益突出，为了将和顺古镇内的人员、客栈、商铺和117座古宅以及其他古迹保护好、管理好，促进古镇的和谐、稳定发展，和顺古镇2011年成立保护管理局，为实现和顺跨越式发展提供了有力保障。

第六，实施和顺古镇保护条例。为了解决和顺古镇保护工作中出现的问题，进一步加强对和顺古镇的保护，促进当地经济社会和谐发展，腾冲县人民政府于2006年4月成立了《云南省和顺古镇保护条例（草案）》起草领导小组，《云南省和顺古镇保护条例》于2010年6月1日正式实施。该条例对和顺古镇保护和管理的行政机构的设置、古镇维护费的收取、规划与建设、保护措施以及法律责任都进行了明确规定。和顺古镇自此真正实现了依法保护，同时也开启了保山市地方性立法工作的先河。

第四节 乡村旅游发展对家庭生计的影响

一、喜洲村乡村旅游发展对家庭生计的影响

（一）喜洲村家庭生计方式的转型

随着喜洲古镇旅游业的发展，喜洲村家庭的生计活动也在发生转型（见表3-2）。在旅游开发之前，喜洲村主要的生计来源是以外出务工、农活和经营小买卖为主。喜洲村旅游开发前，大部分外出务工人员从事的主要是建筑行业，这是因为喜洲白族建筑群使喜洲居民拥有长期的建筑实践，甚至形成一些专业户，其中沙村、桃源、喜洲邓村的泥木工匠很出名，这些建筑工人在清代和民国年间就外出帮人盖房子、做家具。

表3-2 喜洲村旅游开发前后生计活动对比

旅游开发前	旅游开发后	生态政策实施后
主要生计活动：务工、农活、小买卖为主	主要生计活动：旅游经营、景区工作、小买卖为主	主要生计活动：旅游经营、小买卖为主
辅助生计活动：手工业、渔业	辅助生计活动：手工业、农活、打工、个体经营、渔业	辅助生计活动：景区工作、手工业、打工

资料来源：作者根据实地调研资料整理

旅游开发之前，喜洲村经营活动主要以小买卖为主，少部分为个体经营，小买卖主要是在路边或集市摆摊卖当地特色小吃、鱼、肉、蔬菜、农副产品、小百货等，个体经营户主要为生产资料、生活资料、副食品、小百货以及地方名特优产品，其中服务业、针纺织品、鞋类占多数。虽然当时还未进行旅游开发，但是由于喜洲境内经商来往频繁，一些饭店、旅馆、食馆开始为外地经商旅游的旅客和当地群众服务。

旅游开发后，由于喜洲村地处喜洲镇中心，喜洲村旅游人数的增加直接影

响了当地村民的生计活动。喜洲村内大部分家庭都直接或间接地参与旅游经营活动。喜洲村居民主要生计活动包括在喜洲村内部开餐饮店、服装店、手工艺品、旅游商品店、茶叶店等，多集中于四方街、市上街、市坪街、市户街、彩云街、富春里、大界巷、染衣巷、镇南路、镇东路等主要街巷；在四方街主街街边摆摊经营喜洲粑粑、扎染等手工艺品，或者在主街内进行为游客扎彩辫、骑小黄车接送游客等；开发较小规模的民居经营客栈，或者将民居租给外地经营户赚取租金；在严家大院博物馆、喜林苑、严家民居等景点工作。其他生计辅助活动主要包括手工业、农活、外出打工、渔业等。

当地居民的旅游经营随着政策变化发生改变。2016 年后，大理开始实施洱海生态治理政策，在大凤路以东、罗时江以南、生态廊道以西、阳南河以北区域内的土地全部进行流转，喜洲居民的农业活动被迫停止，但土地流转后的村民会被大理旅游古镇开发公司聘请来种地，为当地居民提供了新的工作机会。喜洲村位于洱海二级保护区内，禁止新建、改建、扩建除公共基础设施、公共服务设施以外的建筑物、构筑物。如果房屋确需修缮加固或者危房拆除重建的，必须经大理市人民政府批准[①]。这导致想要新建客栈与餐馆的居民一律被禁止，并且由于洱海保护管理范围是以洱海水体为主的整个洱海流域，面积为 2565.19 平方公里，大理市建筑行业遭受影响，喜洲村大部分建筑工人只能外出打工。

2019 年年底，喜洲居民的生计造成严重影响，居民的收入水平普遍下降。进行旅游经营的居民受到较大的打击，调研期间喜洲村主街道商铺关闭的有 82 间，占总商铺的 29.8%，一些进行旅游经营的居民入不敷出。对于其他旅游从业者也产生了巨大的影响，部分进行导游工作的居民纷纷转向其他行业。生态洱海整理政策的实施，直接打击了当地的建筑业以及木雕行业。喜洲茶叶店老板 R 说："我除了茶叶店，还在大理古城做一点工程，但是现在因为不能建房，很难接到活，之前也做过木雕，现在也不做了，因为不准搞建设，你雕出来没地方，卖不出去，要盖房子人家才买木雕。"因为生态治理政策的影响，导致当地大部分建筑工人只能外出打工，使得当地部分建筑工人出现无处可去的现象，

---

① 大理州人民政府：《云南省大理白族自治州洱海保护管理条例实施办法》。

只能在家待业。当地居民经济收入下降,购买力下降,所以开服装店的个体经营户以及进行小买卖的居民获得的收入低于之前。

综上所述,喜洲村乡村旅游发展对家庭生计产生了深远影响,从生计活动的转型到生态政策的实施,都在不同程度上改变了当地居民的生活方式和经济状况。

(二)喜洲村家庭生计策略的转变

喜洲村家庭的生计策略发生了显著的转变,反映了居民生计活动的演变。根据该村的情况,我们将其家庭生计策略简要划分为五类:"农业兼业型",以农业活动为主但同时从事其他生计活动;"旅游兼业型",以旅游经营为主但兼顾其他活动;"旅游型",全家庭成员从事旅游活动;"打工型",以打工为主;"其他型",不以农业和旅游经营为主(尚前浪,2022)。

喜洲村居民生计的变迁表明,家庭生计策略主要从"其他型"向"旅游兼业型"转变。旅游开发之前,受商帮文化影响,居民主要从事一些小买卖或者外出打工。随着旅游业的兴起,喜洲居民凭借丰富的商业经验和较高的认知能力,积极参与旅游经营活动,灵活多样的经商策略为他们赢得了更多的商机。一些家庭将传统文化技能与旅游经营相结合,提升了参与旅游业的有效性。大多数家庭生计策略逐渐向"旅游兼业型"转变,既专注于旅游经营,同时也从事打工等其他生计活动。对于家庭成员较少的家庭,当旅游经营所需人力超过家庭人口时,他们选择全家共同投入旅游经营,形成了"旅游型"生计策略。

二、水碓村乡村旅游发展对家庭生计的影响

(一)水碓村家庭生计方式的转型

20世纪90年代,和顺镇主要以农业为主,尚未进行统一的旅游开发,仅有"艾思奇故居"作为早期开发的景点,吸引了少量本地游客。这一时期,当地居民的生计活动主要是种田和外出打工,部分居民还会从事手工艺品加工并出售种植的树木来补贴家用(见表3-3)。

表 3-3　水碓村旅游开发前后生计活动对比

旅游开发前	旅游开发后	
2000 年之前	2000—2003 年	2003 年之后
主要生计活动：农业生产、外出打工	主要生计活动：农业、外出打工	主要生计活动：旅游经营
辅助生计活动：手工艺品加工、林业	辅助生计活动：手工艺品加工、旅游经营、林业	辅助生计活动：打工、玉石、藤编等旅游产品加工、旅游运输行业、林业、农业

资料来源：作者根据实地调研资料整理

2000 年到 2003 年，政府主导对和顺古镇进行了旅游开发，包括举办了第二届腾冲火山热海旅游节，标志着和顺旅游的起步阶段。然而，政府的旅游开发主要集中在基础设施建设和古建筑修缮上，并未给当地居民带来大量参与旅游的机会。因此，当地居民的主要生计仍然是种田和外出打工。

2003 年以后，云南柏联和顺旅游文化发展有限公司开始对和顺旅游进行 40 年的经营管理。逐步带动了古镇居民参与旅游经营。随着旅游的发展，居民的生计活动逐渐从种田和外出打工转变为以旅游经营为主。他们开设了餐馆、民宿和旅游商品店等业务，并有部分居民从事景区内的保安、环卫、景交司机等工作。餐馆和旅游商品店主要聚集在柏联公司建设的文旅商品一条街和酒吧、特色小吃一条街上。柏联公司以较低的租金向当地居民出租商铺，帮助他们开办餐馆和手工艺品店。在 2008 年，全镇有 25 家居民餐馆和 69 家商铺；而到了 2019 年，这一数字分别增长到了 169 家和 650 家。另外，当地的旅馆主要是由当地居民改建而成，政府与当地群众合作，补贴改造费用并帮助改建旅馆。部分居民选择将自己的房屋租给外来投资者，获得租金收入。在 2008 年，全镇有 37 家客栈和旅馆，提供 250 多张床位；到了 2019 年，这一数字分别增长到了 375 家和 5600 多张床位。

然而，由于租金较高和客栈价格下滑，一些外来经营者难以维持经营，不得不退出水碓村。当地居民则选择继续出租房屋，寻找新的经营者，或者自己经营以获取收入。另一些居民则选择在景区内摆设特色小商品摊位，出售当地水果、特色农产品和小件玉石等商品，作为新增加的生计活动。此外，一些居民还从事当地特色文化产品如玉石和藤编的加工与销售，在节假日时可以获得较高的收入。

（二）水碓村家庭生计策略的转变

水碓村的家庭生计策略随着旅游开发的推进而发生了变化。在喜洲村家庭生计策略分析的基础上，我们将水碓村的生计策略分为五种类型："农业型""农业兼业型""旅游兼业型""旅游型""打工型"。

在旅游开发之前，水碓村主要以"农业型"和"农业兼业型"为主。家庭的生计主要依靠农业生产和外出打工来维持。然而，随着旅游业的兴起，当地家庭开始逐渐转向旅游经营活动，产生了"旅游兼业型"和"旅游型"两种新的生计策略类型。2003年后，云南柏联和顺旅游文化发展有限公司开始对水碓村的旅游进行经营管理，这促使了古镇居民参与到旅游经营中来。

在旅游经营的过程中，水碓村的生计策略发生了显著变化。由于旅游业带来的收益较高，越来越多的家庭放弃了传统的农业生产，转向从事旅游经营。因为景区的建设范围不断扩大，一些农田开始被用作建设用地，这导致了农业收益的减少。家庭受经济因素影响，放弃了种田，转而投身于旅游经营中。

大多数家庭的生计策略转变为"旅游兼业型"和"旅游型"两种类型。在"旅游型"家庭中，成员主要从事古镇内部的餐馆、商铺和客栈的经营，一些规模较大的店铺需要全部家庭成员参与经营。另外，一些家庭选择将店铺出租，然后在店铺附近摆摊，以获取额外的收入。同时，一些家庭成员也选择在景区内部从事保安、环卫等工作，这为家庭提供了额外的收入来源。

在水碓村，旅游业的发展不仅为当地居民提供了就业机会，还为他们创造了新的生计策略。通过参与旅游经营，家庭的收入得到了提高，同时也促进了当地经济的发展和社会的稳定。

第五节　本章小结

本章主要讨论了乡村旅游发展对家庭生计转型的影响，以云南大理市喜洲镇喜洲村和腾冲市和顺镇水碓村为案例地，详细分析了旅游发展不同阶段下社区管理方式的变化以及家庭生计方式的转变。研究发现，旅游发展对家庭生计方式产生了显著影响，制度管理和外界冲击是促使家庭生计策略转变的重要因素。

喜洲村和水碓村作为云南重要的旅游目的地，其丰富的旅游文化资源和独特的地理位置，为当地居民提供了以旅游经营为主的生计方式。随着旅游产业的发展，居民逐渐从传统的农业、打工和小买卖转变为以旅游经营为主导的生计模式。然而，近年来旅游波动和相关政策的实施，对两个乡村的居民生计造成了重要影响，家庭的生计可持续和生计恢复面临重要挑战。

通过对比两个案例，本章指出了喜洲村和水碓村在乡村旅游发展模式上的差异性。喜洲村依托白族文化发展乡村旅游，而水碓村则以多元文化交汇和宗祠文化为特色，采取政府主导、企业运作、全民参与的开发模式。这些差异性导致了两地居民参与旅游发展的方式和程度存在显著区别。

此外，本章还详细描述了喜洲村和水碓村的旅游发展环境与资源，包括区位、自然环境、社会经济环境以及乡村旅游发展环境。通过这些描述，本章为理解乡村旅游发展对家庭生计转型的影响提供了丰富的旅游发展背景信息。

最后，本章通过案例地的乡村旅游发展历程，展示了旅游发展如何推动家庭生计方式的转型。喜洲村和水碓村的家庭在旅游发展过程中，不断调整和转变自己的生计策略，以适应不断变化的旅游市场和政策环境。这一过程不仅体现了家庭生计的适应性和灵活性，也揭示了乡村旅游发展对家庭生计方式的深远影响。通过本章的分析，为后续章节开展家庭生计恢复力测度和影响因素分析奠定了基础。

第四章

乡村旅游社区家庭生计恢复力测度

本章围绕"乡村旅游社区家庭生计恢复力水平以及不同类别生计恢复力差异性如何"展开论述,基于第二章构建的旅游社区家庭生计恢复力指标体系,实现生计恢复力的量化。按照旅游社区家庭生计恢复力理论分析框架,突出家庭和社区两个层面,从不同社区以及不同生计策略家庭进行生计恢复力对比分析,探索不同生计策略和社区家庭生计恢复力的差异及原因,为弱势家庭注入新的生计发展活力,提高政府扶贫政策的有效性,同时验证分析框架中提出的社区管理与家庭生计策略的必要性。

第一节 家庭生计策略类型

一、家庭生计策略类型划分

案例地喜洲村与水碓村旅游资源丰富,旅游业不断发展壮大,当地居民的生计方式逐渐转变,形成了旅游导向型生计策略。在旅游发展的过程中,随着旅游建设用地的不断增加以及耕地的不断减少,尤其是喜洲村的土地流转,推动农业型生计策略家庭转向其他生计策略,农业兼业型生计策略家庭数量也在不断缩小。根据现有的生计策略类型划分研究,结合喜洲村与水碓村的实际情况,根据家庭成员的工作类型以及主要收入来源占家庭总收入的比重,将案例地家庭生计策略划分为旅游型、旅游兼业型、其他型三种生计策略。案例地家庭生计策略具体划分依据及占比如表 4-1 所示。

表 4-1　案例地家庭生计策略划分依据及占比

生计类型	划分依据	样本量（户）	占比（%）
旅游型	家庭成员都从事旅游相关行业，旅游收入占家庭收入的比重≥90%	55	24.2
旅游兼业型	家庭参与旅游的同时开展多元生计活动，50%≤旅游收入占家庭收入比重<90%	108	48.5
其他型	家庭生计以农业、打工等其他生计活动为主的家庭，家庭成员没有参与旅游经营	34	27.3

资料来源：作者根据实地调研资料整理

二、家庭生计策略差异分析

在人口数量方面，旅游兼业型生计策略家庭人口规模最大（4.778 人/户），旅游型生计策略家庭人口规模最小（4.255 人/户）。由于旅游兼业型的家庭具有较多的人口数量，所以在进行特色餐饮、旅游商品店等经营外，还可以由家庭成员进行其他生计方式，拥有多样化的生计方式。旅游型生计策略家庭由于较少的人口，所有的家庭成员都需要参与特色餐饮以及旅游商品店的经营，形成了旅游经营为主的单一生计方式。"其他型"生计策略家庭也拥有较多的人口，支持家庭进行农业以及外出打工活动（见表 4-2）。

表 4-2　不同生计策略家庭描述统计分析结果

家庭生计策略	人口数量（户）	平均教育程度	家庭是否拥有文化技能户数（占比）	家庭是否运用所拥有的文化技能户数（占比）	对旅游发展有信心户数（占比）	对旅游发展不确定户数（占比）	对旅游发展没信心户数（占比）
旅游型	4.255	0.563	20（36.4%）	20（36.4%）	41（74.5%）	8（14.5%）	6（10.9%）
旅游兼业型	4.778	0.579	41（38.0%）	36（33.3%）	84（77.8%）	21（19.4%）	3（2.8%）
其他型	4.706	0.442	10（29.4%）	0	28（82.4%）	5（14.7%）	1（2.9%）

资料来源：作者根据实地调研资料整理

在教育程度方面：旅游兼业型家庭的平均教育程度最高（0.579），其次是旅游型家庭（0.563），而其他型家庭的教育程度最低（0.442）。这反映了旅游兼业型和旅游型家庭在教育程度上具有较高的优势，这使得他们能够更好地把握旅游业发展的机遇，从而更好地参与旅游经营活动。相反，其他型家庭的教育程度较低，主要从事农业和打工等生计活动。

在文化技能方面：旅游型和旅游兼业型家庭拥有和运用文化技能的比例最高，而其他型家庭的比例最低。旅游型和旅游兼业型家庭能够充分利用自己所拥有的文化技能来经营旅游业，例如，在特色餐饮和手工艺品经营中体现当地的文化特色。相反，其他型家庭尽管可能拥有一定的文化技能，但无法有效地运用，因此无法有效地参与旅游经营。

在对旅游发展的信心方面：尽管所有生计策略家庭对当地旅游发展的信心都很高，但其他型家庭的比例最高（82.4%），而旅游型家庭的比例最低（74.5%）。这可能是因为一些旅游经营者入不敷出，难以维持，导致了对旅游发展的信心受到一定程度的影响。

第二节　乡村旅游社区家庭生计恢复力测度结果

一、家庭生计恢复力测度结果

（一）权重的确定

研究共提取出 6 个特征值大于 1 的主成分，累计方差贡献率达 60.767%，初步确立的 21 项指标中，由于家中或亲戚中是否有村干部以及旅游认知能力因子载荷得分较低，结合 KMO 与方差贡献率结果，决定将这两项指标删除，通过计算获得各指标权重（见表 4-3）。

表 4-3 旅游社区家庭生计恢复力权重

目标层	维度层	权重	指标层	权重
生计恢复力	缓冲能力	28.6%	劳动能力（S_1）	4.17%
			住房状况（S_2）	5.01%
			生活和生产资产（S_3）	3.76%
			家庭收入（S_4）	5.31%
			储蓄状况（S_5）	5.46%
			借贷能力（S_6）	4.89%
	自组织能力	27.55%	政策知晓度（S_7）	5.37%
			政策扶持（S_8）	5.83%
			关系网络信任（S_9）	6.12%
			社会支持网络（S_{10}）	5.03%
			社区和组织参与（S_{11}）	5.20%
	学习能力	26.61%	教育程度（S_{12}）	4.79%
			信息获取能力（S_{13}）	5.07%
			分享的能力（S_{14}）	5.34%
			技能培训机会（S_{15}）	5.96%
			未来风险应对能力（S_{16}）	5.45%
	文化适应力	17.24%	文化自信度（S_{17}）	5.72%
			文化拥有度（S_{18}）	5.78%
			文化运用度（S_{19}）	5.74%

资料来源：作者根据分析数据整理

（二）各指标量化得分

将各指标权重与标准化得分相乘求出旅游社区家庭生计恢复力得分。旅游地家庭生计恢复力整体呈中等水平，其平均得分为 0.538 分。其中，缓冲能力得分为 0.141 分，自组织能力为 0.148 分，学习能力为 0.142 分，文化适应力为 0.107（见表 4-4）。

表 4-4 旅游社区家庭生计恢复力各指标得分

目标层	得分	维度层	得分	指标层	得分
生计恢复力	0.538	缓冲能力	0.141	劳动能力（S_1）	0.014
				住房状况（S_2）	0.027
				生活和生产资产（S_3）	0.024
				家庭收入（S_4）	0.014
				储蓄状况（S_5）	0.015
				借贷能力（S_6）	0.047
		自组织能力	0.148	政策知晓度（S_7）	0.027
				政策扶持（S_8）	0.023
				关系网络信任（S_9）	0.033
				社会支持网络（S_{10}）	0.033
				社区和组织参与（S_{11}）	0.032
		学习能力	0.142	教育程度（S_{12}）	0.025
				信息获取能力（S_{13}）	0.026
				分享的能力（S_{14}）	0.032
				技能培训机会（S_{15}）	0.031
				未来风险应对能力（S_{16}）	0.028
		文化适应力	0.107	文化自信度（S_{17}）	0.039
				文化拥有度（S_{18}）	0.033
				文化运用度（S_{19}）	0.035

资料来源：作者根据分析数据整理

二、家庭生计恢复力测度结果分析

在家庭生计恢复力测度结果分析中，发现农户生计恢复力指数的范围相当广泛，最高为 0.952，最低仅为 0.199（见表 4-5）。有 102 户家庭的生计恢复力低于平均水平，占总样本量的 51.8%，这表明喜洲村与水碓村的家庭生计恢复力水平相对均衡。

表 4-5　旅游社区家庭生计恢复力各维度得分

	缓冲能力	学习能力	自组织能力	文化适应力	生计恢复力
最大值	0.263	0.276	0.259	0.172	0.952
最小值	0.041	0.031	0.026	0.000	0.199
均值	0.141	0.142	0.148	0.107	0.538

资料来源：作者根据分析数据整理

在各维度指数均值方面，自组织能力的均值最高（0.148），其次是学习能力（0.142）、缓冲能力（0.141），文化适应力最低（0.107）。自组织能力得分高主要是因为喜洲村与水碓村的邻里关系和谐，乐于互相帮助，使得在困难时能够轻松获得外部帮助。缓冲能力虽然权重系数最大，但得分稍低，这是因为只有少数其他型生计策略家庭受外地打工影响较小，其他家庭的收入减少，导致缓冲能力得分不高。学习能力较低主要是由于一些家庭的未来风险应对能力较差，无法有效地应对外界环境变化。文化适应力最低，主要是因为一些家庭无法将拥有的文化技能很好地应用到旅游经营中。

通过绘制分散点（见图 4-1），进一步分析案例地家庭生计恢复力各维度的差异。旅游地家庭缓冲能力得分主要分布在 0.07~0.24，从低恢复力到高恢复力分布较为均匀。案例地家庭自组织能力得分主要分布在 0.11~0.20，少部分家庭聚集在 0.22~0.25，主要是因为这部分家庭拥有较高的政策知晓度，与其他家庭相比，受到了更多的政策扶持，所以政策知晓度和政策扶持对案例地家庭生计恢复力具有重要的提高作用。案例地家庭学习能力得分主要分布在 0.07~0.22，在 0.24~0.26 聚集了少部分家庭，主要是因为这部分家庭的未来风险应对能力较强，进而直接提升了学习能力得分。案例地家庭文化适应力得分部分较为分散，并且得分较低。

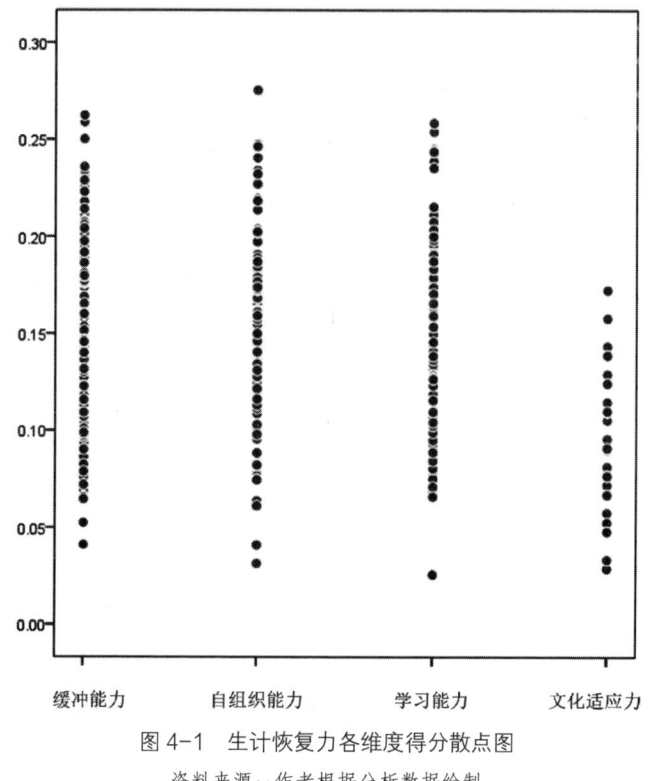

图 4-1 生计恢复力各维度得分散点图
资料来源：作者根据分析数据绘制

第三节 不同乡村旅游社区家庭生计恢复力对比分析

一、乡村社区生计恢复力对比分析

在两个案例地乡村社区生计恢复力对比分析中，发现喜洲村的家庭生计恢复力（0.542）略高于水碓村（0.534）（见表4-6）。喜洲村各维度得分排序为自组织能力（0.149）>缓冲能力（0.144）>学习能力（0.138）>文化适应力（0.110），而水碓村各维度得分排序为自组织能力（0.147）>学习能力（0.145）>缓冲能力（0.138）>文化适应力（0.103）。这表明喜洲村在缓冲能力、自组织能力和文化适应力方面稍优于水碓村，而水碓村在学习能力方面略优于喜洲村。

表 4-6　不同案例地家庭生计恢复力测度结果

案例地	缓冲能力	自组织能力	学习能力	文化适应力	生计恢复力
水碓村	0.138	0.147	0.145	0.103	0.534
喜洲村	0.144	0.149	0.138	0.110	0.542

资料来源：作者根据分析数据整理

通过软件分析绘制的得分散点图显示（见图 4-2），水碓村的生计恢复力得分主要分布在 0.48~0.67 和 0.38~0.45，呈现明显的分化趋势。这主要是因为腾冲地区的平均工资水平较低，一些家庭成员在景区内或外地打工的生计恢复力得分较低，另外一部分只在景区内摆摊的家庭的旅游参与程度较低，这些因素导致了水碓村家庭生计恢复力的分化。相比之下，喜洲村的家庭生计恢复力得分较为集中，主要分布在 0.43~0.65，内部分化程度较低，表明喜洲村家庭生计恢复力的整体水平相对稳定。

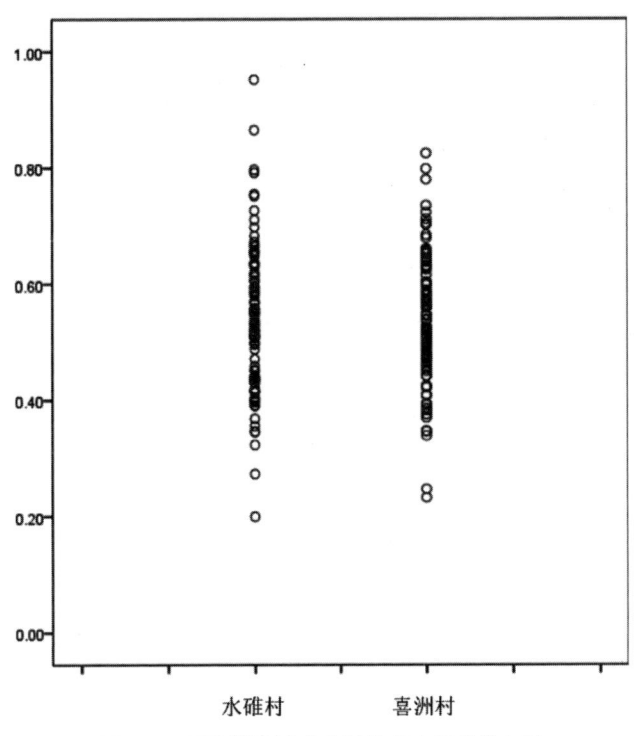

图 4-2　不同社区家庭生计恢复力得分散点图

资料来源：作者根据分析数据绘制

二、乡村社区生计恢复力各维度对比分析

根据所构建的旅游社区家庭生计恢复力分析框架,从社区维度分析不同社区家庭生计恢复力各维度的差异性,验证了社区管理对家庭生计恢复力各维度的影响。

(一)缓冲能力对比分析

缓冲能力方面的对比分析显示,喜洲村的得分(0.144)高于水碓村(0.138)。这一差异主要是由于喜洲村在住房状况和生活生产资产方面的表现优于水碓村(见图4-3)。喜洲村保存了丰富的商帮文化,拥有独具特色的明清民国时期的白族民居建筑群,因此家庭拥有较好的住房条件和生活生产资产。相比之下,水碓村的住房状况得分稍低,但并不意味着水碓村的住房条件差,因为当地的民居以徽派建筑为主,具有较强的文化价值。在缓冲能力维度中,整体得分较低的是家庭收入与储蓄状况,这是由于旅游业冲击导致收入下降的影响。值得注意的是,尽管喜洲村和水碓村都受到了旅游业的影响,但水碓村的家庭收入略高于喜洲村,这是因为一些水碓村的居民将房屋和商铺租给外地经营者,从而获得了较高的租金收入。

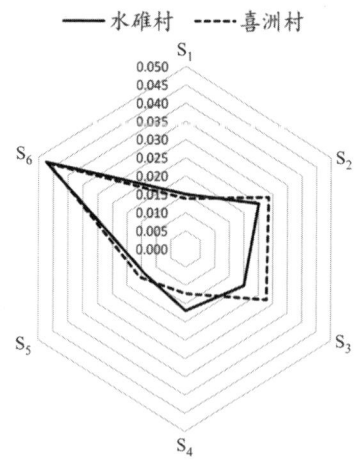

图4-3 不同旅游社区家庭缓冲能力对比

资料来源:作者根据分析数据绘制

(二)自组织能力对比分析

在自组织能力方面的对比分析显示(见图4-4),喜洲村的自组织能力略高于水碓村。这一差异主要是因为喜洲村的关系网络信任及社区和组织参与得分略高于水碓村。喜洲商帮以宗族血缘为纽带,商帮内部以宗族、家族关系相互帮助,形成了强烈的认同感(周智生,2002),这深刻影响了喜洲村居民之间的社会网络信任。在喜洲村,家庭与邻里的关系非常融洽,居民乐于互相帮助。相比之下,水碓村外来经营定居较多,虽然与当地居民相处融洽,但租金问题、市场竞争以及相关合作不融洽等问题导致了一些矛盾的存在,影响了社会网络信任程度。

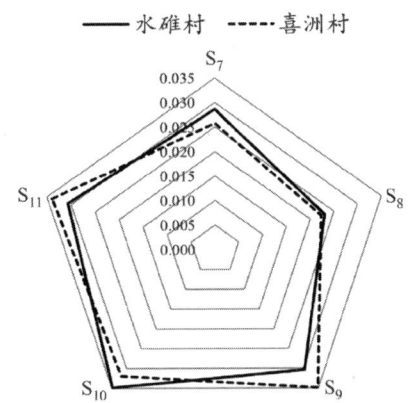

图4-4 不同旅游社区家庭自组织能力对比
资料来源:作者根据分析数据绘制

此外,喜洲村的社区和组织参与也更为活跃一些。由于喜洲村的旅游开发由当地政府主导,公司成员主要是当地居民,因此当地居民对经营开发理念更具认同感,愿意参与各种活动。相比之下,水碓村的治理模式较为自上而下,基层政府部门和当地居民的参与较少,外来经营者定居较多,这导致了一些居民对政府和村委会的不满,减少了他们参与活动的意愿,影响了社区和组织的参与程度。

另外,在社会支持网络方面,水碓村得分较高。这是因为水碓村地处和顺古镇较为中心的位置,与古镇居民接触较多,同时水碓村也受益于海外华人的资金支持。这些因素使得水碓村居民能够获得更多的社会支持。相比之下,喜洲村的社会支持网络得分较低，可能是因为喜洲村的社会支持来自当地居民，受制于地理位置和人口规模，所以相对较少。

（三）学习能力对比分析

学习能力方面的对比分析显示，水碓村的学习能力略高于喜洲村（见图4-5）。这一差异主要是因为水碓村家庭的教育程度、信息获取能力和技能培训机会得分高于喜洲村。

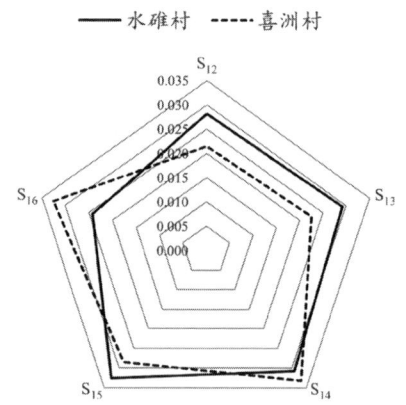

图4-5　不同旅游社区家庭学习能力对比

资料来源：作者根据分析数据绘制

水碓村自古以来就秉持着重视教育的理念，建立了多所教学教育机构，培养了一批知识分子，使水碓村居民有着较高的教育水平。此外，柏联公司还聘请当地居民进行礼仪和讲解的培训，帮助他们更好地开展和顺特色文化建设和旅游服务，进一步提升了水碓村家庭的学习能力。

相比之下，虽然喜洲村的平均教育水平低于水碓村，但喜洲村的社会网络信任水平较高，这进一步提高了当地居民的分享能力和未来风险应对能力。喜洲人善于经商和管理，他们将参与旅游经营作为重要的经商活动，并且坚持多元化经营，提高了应对外界冲击的能力。

总的来说，水碓村和喜洲村在学习能力方面各有优势，水碓村注重教育和技能培训，而喜洲村则侧重于社会网络信任和经验分享，这些因素都对家庭的学习能力产生了积极影响。

（四）文化适应力对比分析

从文化适应力具体指标得分看（见图4-6），喜洲村的文化适应力（0.110）高于水碓村（0.103）是因为喜洲村的文化自信度、文化拥有度、文化运用度都高于水碓村。从调研数据看，喜洲当地拥有文化技能的居民占调研人数的50.5%，而和顺当地拥有文化技能的居民只占调研人数的20.8%，造成差距的原因主要是案例地文化资源的不同以及政府与公司旅游发展方式的不同。

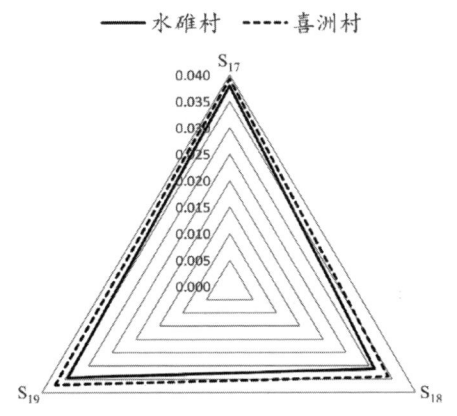

图4-6 不同旅游社区家庭文化适应力对比
资料来源：作者根据分析数据绘制

喜洲村有着丰富的白族文化传统，包括雕刻、泥塑、剪纸、扎染等多种手工艺制作，在政府和企业的共同努力下，这些传统文化得到了有效的传承和发展。政府在传统乡土技艺的再开发上下了很多功夫，促进了传统工艺与产业发展的融合，如白族扎染、白族刺绣等特色产业的发展。政府还大力培养传统文化传人，如今大理喜洲镇国家级传承人有2位，省级非遗传承人有1位，州级非遗传承人有7位，市级非遗传承人有20位，一大批扎染、泥塑、木雕、瓦猫、甲马等非遗项目代表性传承人定居喜洲，带动了当地文化的传承和发展。此外，喜洲村还通过活化利用现有的民居和古建筑，打造了田园风情网红打卡点和传统院落活化利用典范，形成了以"喜林苑"片区为代表的田园风情网红打卡点，以"喜洲客厅"为代表的传统院落活化利用典范，进一步提升了当地居民的文化拥有度与运用度。

相比之下，水碓村虽然也做了许多文化建设的努力，例如，建设家风文化长廊展示家风文化，但是游客对此的参与程度较低，并且导游也没有对文化进行详细的讲解，因此文化的感染力较弱。此外，水碓村的文化建设也存在一些问题，如缺乏对当地文化代表意见的理解与重视，以及对非物质文化遗产不够重视等。对当地文化缺乏深入的理解，没有充分体现和顺人的家国情怀、以家为中心的精神，也没有在建设过程中将和顺的非物质文化遗产，比如滇剧、皮影戏和洞经等进行很好的发展与传承，只是将他们简单地放进博物馆中。文化公益性建筑的维护经费只靠商业开发，宗祠、图书馆等建筑逐渐丢失了其原本的文化功能。

总体来看，喜洲村在文化适应力方面的表现更为突出，得益于其丰富的传统文化资源和政府企业的积极推动，而水碓村在文化建设上仍然存在一些不足之处，需要进一步加强和改进。

第四节　不同生计策略家庭生计恢复力对比分析

一、家庭生计恢复力对比分析

不同生计策略生计恢复力得分看（见表4-7），旅游兼业型（0.550）＞旅游型（0.540）＞其他型（0.498）。从各类型生计策略生计恢复力得分的变化趋势可以看出，参与旅游比不参与旅游的生计恢复力强，多样性生计方式比单一性生计方式的生计恢复力更强。

表4-7　不同生计策略家庭生计恢复力测度结果

生计策略	生计恢复力	缓冲能力	自组织能力	学习能力	文化适应力
旅游型	0.540	0.143	0.147	0.144	0.106
旅游兼业型	0.550	0.145	0.151	0.143	0.110
其他型	0.498	0.125	0.141	0.134	0.098

资料来源：作者根据分析数据整理

通过软件分析绘制得分散点（见图4-7），进一步分析不同生计策略家庭生计恢复力得分差异。旅游型生计策略家庭生计恢复力得分主要分布在0.4~0.6，旅游兼业型生计策略家庭生计恢复力得分较为分散，并且分化明显，主要是部分旅游兼业型家庭拥有多样性的生计活动、较高的储蓄，说明金融资本对生计恢复力具有重要的分化作用。其他型生计策略家庭得分相较于旅游型以及旅游兼业型家庭得分偏低，从低生计恢复力到高生计恢复力分布不连续。

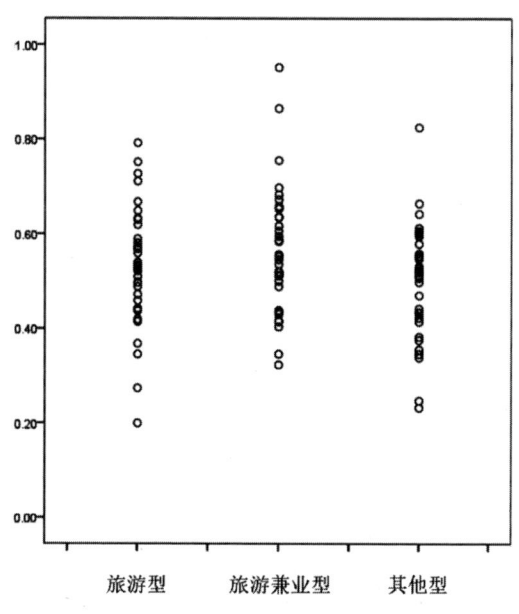

图4-7 不同社区家庭生计恢复力得分散点图

资料来源：作者根据分析数据绘制

二、家庭生计恢复力各维度对比分析

根据所构建的旅游社区家庭生计恢复力分析框架，从家庭不同生计策略分析家庭生计恢复力各维度的差异性，验证了不同生计策略对家庭生计恢复力各维度的影响。

（一）缓冲能力对比分析

缓冲能力对比分析显示（见图4-8），不同生计策略的家庭在应对外部冲击时具有不同的能力。缓冲能力大小依次为旅游兼业型（0.145）＞旅游型（0.143）＞其他型（0.125）。

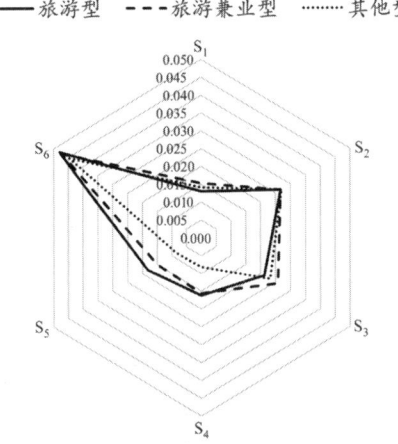

图 4-8　不同生计策略家庭缓冲能力对比

资料来源：作者根据分析数据绘制

首先，旅游兼业型家庭在缓冲能力方面表现最佳，其家庭收入与储蓄状况相对较好。这主要是因为这些家庭参与了旅游经营，积累了一定的资金储备，使得他们能够在一定程度上能够抵御旅游人数下降的冲击。尤其是那些依靠民宿和旅游商品销售赚取收入的家庭，因为没有租金的负担，依然能够通过吸引散客获取收入。此外，旅游兼业型家庭的劳动能力和生产资产较多，这进一步增强了其缓冲能力。

其次，旅游型家庭的缓冲能力稍次于旅游兼业型家庭。虽然旅游型家庭与旅游兼业型家庭尽管都涉足旅游经营，但它们在家庭收入、储蓄状况、劳动能力以及生产资产等方面呈现出一定的差异。具体而言，旅游型家庭在旅游业务方面的规模、知名度和市场份额等方面可能不如旅游兼业型家庭。因此，当面临经济波动或突发事件时，旅游型家庭可能更容易受到收入减少的冲击，从而影响其缓冲能力。在储蓄状况方面，由于旅游业务往往具有季节性、波动性等特点，旅游型家庭在储蓄方面可能无法做到像旅游兼业型家庭那样稳定。从劳动能力和生产资产方面来看，旅游型家庭也可能存在相对劣势。旅游型家庭可能更多地依赖于家庭成员的个人能力和技能来开展旅游业务，这在一定程度上限制了旅游型家庭在应对经济风险时的灵活性和韧性。

最后,其他型家庭的缓冲能力最低。这些家庭主要依靠打工维持生计,由于受到外部政策和经济形势的影响,他们的家庭收入和储蓄状况较为困难。特别是在喜洲村,拥有从事建筑业的深厚传统和优良技艺,并且在20世纪80年代初到20世纪90年代末之前,建筑业一直是喜洲的主导产业,所以直到现在喜洲家庭主要是在建筑行业打工。受到洱海生态治理政策的影响,家庭农业生计方式消失,建筑业也受到严格要求的限制,导致建筑工人的失业问题。水碓村由于农业用地减少,当地居民同样面临收入来源有限的问题。

(二)自组织能力对比分析

不同生计策略的自组织能力大小依次为旅游兼业型(0.151)>旅游型(0.147)>其他型(0.141),从自组织能力各指标得分可知(见图4-9),参与旅游的家庭具有较强的社会支持度以及政策知晓度。参与旅游经营家庭的政策知晓度较强,他们时刻关注旅游相关政策,并根据政策变动快速进行反应。参与旅游的家庭在经营过程中结识了更多的朋友,从而得到了更多的社会支持,并且相同经营活动的家庭形成了更紧密的关系,面对共同危机时,会相互商量、相互扶持。

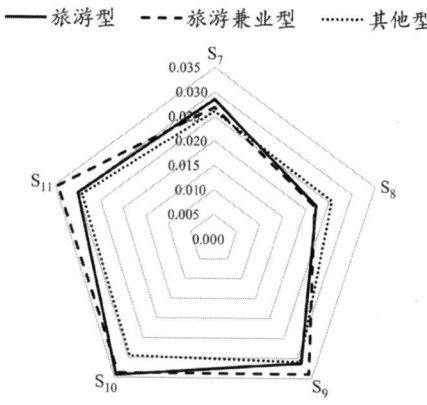

图4-9 不同生计策略家庭自组织能力对比

资料来源:作者根据分析数据绘制

旅游兼业型家庭得分最高,主要由于他们的社会信任度以及社会组织参与得分较高。旅游兼业型家庭成员较多,基于亲缘构建的人际关系网络的数量与质量更好，社会信任度更高。旅游兼业型家庭由于更多元的生计方式，加入的组织协会以及参与活动的数量与次数更多，比如和顺经营民宿的家庭都会参与当地自发形成的和顺旅馆民居协会。

旅游型以及旅游兼业型家庭政策扶持得分较低，可能是因为他们认为政府的管理以及政策不能很好地帮助他们渡过难关。调查中发现，水碓村民宿经营者对当地政府的管理非常不认同，大理与丽江等地采取降低租金的措施减轻经营者的负担，但是水碓村维持租金不变的同时必须五年一次性付清，导致民宿经营者即使入不敷出，也很难中途退出，并且和顺古镇政府选择收取门票，进一步增加了民宿经营者的负担。喜洲村虽然倡导降低租金，但是由于房屋商铺属于个人，不能强制性实施降低租金的措施，所以一些房东维持原本租金，甚至增加房租。旅游经营者希望政府采取措施来帮助他们减轻负担，但是希望与现实的落差导致他们对政策扶持的打分较低。

（三）学习能力对比分析

在学习能力对比分析中（见图4-10），不同生计策略的学习能力大小依次为旅游型（0.144）>旅游兼业型（0.143）>其他型（0.134）。从学习能力各指标得分来看，参与旅游经营的家庭表现出较高的平均教育程度、技能培训机会以及分享能力。

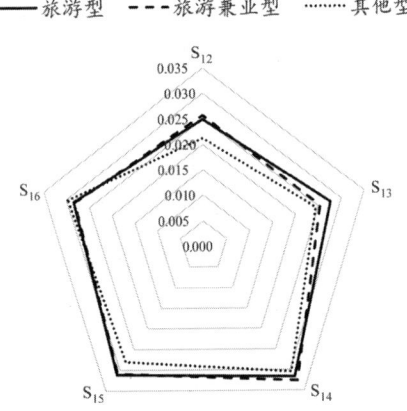

图4-10 不同生计策略家庭学习能力对比

资料来源：作者根据分析数据绘制

由于和顺与喜洲地区重视教育，当地居民具有较高的教育水平，尤其是喜洲一直以来的经商传统，提升了他们在社会生产和生活中的认知、判断、观察和战胜困难的能力。这些能力帮助他们更好地抓住发展机遇，适应旅游发展后的社会变化，引导家庭选择更好的谋生方式。参与旅游经营的家庭由于社会网络与信息获取能力较强，与外界联系更加紧密，获得技能培训的机会更多。例如，喜洲地区开办的传统文化传习班和相关的旅游培训活动，帮助家庭提升自身技能，增强自我发展能力。相比之下，其他生计策略家庭由于社会网络较窄，参与技能培训的机会较少。然而，他们的分享能力相对较强，这主要得益于一些地区性的组织，如和顺旅馆民居协会等。

旅游型生计策略家庭的学习能力得分最高，因为他们具有较强的信息获取能力，能够获取更多有价值的信息，从而更好地抓住机遇，改善收入和生活福祉。然而，与其他生计策略家庭相比，他们的未来风险应对能力较低，主要是因为旅游行业波动对他们的经营造成的影响较大。如果这种情况持续下去，部分家庭可能难以继续经营旅游业务，因此他们的主观风险应对能力较低。

案例访谈中，喜洲的一些商家表达了对当前困难和未来前景的担忧，这反映了当前经营环境的严峻性。喜洲三餐四季 Y 说："今年就恼火了，抛开房租，日常开支，像 12 月我们保本都有点难，这个月我们一天才卖了一两桌，都有点儿想关门了，游客都不来。"喜洲四方街中心白族私房菜 H 说："其实 2021 年压力比较大，一整年都不景气，到了 3 月有几天恢复了一点点，大理又出现地震，到七八月份都很冷清。今年我房租交到 7 月，如果今年过了七八月份还是没人的话，就不打算做了，这个位置房租太贵了。"喜洲茶叶店老板 R 说："我旁边那三家卖茶叶的就搬了。我这死撑着，我是没办法，要生意没有，一天还不是一两百元的成本，保本都可能保不了。"从各店主的话中可以得知他们现在的困难以及对未来的担心。

（四）文化适应力对比分析

在文化适应力方面，不同生计策略的大小排列为旅游兼业型（0.110）＞旅游型（0.106）＞其他型（0.098），如图 4-11 所示。参与旅游的家庭在文化拥有度和文化运用度方面得分较高,这是因为他们拥有丰富的文化技能,并且能够有效地将这些技能运用到旅游经营中。

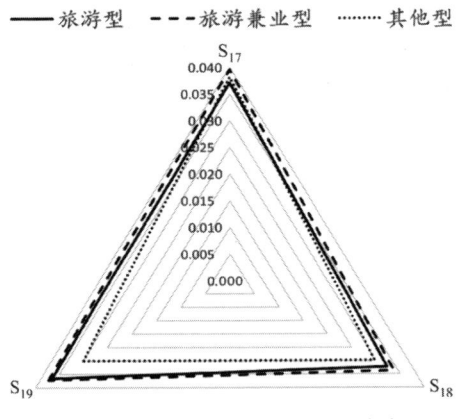

图 4-11 不同生计策略家庭文化适应力对比

资料来源:作者根据分析数据绘制

在喜洲地区,有 53.7% 的参与旅游的家庭拥有文化技能,其中 42.7% 将这些技能应用于旅游经营中。相比之下,未参与旅游的家庭中只有 36.8% 拥有文化技能,并且无法有效利用这些技能。民宿客栈依托当地民居进行活化利用,成为游客眼中独特的吸引点。当地餐饮店提供各种特色美食,如喜洲的喜洲粑粑、热凉糕、酸菜鱼,以及水碓村的和顺头脑、松花糕、土锅子等,品类越多,吸引力越大。喜洲居民将扎染、甲马、瓦猫等文化技能运用于工艺品制作,为游客提供多样化的旅游产品,吸引更多游客并获得经济利益。通过充分利用物质文化和非物质文化资源,喜洲地区不仅能够发展旅游业,保护文化遗产,还能促进社区内家庭生计策略的转变,提供更多生计方式,增加当地家庭的金融和社会资本,提高生计恢复力。而其他型生计策略的家庭由于缺乏文化技能,限制了他们有效地参与旅游业务,也限制了他们开展更多元化的生计方式。

第五节 本章小结

本章聚焦于两个乡村旅游案例地,采用乡村旅游社区家庭生计恢复力分析框架和测度指标体系，对乡村社区家庭的生计恢复力进行了量化分析，并比较了不同乡村社区和不同生计策略家庭的生计恢复力差异，展示了乡村旅游社区家庭生计恢复力的总体状况和差异。

调查发现，随着乡村旅游业的兴起，当地家庭的生计方式逐渐向旅游导向型转变，形成了旅游型、旅游兼业型和其他型三种主要的生计策略。其中，旅游兼业型家庭由于人口数量较多，能够开展多元化的生计活动，而旅游型家庭更专注于旅游经营。

通过对家庭生计恢复力的测度分析，揭示了不同生计策略家庭在缓冲能力、自组织能力、学习能力和文化适应力等维度上的差异。结果显示，旅游兼业型家庭在自组织能力上表现突出，而旅游型家庭则在学习能力上得分较高。此外，在文化适应力方面，喜洲村家庭普遍高于水碓村，这与喜洲村丰富的文化资源和积极的文化传承活动密切相关。

进一步的案例对比分析表明，社区管理与家庭生计策略对家庭生计恢复力具有显著关系。喜洲村的商帮文化和宗族关系促进了社会网络信任和社区参与，而水碓村则因外来经营者与当地居民之间的矛盾以及政策扶持不足，影响了社会网络信任和社会支持网络的构建。这些因素共同影响着家庭的生计恢复力，尤其是在面对外部冲击时，家庭的应对策略和社区的支持系统显得尤为关键。

最后，本章强调了提升家庭生计恢复力的重要性，指出政府和社区应通过有效的政策支持和文化资源的合理利用，帮助家庭增强其生计策略的多样性和适应性。这对于促进乡村旅游的可持续发展、提高居民生活质量以及构建和谐社区具有重要意义。本章为后续家庭生计恢复力影响因素和机制分析提供了数据支撑和案例分析基础。

第五章

乡村旅游社区家庭生计恢复力影响机制

为了解决"如何准确地把握乡村旅游社区家庭生计恢复力的关键影响因素及作用路径"这一研究问题，本章确定了"识别影响因素—分析影响因素作用路径"的研究思路。首先，根据第三章对不同乡村旅游社区和生计策略家庭生计恢复力水平的对比分析，在原有生计恢复力指标基础上增加了必要的影响因素。其次，采用ISM方法构建递阶结构模型，划分各层级影响因素，并分析各层级因素之间的影响关系，找出影响旅游社区家庭生计恢复力的根本影响因素。再次，构建MICMAC模型，根据驱动力以及依赖度得分划分为四个象限，进一步掌握影响因素对旅游社区家庭生计恢复力的作用途径和效果。最后，将ISM模型与MICMAC相结合进行综合分析，明确了各影响因素的重要性和特性以及相互间的影响作用，为后续乡村旅游社区家庭生计恢复力协同治理奠定了基础。

第一节 家庭生计恢复力影响因素识别

一、外部扰动

外部扰动主要源于自然和社会经济环境，是生计恢复力演变的关键因素（孙彦等，2023）。具体包括公共健康危机、经济危机、自然灾害等冲击（DFID，1999），社会经济系统的压力与扰动以及政府主导的干预措施（孙彦等，2023）。冲击主要与旅游业外部市场风险有关，在很大程度上是不可预测和无法控制的，但它们造成的后果可能在宏观和微观层面对旅游生计造成致命影响（Shen 等，2008）。社会经济发展和政策环境变化，对生计的扰动也日益显著（王晨，2019）。近年来，在云南旅游产业转型升级和高质量发展背景下，案例地面临的扰动越来越复杂，外部环境的冲击（唐文跃等，2022）、政策变动（李玉山等，2021；李聪等，2019；李川等，2022）等因素对社区居民生计的扰动越来越明显，影响当地旅游社区可持续发展以及家庭生计的稳定。

首先，公共卫生事件给全球经济社会发展带来了前所未有的冲击，严重影响了经济社会的正常发展和增长。使得部分民众的生计活动停滞、生计产出受限、生计水平下降等（赵旭等，2022；唐文跃等，2022；Zhao 等，2023），并且生计的停滞会导致收支不平衡，减少家庭储蓄，金融资本进一步降低。旅游业由于个人流动性、空间集聚性、产业整合性和环境依赖性等因素，受到的影响更为严重。2020 年，全球 100% 的目的地都实施了旅行限制，27% 的目的地对国际旅游完全关闭通道。这导致 2020 年全球国际游客人数比 2019 年减少 74%，国际旅游收入损失 1.3 万亿美元，1 亿~1.2 亿旅游工作岗位面临风险（联合国世界旅游组织，2021 年）。国内 2020 年旅游人数为 28.79 亿人次，同比下降了 52.1%，国内旅游总收入为 22286 亿元，同比下降 61.1%。云南的旅游社区受到直接的影响，导致了收入的大幅度减少。

其次，社会经济系统压力及扰动同样对旅游社区居民生计恢复力产生影响。旅游波动严重的时候，案例地财政收入以及旅游经营店铺都有所减少。和顺镇 2021 年全镇地方财政总收入完成 867.5 万元，比上年减少 268.5 万元，下降 23.66%，喜洲镇 2021 年完成财政总收入 4479.72 万元，同比减少 20.89%。调研期间喜洲村主街道商铺关闭的有 82 间，占总商铺（275 间）的 29.8%，其中关闭并挂牌出（转）租的有 21 家（占比 7.6%）（尚前浪等，2022）。和顺古镇 2020 年居民餐馆数量减少最多，由 2019 年的 169 户减少到 2020 年的 96 户。财政收入的下降以及店铺的减少体现了特殊时期对当地经济水平以及旅游经营家庭的影响。根据案例地实际情况，旅游社区的可进入性以及交通的便捷性对旅游社区的发展同样重要。2009 年 1 月 23 日，腾冲驼峰机场正式通航，推动了腾冲的发展。2022年昆明到保山高铁的开通进一步推动了昆明至保山沿线各州市的旅游协作发展。

最后，政府主导的干预措施通过直接或间接影响农户各类资本的可得性促使生计恢复力发生变化（孙彦等，2023）。乡村振兴、扶贫脱贫（李玉山等，2021）、全域旅游、新型城镇化（李聪等，2019）、易地扶贫（李川等，2022）、生态补偿（史玉丁等，2019）等国家政策的颁布，以及为了促进旅游的发展而制定的法律法规、政策、制度、具体的措施办法等都对旅游社区的发展及居民的生计产生了巨大的影响。其中喜洲村受大理洱海生态治理政策影响，建筑业、渔业受到影响，客栈餐馆的开办以及古院落的开发都因为严格的审批程序，受到了一定的限制。喜洲与和顺都提出通过旅游规划来确定旅游发展的基本原则、发展方向以及重点内容，完善旅游相关的规章制度来规范旅游市场，发布古镇保护计划来更好地保护当地文化遗产。

二、旅游社区管理

旅游社区的管理对于保障旅游系统的和谐运行和发展至关重要。个人、政府、非政府组织、企业和游客相互作用，各方的行为可能对个人生计产生直接或间接影响。因此，组织的管理过程对于确保旅游系统和谐运行及发展至关重要（Shen等，2008）。部分学者已经对机构和社会机构在塑造生计恢复力方面的作用进行了强调（Speranza等，2014；Chen等，2020）。旅游社区的管理机构主要为旅游开发公司与当地政府，两者决定了旅游社区的发展方向、发展原则、发展模式、规章制度等，这些发展变化直接影响社区家庭的生计选择和生计结果（Shen等，2008；余汝艺等，2023）。地方政府是旅游社区适应性管理的政策选择主体，也是系统中学习能力最强、对外界环境变化响应最快的组成部分（左迪，2022），其较高的适应性管理能力可以降低旅游社区的脆弱性。

在喜洲村，政府发挥主导作用，与大理旅游古镇开发有限公司合作编制规划进行旅游开发活动。然而，当地居民在旅游商品经济方面的能力和文化技能运用方面存在欠缺，政府通过指导和深度挖掘喜洲的历史文化价值来解决这一问题。政府采取了一系列措施，如发展传统工艺、活化利用古民居建筑、推出品牌产品（如"喜米""喜油"等）、开展农旅融合等，以帮助当地居民逐步参与旅游活动并获得收益。

水碓村的管理主体在旅游开发过程中完善了旅游相关的规章制度，为和顺的旅游发展提供了保障。他们成立了和顺古镇保护管理局，实施和顺古镇保护条例，确保镇内建筑的依法保护。此外，他们还完善了基础设施建设，新建了多种项目，推动了和顺古镇旅游的跨越式发展。他们还修建了文旅商品街和酒吧、特色小吃街，促进了当地居民参与旅游经营，并提高了当地居民的收入水平。此外，他们还承担了当地居民的养老保险费用，减轻了居民的生活负担。

三、家庭自身因素

在生计恢复力的考量中，人们应对冲击的能力被视为分析的核心（Speranza 等，2014）。这一概念主要由缓冲能力、自组织能力、学习能力和文化适应力四个维度构成。缓冲能力被认为是构建生计恢复力的基础，它主要表现为家庭的生计资本，决定了家庭的行为内容和方式，是鼓励居民改善生计的重要基本条件（Li 等，2019）。自组织能力被视为构建生计恢复力的优化因素，代表了家庭形成弹性网络以及融入当地社会、经济和制度环境的能力（Zhou 等，2021）。通过利用外部机会与资源，家庭可以自行调整生计策略、组织和调节生计行为。学习能力被视为生计恢复力的推动因素，它决定了家庭如何发展其生计恢复力。家庭通过对周围环境的感知以及学习和模仿他人的生计行为来决定"做什么"。此外，预见潜在风险、抵御可能困境和收集过去经验的能力有助于家庭提高其生计弹性水平（Li 等，2019）。文化适应力被认为是生计恢复力的核心要素，是人们用来应对生计威胁和可持续发展的最宝贵资产之一（Daskon，2010）。

缓冲能力作为生计恢复力的基础，使家庭能够利用生计资本来增加各种生计活动的可能性，同时积累的资本可以更好地抵御外部风险。生计资本的提升促进了学习能力的发展，增强了形成弹性网络的能力。学习能力通过收集经验与信息来选择更佳的生计方式。自组织能力的提升改善了家庭与外部组织的协调与合作（Li 等，2019）。文化适应力为家庭带来了强大的社会资本，进一步提升了自组织能力。与缓冲能力和学习能力相结合，文化适应力带来了新的文化生计方式。这些生计行为决定了家庭的生计表现，反映了生计恢复力的水平。较高的生计恢复力水平提升了家庭获取更多所需资源的能力。各维度与相应的生计行为相互影响，形成了生计恢复力的正循环。

此外，生计策略的选择也影响着生计恢复力的水平。缓冲能力、学习能力、自组织能力以及文化适应力影响着生计策略的选择。在不同的制度和政治环境、不同的背景下受到调节后，不同的生计策略会产生不同的生计结果，进而进一步影响家庭调整生计结构和生计策略以适应外部变化，提升生计恢复力水平。旅游兼业型生计策略家庭的生计恢复力水平较高，旅游型生计策略家庭次之，其他型生计策略家庭生计恢复力水平最低。当干扰发生时，游客人数减少限制了旅游社区家庭的生计来源，破坏了家庭的生计稳定性。如果当地家庭不主动寻求其他替代性生计方式，选择在家待业或辛苦维持入不敷出的单一旅游经营活动，其生计水平会大幅下降。如果当地居民能够主动寻求新的生计方式，实现生计多样化，就可增强对外界干扰的抵御与适应能力，提升生计恢复力水平，实现生计转型。旅游社区家庭生计恢复力影响因素如表 5-1 所示。

表 5-1　旅游社区家庭生计恢复力影响因素

影响因素			
劳动能力（S_1）	政策知晓度（S_7）	信息获取能力（S_{13}）	文化运用度（S_{19}）
住房状况（S_2）	政策扶持（S_8）	分享的能力（S_{14}）	外部干扰（S_{20}）
生活和生产资产（S_3）	关系网络信任（S_9）	技能培训机会（S_{15}）	旅游社区管理（S_{21}）
家庭收入（S_4）	社会支持网络（S_{10}）	未来风险应对能力（S_{16}）	家庭生计策略（S_{22}）
储蓄状况（S_5）	社区和组织参与（S_{11}）	文化自信度（S_{17}）	
借贷能力（S_6）	教育程度（S_{12}）	文化拥有度（S_{18}）	

资料来源：作者根据研究资料整理

第二节 家庭生计恢复力影响作用机制

通过对家庭生计恢复力影响因素的识别，确定了22个影响因素，但这些影响因素并不是相互孤立的，它们之间存在相互交错的影响关系，为了确定哪些是具有强大推动力的根源影响因素，哪些是具有直接影响作用的表层影响因素，本节运用解释结构模型（ISM）方法划分影响因素层级，展现影响因素逻辑关系，分析影响因素之间的相互作用，找出家庭生计恢复力影响因素作用的主导传递路径。

一、家庭生计恢复力影响因素 ISM 模型构建

为了分析旅游社区家庭生计恢复力的整体影响程度，在原有影响因素基础上加上生计恢复力，确定影响因素集合 $S_i=[F_i|i=1, 2, \cdots, 23]$，其中 S_1 为劳动能力、S_2 为住房状况、S_3 为生活和生产资产、S_4 为家庭收入、S_5 为储蓄状况、S_6 为借贷能力、S_7 为政策知晓度、S_8 为政策扶持、S_9 为关系网络信任、S_{10} 为社会支持网络、S_{11} 为社区和组织参与、S_{12} 为教育程度、S_{13} 为信息获取能力、S_{14} 为分享的能力、S_{15} 为技能培训机会、S_{16} 为未来风险应对能力、S_{17} 为文化自信度、S_{18} 为文化拥有度、S_{19} 为文化运用度、S_{20} 为外部干扰、S_{21} 为旅游社区管理、S_{22} 为家庭生计策略、S_{23} 为生计恢复力。得到邻接矩阵 A（见表5-2），通过布尔矩阵运算规则生成可达矩阵 M（见表5-3），对可达矩阵进行层次化处理后得到可达集 $R(S_i)$、先行集 $Q(S_i)$、共同集 $C(S_i)$（见表5-4），由此得出旅游社区家庭生计恢复力影响因素的层级关系，从而构建出旅游社区家庭生计恢复力影响因素的 ISM 模型（见图5-1）。

表 5-2　邻接矩阵 A

	S_1	S_2	S_3	S_4	S_5	S_6	S_7	S_8	S_9	S_{10}	S_{11}	S_{12}	S_{13}	S_{14}	S_{15}	S_{16}	S_{17}	S_{18}	S_{19}	S_{20}	S_{21}	S_{22}	S_{23}
S_1	0	0	0	0	0	0	0	0	0	0	0	0	0	0	0	1	0	0	0	0	0	0	1
S_2	0	0	0	0	0	0	0	0	0	0	0	0	0	0	0	0	0	0	0	0	0	0	1
S_3	0	0	0	1	0	1	0	0	0	0	0	0	0	0	0	0	0	0	0	0	0	0	1
S_4	0	0	1	0	1	0	1	0	0	1	1	0	1	1	0	1	1	0	0	1	0	0	1
S_5	0	0	0	1	0	0	0	0	0	0	0	0	0	0	0	0	0	0	0	0	0	0	1
S_6	0	0	0	0	0	0	0	0	0	0	0	0	1	0	0	1	0	0	0	0	0	0	1
S_7	0	0	0	1	0	0	0	0	0	0	0	0	0	0	0	0	0	0	0	0	0	0	1
S_8	0	0	0	0	0	0	0	0	0	0	0	0	0	0	0	1	0	0	0	0	0	0	1
S_9	0	0	0	0	0	0	0	0	0	0	0	0	1	0	0	0	0	0	0	0	0	0	1
S_{10}	0	0	0	1	0	1	1	0	0	0	0	0	0	1	0	1	0	0	0	0	0	0	1
S_{11}	0	0	0	1	0	0	0	0	0	0	0	0	0	0	0	0	0	0	0	0	0	0	1
S_{12}	0	0	0	0	0	0	0	0	0	0	0	0	0	1	0	1	0	0	0	0	0	0	1
S_{13}	0	0	0	1	0	0	0	0	1	0	0	0	0	0	0	0	0	0	0	0	0	0	1
S_{14}	0	0	0	1	0	0	0	0	0	1	0	1	0	0	0	0	0	0	0	0	0	0	1
S_{15}	0	0	0	0	0	1	0	0	0	0	0	0	1	1	0	1	0	0	0	0	0	0	1
S_{16}	1	0	0	1	0	0	0	1	0	1	0	1	0	0	0	0	0	0	0	0	0	0	1
S_{17}	0	0	0	1	0	0	0	0	0	0	0	0	1	1	0	1	0	0	1	1	0	0	1
S_{18}	0	0	0	0	0	0	0	0	0	0	0	0	0	0	0	0	1	0	0	0	0	0	1
S_{19}	0	0	0	0	0	0	0	0	0	0	0	0	1	0	0	1	1	0	0	0	0	0	1

续表

	S_1	S_2	S_3	S_4	S_5	S_6	S_7	S_8	S_9	S_{10}	S_{11}	S_{12}	S_{13}	S_{14}	S_{15}	S_{16}	S_{17}	S_{18}	S_{19}	S_{20}	S_{21}	S_{22}	S_{23}
S_{20}	0	0	0	0	0	0	0	0	0	0	0	0	1	1	1	1	0	0	0	1	0	0	1
S_{21}	0	0	0	1	0	1	1	1	0	1	0	1	0	1	1	1	1	0	0	0	1	0	1
S_{22}	0	0	0	1	1	1	0	0	0	0	0	0	1	1	0	0	0	0	0	0	0	1	1
S_{23}	0	0	0	0	0	0	0	0	0	0	0	0	0	0	0	0	0	0	0	0	0	0	0

资料来源：作者根据数据分析整理

表 5-3　可达矩阵 M

	S_1	S_2	S_3	S_4	S_5	S_6	S_7	S_8	S_9	S_{10}	S_{11}	S_{12}	S_{13}	S_{14}	S_{15}	S_{16}	S_{17}	S_{18}	S_{19}	S_{20}	S_{21}	S_{22}	S_{23}
S_1	1	0	1	1	1	1	1	1	0	1	1	1	0	1	0	0	1	0	0	1	0	0	1
S_2	0	1	0	1	0	0	0	0	0	1	1	1	0	0	0	0	0	0	0	0	0	0	1
S_3	1	0	1	0	0	0	0	0	0	0	0	1	0	0	0	0	0	0	0	0	0	0	1
S_4	0	0	0	1	0	0	0	0	0	1	0	0	0	1	0	0	1	0	0	1	0	0	1
S_5	0	0	1	0	1	0	1	0	0	1	0	0	0	0	0	0	0	0	0	1	0	0	1
S_6	0	0	0	0	0	1	1	0	0	0	0	0	0	1	0	0	0	0	0	0	0	0	1
S_7	0	0	0	1	0	1	1	0	0	0	0	0	0	1	0	0	1	0	0	1	0	0	1
S_8	0	0	0	0	0	0	0	1	0	0	0	0	0	0	0	1	0	1	0	0	1	0	1
S_9	0	0	0	0	0	0	0	0	1	0	1	0	0	0	0	0	0	0	0	0	0	0	1
S_{10}	0	0	0	0	0	1	0	0	0	1	0	1	0	1	0	1	0	0	0	1	0	0	1
S_{11}	0	0	1	0	1	1	1	1	0	1	1	1	0	1	0	1	1	0	0	1	0	0	1

续表

	S_1	S_2	S_3	S_4	S_5	S_6	S_7	S_8	S_9	S_{10}	S_{11}	S_{12}	S_{13}	S_{14}	S_{15}	S_{16}	S_{17}	S_{18}	S_{19}	S_{20}	S_{21}	S_{22}	S_{23}
S_{12}	0	0	1	1	1	1	1	0	0	1	1	1	1	1	0	1	1	0	0	1	0	0	1
S_{13}	0	0	1	1	1	1	1	0	0	0	1	1	0	1	1	1	1	0	0	1	0	0	1
S_{14}	0	0	0	0	0	0	0	0	0	0	0	0	0	1	0	0	1	0	0	0	0	0	1
S_{15}	0	0	1	1	1	0	0	0	0	0	1	1	0	1	1	1	1	1	0	1	0	0	1
S_{16}	0	0	1	1	1	1	0	0	1	0	1	0	1	1	0	1	1	0	0	1	0	0	1
S_{17}	0	0	1	1	1	1	0	0	0	1	1	0	1	1	0	1	1	1	1	1	0	0	1
S_{18}	0	0	1	1	1	1	0	0	1	1	1	1	1	1	0	1	1	0	1	1	1	0	1
S_{19}	0	0	1	1	1	1	0	1	0	0	1	1	0	1	0	1	0	0	0	1	0	0	1
S_{20}	0	0	1	1	1	1	1	0	0	1	1	1	1	1	1	1	1	1	0	1	1	0	1
S_{21}	0	0	0	0	0	0	1	0	0	0	0	0	0	1	0	0	0	0	0	0	1	1	1
S_{22}	0	0	0	0	0	0	0	0	0	0	0	0	0	0	0	0	0	0	0	0	0	1	1
S_{23}	0	0	0	0	0	0	0	0	0	0	0	0	0	0	0	0	0	0	0	0	0	0	1

资料来源：作者根据数据分析整理

表 5-4 可达矩阵的影响因素集合

可达集合与先行集合及其交集表

	可达集 $R(S_i)$	先行集 $Q(S_i)$	共同集 $C(S_i)$
1	1, 3, 4, 5, 6, 7, 10, 11, 13, 14, 16, 17, 20, 23	1	1
2	2, 23	2	2

续表

可达集合与先行集合及其交集表

	可达集 $R(S_i)$	先行集 $Q(S_i)$	共同集 $C(S_i)$
3	3, 23	1, 3, 4, 5, 7, 8, 11, 12, 13, 15, 16, 17, 18, 19, 20, 21, 22	3
4	3, 4, 5, 6, 7, 10, 11, 13, 14, 16, 17, 20, 23	1, 4, 5, 7, 8, 11, 12, 13, 15, 16, 17, 18, 19, 20, 21, 22	4, 5, 7, 11, 13, 16, 17, 20
5	3, 4, 5, 6, 7, 10, 11, 13, 14, 16, 17, 20, 23	1, 4, 5, 7, 8, 11, 12, 13, 15, 16, 17, 18, 19, 20, 21, 22	4, 5, 7, 11, 13, 16, 17, 20
6	6, 23	1, 4, 5, 6, 7, 8, 11, 12, 13, 15, 16, 17, 18, 19, 20, 21, 22	6
7	3, 4, 5, 6, 7, 10, 11, 13, 14, 16, 17, 20, 23	1, 4, 5, 7, 8, 11, 12, 13, 15, 16, 17, 18, 19, 20, 21, 22	4, 5, 7, 11, 13, 16, 17, 20
8	3, 4, 5, 6, 7, 8, 10, 11, 13, 14, 16, 17, 20, 23	8, 21	8
9	9, 23	9	9
10	10, 23	1, 4, 5, 7, 8, 10, 11, 12, 13, 15, 16, 17, 18, 19, 20, 21, 22	10
11	3, 4, 5, 6, 7, 10, 11, 13, 14, 16, 17, 20, 23	1, 4, 5, 7, 8, 11, 12, 13, 15, 16, 17, 18, 19, 20, 21, 22	4, 5, 7, 11, 13, 16, 17, 20
12	3, 4, 5, 6, 7, 10, 11, 12, 13, 14, 16, 17, 20, 23	12	12
13	3, 4, 5, 6, 7, 10, 11, 13, 14, 16, 17, 20, 23	1, 4, 5, 7, 8, 11, 12, 13, 15, 16, 17, 18, 19, 20, 21, 22	4, 5, 7, 11, 13, 16, 17, 20

续表

可达集合与先行集合及其交集表

	可达集 $R(S_i)$	先行集 $Q(S_i)$	共同集 $C(S_i)$
14	14, 23	1, 4, 5, 7, 8, 11, 12, 13, 14, 15, 16, 17, 18, 19, 20, 21, 22	14
15	3, 4, 5, 6, 7, 10, 11, 13, 14, 15, 16, 17, 20, 23	15, 21	15
16	3, 4, 5, 6, 7, 10, 11, 13, 14, 16, 17, 20, 23	1, 4, 5, 7, 8, 11, 12, 13, 15, 16, 17, 18, 19, 20, 21, 22	4, 5, 7, 11, 13, 16, 17, 20
17	3, 4, 5, 6, 7, 10, 11, 13, 14, 16, 17, 20, 23	1, 4, 5, 7, 8, 11, 12, 13, 15, 16, 17, 18, 19, 20, 21, 22	4, 5, 7, 11, 13, 16, 17, 20
18	3, 4, 5, 6, 7, 10, 11, 13, 14, 16, 17, 18, 19, 20, 23	18	18
19	3, 4, 5, 6, 7, 10, 11, 13, 14, 16, 17, 19, 20, 23	18, 19	19
20	3, 4, 5, 6, 7, 10, 11, 13, 14, 16, 17, 20, 23	1, 4, 5, 7, 8, 11, 12, 13, 15, 16, 17, 18, 19, 20, 21, 22	4, 5, 7, 11, 13, 16, 17, 20
21	3, 4, 5, 6, 7, 8, 10, 11, 13, 14, 15, 16, 17, 20, 21, 23	21	21
22	3, 4, 5, 6, 7, 10, 11, 13, 14, 16, 17, 20, 22, 23	22	22
23	23	1, 2, 3, 4, 5, 6, 7, 8, 9, 10, 11, 12, 13, 14, 15, 16, 17, 18, 19, 20, 21, 22, 23	23

资料来源：作者根据数据分析整理

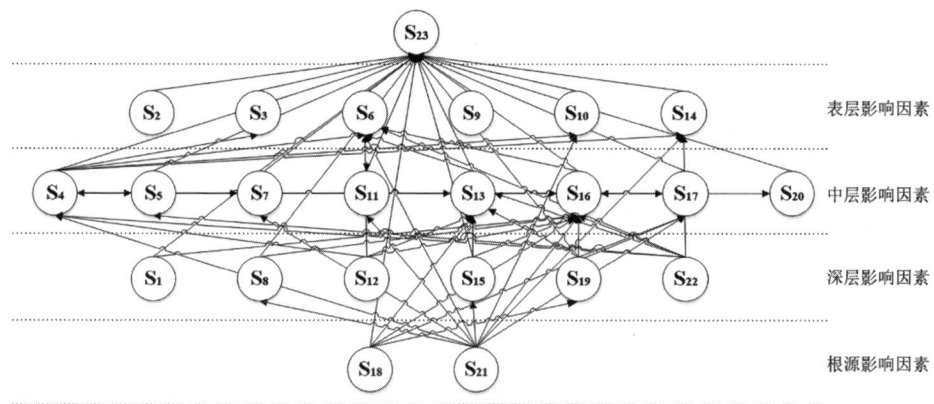

图 5-1 旅游社区家庭生计恢复力影响因素的 ISM 模型图
资料来源：作者根据分析数据绘制

二、家庭生计恢复力影响因素的作用机制

（一）各层级影响因素分析

利用 ISM 模型对旅游社区家庭生计恢复力影响因素进行层级划分，分别为：根源影响因素、深层影响因素、中层影响因素、表层影响因素。

1. 根源影响因素分析

旅游社区管理（S_{21}）和文化拥有度（S_{18}）被归类为根源影响因素，虽然它们不直接影响旅游社区家庭的生计恢复力，但会直接或间接影响其他层级因素。对根源影响因素的调控效果可以通过深层次的关联路径扩散至各个层级，产生持久的影响。

一方面，旅游社区管理能力从社区层面影响家庭层面的各因素，从而提高家庭生计恢复力。政府与公司是旅游社区适应性管理的主体，在遭受外界冲击时，旅游社区管理主体通过为当地居民提供政策扶持以及技能培训机会，帮助社区家庭提高适应能力。旅游社区管理水平越高，旅游社区发展趋势越好，越能吸引更多游客增加当地居民的旅游收入。如果管理主体能够根据旅游社区的实际情况，与社区协作并有效利用科学知识，将更有助于提升当地家庭对文化的认同与自信。

另一方面,家庭层面的文化拥有度是对旅游社区家庭生计恢复力水平产生重要影响的根源因素。丰富的旅游文化资源是旅游社区高质量发展的先决条件,有效利用文化资源可以激发经济和社会效益。对社区而言,独特且丰富的文化资源提高了旅游社区的异质性,能够获得更多竞争优势;对家庭而言,拥有更多的文化资源意味着更多运用文化于旅游经营的机会,增加参与旅游经营的可能性,能够提升生计选择的多样性和灵活性。

2. 深层影响因素分析

劳动能力(S_1)、政策扶持(S_8)、教育程度(S_{12})、技能培训机会(S_{15})、文化运用度(S_{19})、家庭生计策略(S_{22})作为深层影响因素,受根源因素的影响的同时影响着中层、表层影响因素。政府的政策扶持降低了旅游社区家庭借贷的门槛,提高了他们的借贷能力。教育程度的高低在一定程度上决定了家庭成员工作机会的好坏,进而直接影响家庭收入,并且教育程度越高,获取信息的渠道越多元,信息获取能力越高。技能培训机会可以在一定程度上提高信息获取能力,是因为在技能培训的过程中,扩大了自身的交友范围,如果是政府组织的培训,在一定程度上还可以获得社区下一步发展方向的有关信息。

文化运用度可以提高文化自信度,是因为在旅游经营过程中对文化的有效利用可以帮助家庭更好地经营,并且当地传统文化在旅游发展过程中展现的生命力也会进一步提升旅游地家庭的文化自信。文化运用度还可以直接影响家庭信息获取能力,是因为家庭为了更好地运用所拥有的文化,会主动学习其他家庭如何将文化有效地利用到日常旅游经营中。家庭生计策略会直接影响家庭收入、储蓄状况、借贷能力、信息获取能力以及分享的能力,从不同生计策略家庭生计恢复力对比可知,生计策略的选择直接影响家庭的金融资本,多样性生计获得的收入最多,并且生计方式越多样,结交的朋友越多,信息获取能力以及分享的能力越强。

从ISM模型中可以看出,政策扶持、技能培训机会、劳动能力、教育程度、文化运用度、家庭生计策略都会直接影响家庭未来风险应对能力。政策扶持、技能培训机会可以减轻家庭负担,帮助家庭获取技能知识,提供更多的生计选择,进而提升家庭未来风险应对的能力。较多的家庭成员为家庭开展多样性生计提供人力资本，教育程度帮助家庭把握发展机遇引导家庭选择更好的生计方式，文化运用度为家庭提供更多元的生计方式，家庭可选择的生计方式越多，未来风险应对能力越强。

3. 中层影响因素分析

家庭收入（S_4）、储蓄状况（S_5）、政策知晓度（S_7）、社区和组织参与（S_{11}）、信息获取能力（S_{13}）、未来风险应对能力（S_{16}）、文化自信度（S_{17}）、外部干扰（S_{20}）是旅游社区家庭生计恢复力的中层影响因素，受深层因素、根源因素影响，同时影响着表层因素，并且中层因素之间存在相互影响。

首先，中层影响因素对表层影响因素产生影响，其中家庭收入、信息获取能力、未来风险应对能力都会对家庭分享能力以及借贷能力产生影响。家庭生计越多样，收入越稳定，信息渠道越多，从而为家庭提供的借贷机会以及信息资源越多，家庭的借贷能力以及分享能力越强。

其次，中层影响因素之间还会相互之间产生影响。外部干扰作为中层影响因素对家庭生计策略的转变以及家庭层面家庭收入、储蓄状况、未来风险应对能力等多种因素都产生影响。为了抵御外部干扰，需要进一步加强受外部干扰的因素来提高生计恢复力。家庭收入以及储蓄状况越好，越有利于家庭抵御外部干扰。储蓄状况、政策知晓度、社区和组织参与、文化自信度对未来风险应对能力产生影响，加强以上因素提高未来风险应对能力，从而提高对外部干扰的抵御能力。外部疫情以及政策变动都会直接影响家庭生计的选择以及生计的稳定，从而对未来风险应对能力产生影响，政策知晓度以及社区和组织参与情况会帮助旅游社区家庭得到更多的政策扶持机会以及发展机会，提高生计多样化的能力。

4. 表层影响因素分析

住房状况（S_2）、生活和生产资产（S_3）、借贷能力（S_6）、关系网络信任（S_9）、社会支持网络（S_{10}）、分享的能力（S_{14}）是表层影响因素，对旅游社区家庭生计恢复力水平的影响最直接、最迅速。

住房状况、生活和生产资产作为物质资本，在困难时期可以转化为金融资本。例如，喜洲村和水碓村的部分居民将自己的民居租给外地经营户以获取租金。较高的借贷能力可以帮助旅游经营户在特殊时期获得更多的资金来渡过难关，也有助于家庭获得其他生计方式所需的资金。较高的关系网络信任和社会支持网络有助于旅游社区家庭在恢复时期获得更多的帮助和支持。家庭信息技术、知识和经验交换的能力与频率越高，就越能获取更多的信息、知识和发展机会。

（二）生计恢复力影响因素作用机制路径

为了更好地研究影响因素对社区家庭生计恢复力的影响作用，进一步总结由关键影响因素形成的能够产生深远影响的3条内在作用机制路径。

（1）路径1：文化拥有度（S_{18}）—文化运用度（S_{19}）—信息获取能力（S_{13}）+未来风险应对能力（S_{16}）+文化自信度（S_{17}）—分享的能力（S_{14}）+借贷能力（S_6）—生计恢复力（S_{23}）。

此条路径的大致内涵和过程为：政府充分挖掘当地历史文化价值，将文化的潜在价值转化为实际价值，再开发传统文化技能，加大文化技能培训，提高社区家庭对传统文化的运用。传统文化技能的运用帮助家庭在旅游发展中获得更多的竞争优势，促进了文化生计的形成以及生计资本的增加，提高了家庭未来风险应对能力，并且传统文化经济价值的实现，达成了文化价值共识，提升了当地居民的文化认同以及文化自信。在学习如何运用文化技能的过程中，由于进行了主动的学习和交流，增加了家庭获取信息的能力。与此同时，信息获取能力、未来风险应对能力以及文化自信度的提高可以加强家庭分享的能力以及借贷能力，进而提升家庭生计恢复力水平。信息获取能力和文化自信度会促进当地居民通过共同的文化体系去分享自己的技能、习俗以及文化运用的经验来确保家庭生计战略以及生计恢复力水平。信息获取能力可以帮助家庭获得更多的借贷信息，发现更多的借贷机会，文化自信度有助于维护和建立强大的社会资本，使得社区居民之间建立相互信任、相互依赖的关系，提高了邻里与亲戚借贷的可能性，未来风险应对能力越高，生计方式越多样，认识的人以及获取的信息越多，从而借贷能力越强。

（2）路径2：旅游社区管理（S_{21}）—政策扶持（S_8）+技能培训机会（S_{15}）—信息获取能力（S_{13}）+未来风险应对能力（S_{16}）—分享的能力（S_{14}）+借贷能力（S_6）—生计恢复力（S_{23}）。

路径内涵为：政府与公司迅速应对旅游冲击，加强适应性管理，提升家庭生计恢复能力。通过增加政策扶持和提供技能培训机会来帮助居民应对困境。政策扶持和技能培训机会的增加将提高信息获取能力和未来风险应对能力。例如，在困难时期，喜洲镇政府呼吁当地居民降低房租，减轻旅游经营户的财务压力。家庭参与技能培训的频次越高，获得的技能知识越丰富，就越容易找到稳定的工作，从而确保家庭生计的稳定，并提高信息获取和未来风险应对的能力。

（3）路径3：旅游社区管理（S_{21}）—政策知晓度（S_7）+ 社区和组织参与（S_{11}）+ 文化自信度（S_{17}）—信息获取能力（S_{13}）+ 未来风险应对能力（S_{16}）—分享的能力（S_{14}）+ 借贷能力（S_6）—生计恢复力（S_{23}）。

其中的关键要素说明如下：除了直接影响政策扶持和技能培训机会外，旅游社区管理还直接影响政策知晓度、社区和组织参与以及文化自信度，从而间接影响信息获取能力和未来风险应对能力。政府和公司的管理可以提高居民对政策的了解程度和社区参与度。在喜洲，外部环境和政策限制了经营许可和房屋建设等活动。虽然当地居民意识到洱海生态治理的重要性和三线划定的要求，但对具体政策要求仍了解得不全面。

例如，喜洲当地居民认为因洱海保护政策的影响，暂停了营业执照的办理，实际上，尽管营业执照的办理仍可进行，但必须符合严格的排污和消防标准。这表明政策宣传不足，地方政府可以加强政策宣传，提高居民对政策的了解。如果政府和公司的管理能赢得居民认同，提升居民生活水平，那么政府组织的活动将得到更多居民的参与。喜洲地方政府和公司挖掘本地传统文化，实施民艺中心、编织馆和转角楼等文化产业项目，促进传统工艺与产业的融合，形成特色产业，吸引更多游客，增加当地居民的收入，并提升了社区家庭对当地文化的自信度。

政策知晓度、社区和组织参与以及文化自信度会影响家庭的信息获取能力和未来风险应对能力。政策知晓度越高，社区和组织参与程度越高，家庭的信息获取能力就越强。当地居民对本土文化的自信将支持他们充分利用本土文化和传统知识的创造性资源，以满足多样化的生计目标，增强生计安全和可持续性，并提升家庭未来风险应对能力。

总之，这三条路径非常清晰地阐述了旅游社区管理、政策扶持、技能培训机会以及文化因素对家庭生计恢复力的影响机制，展现了由根源影响因素启动的各因素之间的影响传导过程。从中可以看出，缓冲能力、学习能力、自组织能力、文化适应力、家庭生计策略、外部干扰和社区管理等因素并不是孤立存在的，它们相互影响、相互制约。对于旅游社区家庭来说，任何一个因素的不足都会限制家庭生计恢复力水平。上述多层递阶结构模型较为完整地把握了各因素作为节点的整体结构。此外，还可以通过具体分析影响因素之间的关联路径来进行改进。例如，要提高旅游社区家庭的未来风险应对能力，可以追溯到根源影响因素，并找到对其施加影响的深层次因素，即可通过增强政策知晓度、社区和组织参与以及文化自信度来提高未来风险应对能力。

这些路径的分析还为理解影响因素之间的相互关系提供了重要线索，为改善旅游社区家庭生计恢复力提供了可操作的建议。通过优化政策扶持、提供更多的技能培训机会、加强文化传承和挖掘等措施，可以有效提升旅游社区家庭的生计恢复力，增强其应对未来风险的能力，从而实现社区的可持续发展。

第三节　家庭生计恢复力影响因素驱动—依赖分析

本节运用交叉影响矩阵相乘（MICMAC）方法，进行影响因素的驱动力和依赖性分析，将影响因素划分为Ⅰ自治因素、Ⅱ依赖因素、Ⅲ独立因素、Ⅳ关联因素，在 ISM 基础上进一步掌握家庭生计恢复力影响因素作用效果。

一、家庭生计恢复力影响因素 MICMAC 模型构建

MICMAC 通过计算各指标的驱动力 M_i 与依赖度 N_i 来对影响因素进行分类，进一步明确各因素的影响作用。驱动力 M_i 是指该因素对其他因素的影响程度，依赖度 N_i 是指该因素受其他因素的影响程度（见表 5-5）。

表 5-5　各影响因素驱动力 M_i 和依赖度 N_i

影响因素	M_i	N_i	影响因素	M_i	N_i	影响因素	M_i	N_i
S_1	14	1	S_9	2	1	S_{17}	13	16
S_2	2	1	S_{10}	2	17	S_{18}	15	1
S_3	2	17	S_{11}	13	16	S_{19}	14	2
S_4	13	16	S_{12}	14	1	S_{20}	13	16
S_5	13	16	S_{13}	13	16	S_{21}	16	1
S_6	2	17	S_{14}	2	17	S_{22}	14	1
S_7	13	16	S_{15}	14	2	S_{23}	1	23
S_8	14	2	S_{16}	13	16			

资料来源：作者根据数据资料整理。

根据可达矩阵 M 计算各影响因素驱动力 M_i 与依赖度 N_i 的大小，并以驱动力和依赖性的平均值作为分界线，旅游社区家庭生计恢复力影响因素的 MICMAC 将各影响因素分为 4 类：Ⅰ自治因素、Ⅱ依赖因素、Ⅲ独立因素和Ⅳ关联因素（见图 5-2）。

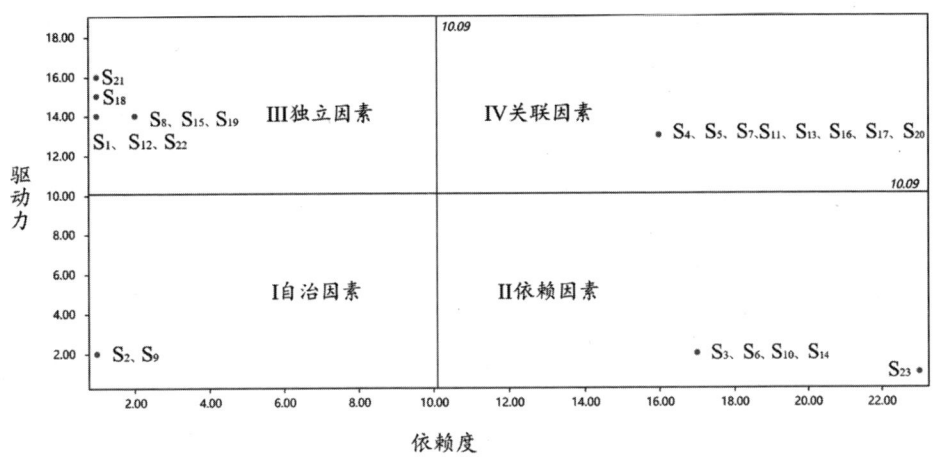

图 5-2　影响因素 MICMAC 分析结果

资料来源：作者根据分析数据绘制。

二、家庭生计恢复力影响因素的 MICMAC 结果分析

Ⅰ自治因素的共同点是驱动力和依赖度较低,主要有住房状况（S_2）、关系网络信任（S_9）。这些因素与其他因素联系较少,不受其他因素影响,是相对独立的,同时他们具有一定的驱动力与依赖度,会直接影响旅游社区家庭生计恢复力的水平,是调节生计恢复力水平首先应该关注的因素。

Ⅱ依赖因素的共同点是驱动力较低、依赖度较高,受其他因素的影响较多,属于此象限的影响因素有生活和生产资产（S_3）、借贷能力（S_6）、社会支持网络（S_{10}）、分享的能力（S_{14}）。改善此象限的因素很大程度上依赖其他因素的提高。

Ⅲ独立因素的共同点是具有较高的驱动力以及较低的依赖度,该象限的影响因素可以对其他影响因素产生重要的影响作用,属于此象限的影响因素有劳动能力（S_1）、政策扶持（S_8）、教育程度（S_{12}）、技能培训机会（S_{15}）、文化拥有度（S_{18}）、文化运用度（S_{19}）、旅游社区管理（S_{21}）、家庭生计策略（S_{22}）。这些因素受其他因素的影响较小,但对其他因素有着重要的牵引作用,是提升旅游社区家庭生计恢复力水平的核心因素。

Ⅳ关联因素的共同点是具有较高的驱动力以及较低的依赖度,属于该象限的影响因素有家庭收入（S_4）、储蓄状况（S_5）、政策知晓度（S_7）、社区和组织参与（S_{11}）、信息获取能力（S_{13}）、未来风险应对能力（S_{16}）、文化自信度（S_{17}）、外部干扰（S_{20}）。它们之间具有相互影响作用,并且会反作用影响自己。例如,家庭收入越高,未来风险应对能力越高,且未来风险应对能力越高,家庭收入越稳定。

第四节　家庭生计恢复力影响因素综合分析

根据第二节、第三节的 ISM 递阶结构与 MICMAC 分析结果图,我们构建了 ISM-MICMAC 模型,对旅游社区家庭生计恢复力影响因素进行综合分析,为提出有针对性的家庭生计恢复力提升策略奠定基础。

一、构建 ISM-MICMAC 模型

通过对影响因素 MICMAC 结果的分析，我们发现与解释结构模型的层级划分基本相符。

独立因素（Ⅲ）位于解释结构模型的根源影响因素和深层影响因素。这些因素具有高驱动力但依赖性较弱，主要起到支撑和推动其他影响因素的作用。

关联因素（Ⅳ）位于解释结构模型的中层影响因素，即过渡层，对其他影响因素起到传递与联动作用。

自治因素（Ⅰ）位于解释结构模型的表层影响因素，相对独立，与其他影响因素的相互影响较少，能够对系统发挥稳定保障作用。

依赖因素（Ⅱ）位于解释结构模型的表层影响因素，对其他影响因素有较强的依赖性，需要下层影响因素的支撑。

根据 MICMAC 分析结果，我们重新调整了家庭生计恢复力影响因素的层级，将其划分为表层影响因素、中层影响因素以及关键层影响因素（见图 5-3）。

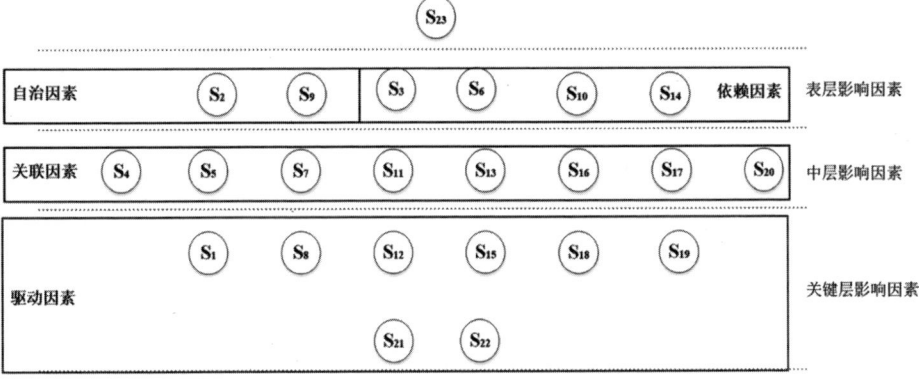

图 5-3　影响因素解释结构模型的驱动—依赖性分层图
资料来源：作者根据数据分析整理绘制

二、ISM-MICMAC 模型分析

（一）表层依赖因素分析

在 ISM-MICMAC 模型中，生活和生产资产（S_3）、借贷能力（S_6）、社会支持网络（S_{10}）、分享的能力（S_{14}）作为表层影响因素，处于模型上层，属于依赖因素。这些因素易受到中层影响因素和关键层影响因素的触发，直接影响家庭生计恢复力，可能导致家庭生计状况不稳定。这些因素需要中层和关键层影响因素的支撑，同时也受到下层影响因素的发展水平影响。例如，家庭的收入和生计策略会直接影响借贷能力和社会支持网络。因此，需要重点关注这些因素的相关因素，如直接影响分享能力、生活和生产资产、社会支持网络、借贷能力的因素，以提升家庭生计恢复力水平。

（二）表层自治因素分析

住房状况（S_2）和关系网络信任（S_9）作为表层影响因素，处于模型上层，属于自治因素。它们的驱动力和依赖度较低，意味着与其他家庭生计恢复力影响因素的联系较少，相对稳定，具有一定的自主性。从 ISM 模型的分析结果来看，住房状况和关系网络信任不影响其他因素，也不受其他因素影响，直接对家庭生计恢复力产生影响，因此这两个因素在提升家庭生计恢复力方面起到稳定保障作用。

（三）中层关联因素分析

家庭收入（S_4）、储蓄状况（S_5）、政策知晓度（S_7）、社区和组织参与（S_{11}）、信息获取能力（S_{13}）、未来风险应对能力（S_{16}）、文化自信度（S_{17}）、外部干扰（S_{20}）作为中层影响因素，属于关联因素，说明对旅游社区家庭生计恢复力起到传递关键层影响作用到表层，承担着相当重要传递作用，因此在提升家庭生计恢复力水平时，应该加大对这些因素的关注，注重这些因素的薄弱之处，微小的缺陷也可能通过影响表层因素的作用效果，给家庭生计恢复力带来不利的影响。

作为中层影响因素的家庭收入（S_4）、储蓄状况（S_5）、政策知晓度（S_7）、社区和组织参与（S_{11}）、信息获取能力（S_{13}）、未来风险应对能力（S_{16}）、文化自信度（S_{17}）、外部干扰（S_{20}）属于关联因素。它们在模型中位于中间位置，扮演着传递关键层影响到表层影响的角色，对于家庭生计恢复力的提升起着至关重要的作用。外部干扰虽然不直接影响关键层和表层因素，但它会影响家庭收入和储蓄状况，并间接影响信息获取能力和未来风险应对能力。因此，通过改善直接影响家庭收入的相关因素来提高家庭收入水平，加强家庭对外部干扰的抵御能力，提高家庭的未来风险应对能力和信息获取能力，可以减弱外部干扰对生计恢复力的影响。

（四）关键层驱动因素分析

劳动能力（S_1）、政策扶持（S_8）、教育程度（S_{12}）、技能培训机会（S_{15}）、文化拥有度（S_{18}）、文化运用度（S_{19}）、旅游社区管理（S_{21}）、家庭生计策略（S_{22}）作为关键层因素，属于独立因素群。这些因素位于模型底层，驱动力强，对其他因素有较强的推动作用。虽然它们不直接影响家庭生计恢复力，但通过对中层和表层影响因素的影响，间接地影响了家庭生计恢复力水平。由于这些因素的依赖性较低，改进它们的条件相对宽松。因此，重点应当放在提升这些关键层驱动因素上。例如，政府和社会可以向教育领域投入更多资金和资源，促进家庭的多样化生计方式，增加政策扶持和技能培训机会，提升旅游社区管理水平，以进一步提高家庭生计恢复力水平。

旅游社区管理水平作为关键层驱动因素对家庭生计恢复力具有较强的保障作用，提高社区管理水平，发挥对家庭生计恢复力的保障作用，从而进一步提升家庭政策知晓度、信息获取能力、政策扶持、家庭收入、社会支持网络、未来风险应对能力、社区和组织参与、文化自信度、借贷能力，最终提高家庭生计恢复力水平。

三、家庭生计恢复力影响因素综合分析

为了阐明旅游地家庭生计恢复力关键影响因素，选取家庭生计恢复力作为因变量，21个指标作为自变量，进行多元回归分析。为避免指标间共线性现

象，采用逐步回归方式进行运算，根据影响程度（β）筛选出10个影响因素，将筛选出的影响因素纳入其他模型进行多元回归分析，得出影响因素对不同生计策略以及不同案例地的影响程度。共构建了3个层次6个模型（见表5-6），模型1是全样本旅游地家庭生计恢复力对各变量的回归分析，模型2、模型3、模型4分别是旅游型、旅游兼业型与其他型三种生计策略家庭影响因素分析，模型5、模型6分别是喜洲村与双廊村两个案例地的分析结果。

表5-6 家庭生计恢复力影响因素分析

变量	模型1	模型2	模型3	模型4	模型5	模型6
家庭收入	0.169***	0.090***	0.232***	0.096*	0.239***	0.101***
储蓄状况	0.206***	0.339***	0.206***	0.144***	0.171***	0.245***
借贷能力	0.139***	0.077**	0.116***	0.192***	0.127***	0.163***
政策知晓度	0.255***	0.286***	0.260***	0.230***	0.257***	0.257***
社会支持网络	0.166***	0.159***	0.170***	0.112***	0.152***	0.144***
分享的能力	0.120***	0.113**	0.141***	0.129***	0.136***	0.118***
教育程度	0.160***	0.160***	0.176***	0.113***	0.201***	0.098***
文化自信度	0.250***	0.276***	0.270***	0.257***	0.281***	0.239***
文化拥有度	0.164***	0.222***	0.137***	0.202***	0.122***	0.194***
文化运用度	0.108***	0.027	0.126**	0.142***	0.083*	0.149***
常数	0.082	0.090	0.087	0.087	0.081	0.078
样本量	198	48	96	54	101	97
R^2	0.928	0.961	0.878	0.946	0.910	0.944
F检验	255.886***	118.369***	69.180***	94.203***	163.979***	163.979***

注：* 表示 $p<0.05$，** 表示 $p<0.01$，*** 表示 $p<0.001$

模型1分析结果表明10个变量都对家庭生计恢复力有正向影响。其中，政策知晓度（0.255）、文化自信度（0.250）和储蓄状况（0.206）对生计恢复力的影响明显，而家庭收入（0.169）、社会支持网络（0.166）和文化拥有度（0.164）同样对生计恢复力不可或缺。

模型2、模型3、模型4表明对不同生计策略家庭的影响因素及差异。旅游型、旅游兼业型和其他型生计策略家庭分别占比24.2%、48.5%和27.3%。对旅游型家庭，储蓄状况（0.339）、政策知晓度（0.286）和文化自信度（0.276）尤为重要。旅游兼业型家庭除受文化自信度（0.270）和政策知晓度（0.260）影响外，家庭收入（0.232）因素的影响也较大。其他型家庭的文化自信度（0.257）、政策知晓度（0.230）和文化拥有度（0.202）对生计恢复较为关键。可以看出，文化自信度、政策知晓度和文化拥有度对三种类型家庭都有较大影响。一方面，大理市所在地区传统文化氛围浓厚，居民对文化的自信度和利用程度一直较高，对文化要素在应对目前状况下的重要性有深刻认识。另一方面，大理地区近年来的旅游发展受政策影响尤为明显，吸引了民众对政策变动的较多关注。政策的出台对许多民众的影响是直接的，例如，《大理洱海生态环境保护"三线"划定方案》的出台就对居民经营活动、生态搬迁、土地流转、建筑维修等方面产生了重大影响。此外，借贷能力对其他型家庭的影响值得关注，旅游经营活动的减少以及建筑行业的冲击都造成了外出打工机会的减少，需要较多的借贷机会以缓解压力。

模型5、模型6展示了喜洲与双廊两个案例地的多元回归分析结果。其中，储蓄能力、政策知晓度和文化自信度对二者都有较大影响。由于土地流转以及经商传统，喜洲村多数家庭一直经商，旅游开发之后旅游经营也成为经营活动之一，因此旅游兼业型家庭比重较高（57.4%），而其他型（务工为主）家庭最少（18.8%）。旅游兼业型家庭对经营中流动资产即家庭收入因素比较看重，也重视家庭成员教育以支撑和传承经营活动，因此喜洲的家庭收入（0.239）和教育程度（0.201）因素的影响作用更为突出。除旅游兼业型（39.2%）外，双廊村其他型（务工型）生计策略（36.1%）家庭较多，认为现阶段能够获得借贷支持和拥有文化技能对生计恢复很重要，因此借贷能力（0.163）和文化拥有度（0.194）因素的影响较为突出。

需要突出的是，文化自信度、储蓄状况、政策知晓度在上述6个模型中都具有明显表现。文化自信度则会让家庭更加积极主动地采取行动以及增强应对困难的信心，储蓄状况有利于旅游地家庭自身资源的配置和生计的多样化（Zhou等，2021），政策知晓度可以帮助旅游地家庭迅速了解政策并做出适当反应。

综合上述分析，准确识别出家庭生计恢复力影响因素。通过构建的3个层次 6 个模型，剖析了不同情形下的生计恢复力影响因素：（1）总体上，提出的 10 个因素对家庭生计恢复力有正向影响，其中政策知晓度（0.255）、文化自信度（0.250）和储蓄状况（0.206）尤为明显。（2）对不同生计策略家庭影响因素表现具有差异。其中，文化自信度、政策知晓度和文化拥有度对三种类型家庭都有较大影响，表示出文化传承和政策传播对当地家庭生计活动的重要性。（3）从两个案例地的对比，喜洲更受家庭收入（0.239）和教育程度（0.201）的影响，而双廊借贷能力（0.163）和文化拥有度（0.194）因素的影响更大，同时储蓄能力、政策知晓度和文化自信度对二者都有较大影响。（4）文化自信度、储蓄状况、政策知晓度在上述 6 个模型中都具有明显表现，对不同案例地和不同生计策略家庭都有较强的影响。

第五节　本章小结

本章探讨了乡村旅游社区家庭生计恢复力的关键影响因素及其作用机制。通过比较不同乡村旅游社区和家庭生计策略，本书在原有生计恢复力指标的基础上增加了必要的影响因素。利用 ISM 方法构建了递阶结构模型，划分了各层级影响因素，并分析了它们之间的相互关系，从而识别出影响旅游社区家庭生计恢复力的根本因素。此外，通过 MICMAC 模型进一步掌握了影响因素对家庭生计恢复力的作用途径和效果。

研究发现，外部扰动如公共健康危机、经济危机和自然灾害等对家庭生计恢复力有显著影响。特别是外部因素对旅游社区造成了严重冲击，导致旅游收入大幅减少，影响了社区的可持续发展和家庭生计的稳定。政府的干预措施，如乡村振兴、扶贫脱贫、全域旅游等政策，对旅游社区的发展和居民生计产生了积极影响。

在家庭自身影响因素方面，生计恢复力的构建涉及缓冲能力、自组织能力、学习能力和文化适应力四个维度。家庭通过积累生计资本、提升学习能力和文化适应力，能够增强对外部风险的抵御能力。不同的生计策略对家庭生计恢复力水平有直接影响，旅游型、旅游兼业型和其他型家庭在面对冲击时，对文化自信度、政策知晓度和文化拥有度的依赖程度各有侧重。旅游兼业型生计策略家庭的生计恢复力水平较高，而其他型生计策略家庭的生计恢复力水平相对较低。

通过 ISM-MICMAC 模型的综合分析，本章明确了各影响因素的重要性和特性，以及它们之间的相互作用。这为后续乡村旅游社区家庭生计恢复力的协同治理提供了针对性建议，为提升家庭生计恢复力水平奠定了基础。研究结果强调了政策知晓度、文化自信度和储蓄状况在提升家庭生计恢复力中的关键作用，同时指出了不同生计策略和地区背景下影响因素的差异性，为制定具有针对性的提升策略提供了依据。

第六章

乡村地方性知识与家庭生计可持续

通过第四章和第五章对乡村旅游社区家庭生计恢复力的深入分析，本研究分析了家庭生计恢复力的整体状况及其差异表现，明确了影响家庭生计恢复力的主要因素。其中，文化适应力对家庭生计的影响尤为突出，对旅游生计活动、旅游生计恢复以及未来发展信心等方面发挥了重要作用。为了进一步深入探讨文化要素对家庭生计的影响，本章选取海南疍家人这一特殊研究对象进行针对性分析，主要目的在于：一方面，剖析地方性知识对乡村社区家庭生计可持续性的影响；另一方面，理顺以乡村地方性知识为代表的传统文化与家庭生计之间的内在关系，从而为生计可持续性理论研究和生计协同治理奠定理论和实践基础。

第一节　海南疍家人生计变迁

在海南沿海地区，散落着一群被称为"海上居民"的疍家人。由于其独特的生活方式，疍家人成为海南文化的重要象征，形成了独具特色的海洋文化地方性知识，包含着丰富的历史和文化内涵。随着海南旅游业的快速发展，疍家人传统依赖海洋的生计方式逐渐发生转型，越来越多地参与旅游经营活动，其传统地方性知识对家庭生计产生了重要影响。

一、海南疍家人生计概况

（一）海南疍家人起源

海南疍家人的起源至今仍存在不少学术争议。据张朔人（2016）的研究，有多达 30 种以上的学说或传说与之相关。一些学者从疍家人的地域分布角度出发，指出疍家人生存方式独特，仅分布在福建、香港、两广等特定地区，并非中国沿海地区的普遍现象，因此推测疍家人的形成可能是由社会事件而非自然因素所致。目前较为普遍的说法是，疍家人是先秦百越的一支，在秦始皇统一时期，由于拒绝归顺于秦朝，被迫向南迁徙至沿海地区。另外，也有说法认为，疍家人的形成是多种因素的融合结果，包括战乱逃兵在海上避难而留在水域。还有一种观点认为，原南部沿海居民生活条件较差，加上传统农耕文化形成的文化，导致其他居民对他们抵触，为维护社会秩序稳定，统治者对该群体进行驱赶和限制他们在陆地的活动，迫使他们走上海洋漂泊之路（郑石喜，2019）。

尽管学者们从血缘共同体、地缘共同体以及精神共同体等方面做了大量的猜测和探索，但由于疍家人群体的出现较早，其生活轨迹不固定且受文化水平的限制，相关史料十分匮乏，因此其来源仍然是一个未解之谜。海南疍家人的历史相对较短，从文化趋同和疍家人语言体系等方面分析，大致可以推测海南疍家人应为迁徙至此的非本地居民。在远古时期，两广地区与海南沿海地区的居民已有人员流动往来的迹象。2014 年，中国社会科学院与海南省政府签署合作协议开展海南考古研究，挖掘出的海南岛沿海区域遗址，如十二座瓮棺墓群和新石器时代的桥山遗址中的物件，这些物件可能是早期迁徙带来的，也可能是受两广陶艺技艺影响的渔民在海南进行的再生产活动。这些发现证明了两地之间早已有人员往来，也进一步验证了海峡两岸海上航道的畅通已久。同时，疍家人使用粤语而非本地语言，也增加了他们海上迁徙的可能性。海南疍家人地区语系与来源如表 6-1 所示。

表 6-1　海南疍家人地区语系与来源

地区	村落（社区）	来源	语种
陵水	新村	广东南海	粤语
	赤岭	广东南海	粤语
三亚	南海社区	广东南海	粤语
	榆港社区	广东南海	粤语
	红沙社区	广东南海	粤语
	藤海社区	广东南海	粤语
	藤桥社区	广东南海	粤语
海口	捕捞村	广东阳江	粤语（白话）
	白沙门下村	广东顺德	粤语（白话）
昌江	新港村	广东（其中梅姓来自梅州）	粤语
文昌	铺鱼村	广东阳江	粤语

资料来源：根据《海南疍家文化论丛》《海南疍家人现状调查》等资料整理

（二）海南疍家人生计特征

1. 历史上海南疍家人生计方式处于不断的变迁和适应中

疍家人是驭海而来、沿海而生的水上居民，长期以来在海上漂泊生活。他们以舟为室、视水为陆，因此被称为海上的"吉普赛人"。然而，这样的生存环境使得他们的生计充满了不确定性与变动。在古时，疍家人曾经历过严重的歧视，被限制在渔船上生活，禁止参与科举考试、禁止与陆地人通婚，生老病死都局限在狭小的船舱内，一艘渔船承载着疍家人的整个一生。

疍家人都是闯海捕鱼的高手。《古今图书集成·琼州府·风俗志》记载了海南陵水疍家人的情况：疍民世代居住于濒海之地，男女罕见从事农业桑田，主要以缉麻制作渔网，以捕鱼为生，子孙代代传承。然而，随着社会的发展进步，当地政府的帮助下，疍家人陆续搬迁至陆地定居。尽管他们不再依赖渔船为生，但他们仍然保留着海洋生活的习性，从事船舶制造、捕鱼、养殖和运输等多种海洋相关的经营活动。

如今，疍家人已经过着相对安定的生活，他们居住的地理位置较为优越，加上独特的海洋文化，使得他们成为滨海旅游业中的重要一环，展现出丰富多彩的生活状态。

2. 海南疍家人传统地方性知识成为重要的旅游资源

海南疍家人因长期依赖海洋谋生，形成了独具特色的海洋文化，其中包含着丰富的历史和文化内涵。他们在饮食、服饰、居住、婚嫁、信仰等方面展现出与众不同的特色，成为地方性知识的重要代表。特别是疍家人独具特色的海鲜饮食文化，在国内外旅游者中广受欢迎，疍家特色菜肴成为海南旅游的一大亮点。此外，疍家人创造的疍歌也被列入国家级非物质文化遗产和海南省非遗名录，成为疍家文化向外展示的重要形式。

在旅游业蓬勃发展的大环境下，疍家人独特的海洋地域文化与沉浸式体验的旅游产业相结合，满足了新时代旅游者对于寻求新奇体验的需求。这些独特的文化资源成为滨海旅游、文化旅游等多种旅游业态的重要支撑。因此，海南疍家人传统地方性知识成为旅游业的重要资源之一，为推动当地旅游业的发展和文化传承做出了重要贡献。

3. 旅游开发为海南疍家人生计可持续提供了重要机遇

随着海南自由贸易港建设的加速和效益提升，为海南疍家人带来了更多的发展机遇，尤其是在旅游产业方面。作为旅游开发的直接受益者和疍家文化的传承者，疍家人应当成为最大的受益者。然而，实际情况却并非如此。疍家人在旅游开发中获得的经济收益甚微，而且在滨海旅游发展的背景下，经营的无序增长严重挤压了疍家人的生活空间。他们对旅游开发的获得感并不强，反而受到了交通拥堵、物价上涨以及环境污染等负面问题的直接影响，这进一步激化了疍家人与旅游开发之间的矛盾。

当前，滨海旅游发展模式更倾向于现代化的旅游形式，如游艇游、冲浪游、度假村游等，而与当地文化关联不大。这种发展模式难以引起当地居民的情感认同，同时当地居民也对旅游产业的可持续发展提出了质疑。因此，如何破解旅游开发与地方适应性发展之间的矛盾，实现疍家人的生计与旅游业的可持续发展，是需要研究的问题。

二、海南疍家人生计变迁

海南疍家人的最早记载可以追溯到战国中后期至汉代初中期编纂的《山海经·海内南经》中对"离耳国"的注解,提及居住在"海渚中"的"嗷蚌"者(张朔人,2016)。据描述,其生活方式与疍家人的水上生活特征基本相似。疍家人在海南大地上的繁衍生息历史悠久,但其数量一直维持在较低水平,直到唐朝政权实施的"记丁输课"政策出台。在输课压力下,两广等地的疍家人加速迁徙至琼,海南疍家人的人口才出现增长态势。

(一)古代疍家人生计状况

在古代,南宋时期,周去非的《岭外代答》记载了海南疍家人的主要生活方式:"浮生江海者,蜑也。钦之蜑有三:一为鱼蜑,善举网垂纶;二为蚝蜑,善没水取蚝;三为木蜑,善伐山取材。"疍家人充分利用周边资源,从事捕鱼、取蚝和伐木等活动以维持生计。清代的李调元也描绘了疍家人的生活情景:"贫者浮家江海,岁入估人舟算缗。中妇卖鱼,荡桨至客舟前,倏忽以十数。弱龄男女崽,身手便利,即张罗竿首,画钓泥中,鳖、蟹、虾、蛤之入,日给有余,不须衣食父母。又舟人妇子,一手把舵筒,一手煮鱼,囊中儿女在背上,日垂垂如负瓜瓠。扳罾摇橹,批竹纵绳。"这些描述清晰展示了疍家人依靠海洋资源维持生计的生活状态。

然而,由于封建社会的束缚,疍家人被归入贱民阶级,特别是在明代实行的严苛户籍制度下,疍家人与其他贱民一样遭受着不公平待遇。他们被列为"禁六"之令的对象,受到诸多限制,包括不能随意变更职业、不准在陆域居住、不得与其他居民通婚等。这些限制使得疍家人的生存空间受到严重压缩,长期以来人口数量一直维持在较低水平。正德七年(1512年)海南疍家人分布情况如表 6-2 所示。

表 6-2 正德七年(1512年)海南疍家人分布情况

地区	户数	人数	地区	户数	人数
崖州	349	1593	陵水县	100	457
儋州	333	1520	会同县	88	402

续表

地区	户数	人数	地区	户数	人数
文昌县	230	1050	万州	77	352
澄迈县	221	1009	感恩县	56	256
琼山县	183	835	昌化县	12	58
乐会县	112	511	定安县	—	—

资料来源：根据唐胄《正德琼台志》整理

人口低迷和处于边陲地带的地理位置使得地方政府对疍家人的关注较为淡漠。直到明清时期，随着统治者加强东南沿海地区的军事控制和扩充财政国力，濒海的疍家人等被纳入编户及军队，被征收渔课等杂税，生活困苦。少数疍家人受生活所迫，不得已走向海盗之路，成为"海上霸主"，对其他渔民与陆上居民进行掠夺，扰乱社会秩序。

清代时期，清政府试图改善疍家人的社会地位，发布上谕废止对疍家人的歧视，恢复他们的社会权利，使他们能够享有与陆地居民同等的登岸生活、居住入编、开荒耕种等权利。然而，这种情况并没有得到彻底改变，直到全国解放，疍家人的生活才逐渐走向与陆地居民同等的轨迹。

（二）中华人民共和国成立后海南疍家人的生计变迁

中华人民共和国成立后，海南疍家人的生计发生了巨大变化。地方政府首先考虑到疍家人的教育、养老和居住等问题，积极兴办海上流动学校，并派遣当地教师登船办学，以便疍家子弟能够共享教育资源，增进彼此认同感。随后，疍家人开始向陆域迁徙。

20世纪50年代到70年代，疍家人先是在海南沿海港湾区域搭建了简陋的疍家棚，一方面便于渔船停靠，与原有的水上居住方式相符；另一方面使他们逐渐适应陆域的生活环境，尽管一些疍家人因习惯了海上的颠簸而出现"晕陆"症状。然而，由于疍家棚简陋，抗风能力差，遇到恶劣天气时需要频繁修整，甚至危及生命安全。

到了20世纪70年代左右，地方政府规划区域，在陆地上建造房屋，统一安置疍家人。在政府引导和现代社会推动下，疍家人的生计方式发生了质的改变，部分疍家人获得了耕地，开始了农渔结合的生计模式，因此疍家人口数量也得到了显著增加。

疍家人向陆地迁徙带来了经济组织形式和生计方式的转变。20世纪50年代，地方政府开展了以疍家人为主要对象的"海改"和"民改"改革，成立了渔业合作社和船民协会等集体组织，促进船上渔民的协同合作，推动生产发展。60年代，随着自由市场的开放和渔业经济的快速发展，疍家人的生计迎来了转机。同时，疍家人也作为保卫边疆的主力军，积极参与了西沙的建设与生产。

随着现代社会的进步和城市化进程的推进，海南加大了沿海区域的开发力度，港口经济、地产开发和滨海旅游等产业相继落地，疍家人生活的渔港也朝着产业多元化的方向发展，从传统的渔业转向了服务业和旅游业，产业结构呈现出多元化趋势。海南疍家人生计变迁历史脉络如表6-3所示。

表6-3 海南疍家人生计变迁历史脉络

时间	事件
战国中后期到汉代初中期	编撰《山海经·海内南经》中的"离耳国"的注解中论及居住在"海渚中"的"嗷蚌"者
唐代	"记丁输课"出台，两广等地的疍家人加速迁徙海南进程
南宋时期	《岭外代答》记载："浮生江海者，蜑也。钦之蜑有三：一为鱼蜑，善举网垂纶；二为蚝蜑，善没水取蚝；三为木蜑，善伐山取材"
明代	实行严苛的"凡户三等"制度，将疍户与乐籍、九姓渔船等列为一类
明清时期	吸纳濒海疍家人等编户籍军伍，因袭元制设河泊所管辖渔户，征收渔课
清朝雍正年间	企图改善疍家人的社会地位，上谕废止对疍家人的歧视和恢复其社会权利
海南解放后	兴办海上流动学校
20世纪50年代	以疍家人为主要对象的"海改"和"民改"的改革行动，成立渔业合作社和船民协会等集体组织
20世纪60年代	人民公社改造，兴办农场、养殖场，开始探索海水养殖技术，开发西沙渔场

续表

时间	事件
20世纪70年代	地方政府在临海区域规划,建造房屋统一安置疍家人
20世纪50年代到70年代	疍家人在海南沿海港湾区域搭建疍家棚
现代社会	港口经济、地产开发、滨海旅游相继落地,疍家人从传统渔业开始向服务业、旅游业转型,成为滨海旅游业的重要资源

资料来源:作者根据相关资料整理

第二节 海南疍家人可持续生计评价

一、评价指标与分析方法

在研究可持续生计的领域,DFID提出的"可持续生计途径"分析框架是国内外学者广泛采纳的重要理论工具。该框架涵盖脆弱性背景、生计资本、结构和制度转变、生计战略以及生计结果五个要素,详细呈现了影响生计的核心因素及其相互关系,强调了多重因素相互作用对生计的影响。由于其在乡村扶贫和乡村旅游发展领域的适用性得到广泛认可,在国内外已有大量应用研究。本研究基于这一分析框架展开,具体理论内涵和内容请参见相关文献(Carney,1998;Carney,1999;DFID,1999;尚前浪等,2018),在此不再赘述。

借鉴可持续生计分析框架,一些发展组织和研究人员提出了一些制定指标的模型和步骤(例如,Miller,2001;UNWTO,2004;Choi等,2006)。在评价指标方面,国内外相关组织和学者关于旅游可持续发展(Miller,2001;UNWTO,2004;Choi等,2006)和可持续生计(DFID,1999;Turton,2000;Sharp,2003;李小云等,2007;苏芳等,2009;王新歌等,2015;席建超等,2016)等方面指标的开发为可持续生计评价指标的确定提供了可靠的依据。因此,本研究采用作者早期研究中构建的指标体系(尚前浪等,2018),包括旅游发展背景、制度变革、脆弱性环境、生计资本、生计策略和生计结果等指标。

指标测量方法包括定性指标和定量指标的测量。定性指标主要应用于旅游发展背景、制度变革、脆弱性背景、生计策略和生计结果五个框架元素的指标中，采用内容分析法进行测量。根据指标的解释和内涵，采用文献资料、深入访谈以及参与观察等方法获取资料，主要呈现为文史资料、口述历史和访谈摘录等文字描述，同时也包含部分数字量化描述。定量指标主要运用于"生计资本"中的六类构成要素的指标体系。通过定量指标测量家庭的生计资本，能够直观显示乡村家庭生计资产的组合和配置状况。同时，可为比较不同乡村、不同旅游参与程度的家庭生计资本状况提供依据，相关测量方法详见国内外学者的相关研究文献（Ellis，1998；Sharp，2003；Eakin 等，2008；李小云等，2007；苏芳，2009；王新歌等，2015；席建超等，2016；尚前浪等，2018）。

二、数据来源与样本分析

（一）调查案例地

海南省是疍家人的主要聚居地之一，分布在海口市、三亚市、琼海市、万宁市、陵水县、临高县等地区。然而，随着城市化进程的不断推进，疍家人与其他社会群体逐渐融合，其海上渔民身份逐渐模糊，被新时代城市居民所取代。初步调研发现，疍家人的生活方式发生了显著变化，尽管老一辈仍然使用粤语（俗称白话）交流，但以捕鱼为主业的疍家人在体态、风俗、穿着等方面已经与其他群体没有明显区别。此外，由于疍家人的户籍被纳入汉族统计，其人口数据未被单独统计，导致难以准确估算其人口数量。因此，目前只能通过疍家人原住地的界定来估算其人口数量，而保留相对完整的疍家人聚居区已经不多见，海南省陵水黎族自治县是其中之一。

因此，为了更好地开展可持续生计评价，本研究选择了海南省陵水县的两个疍家人聚居村落作为案例研究地，分别是新村镇三海村（包括海鹰、海燕、海鸥三村，统称三海村）和英州镇的赤岭村。通过对这两个地区的调查研究，我们将探讨在旅游大背景下疍家人的生计状况及存在的潜在问题，并提出实现疍家人旅游生计可持续发展的路径，为海南疍家文化旅游开发提供有益的建议和指导。

（二）数据来源

研究团队成员开展了为期半年的分阶段跟踪调查，调研方式包括与疍家人行业领军人士、相关部门及村委会人员、疍民的访谈和问卷调查。内容涵盖了疍家人生计变迁、当前生计资本状况、旅游生计策略、旅游生计结果以及地方性知识收集等，并实地查看了海南疍家人居民的生活状况和生计来源，如养殖产业的建设情况。在设计调查问卷之前，我们对样本进行了预调研，随机选取了 5 户家庭进行预调查，目的是将问卷的内容与疍家人的实际情况进行对比，以确保选项的全面性和问题提法的准确性。

在调查中，重点采访了年龄在六七十岁的老一辈疍家人，他们是对生计变迁了解最深的一代人，也是区域发展的见证者。尽管这些人文化水平相对较低，但由于其对生计变迁信息的准确掌握，我们将其作为重点采访对象之一，并通过一对一的方式进行调查，保证问卷的准确性。然而，这一人群对疍家人旅游未来发展的看法相对保守，因此我们增加了电子问卷的发放和填写，以吸引年轻一代疍家人表达他们对旅游开发的看法和认知。通过这两种调研方式的相互补充，我们能够更全面地展示疍家人的生存面貌、未来发展策略选择以及地方性知识的传承现状。

调研共访谈了 10 人，发放了 230 份问卷，有效问卷为 226 份，有效率达到了 98.26%。其中，新村镇"三海"村委会发放了 150 份问卷，有效问卷为 146 份；英州镇赤岭村委会发放了 80 份问卷，全部为有效问卷。

（三）样本特征

对于 226 名被调查对象的年龄、受教育程度、家庭劳动力数、健康状况等信息进行了描述性统计分析，其结果如表 6-4 所示。

家庭人口数的均值为 4.854 人，中位数为 5 人。在 60 岁以下不含就读学生的家庭劳动力人数方面，均值为 2.588 人，中位数为 2 人。这表明，"二老两青一孩童"的家庭构成在海南疍家庭中占据主要地位。

在教育程度方面，未上学至大学及以上学历的人数分布呈递减态势。当前疍家人未上学人数占多数，其中初中、小学、未上学人数的均值合计达 3.938

人，比例较高。

关于健康程度，被调查者中表示"良好"的人数均值为4.332人，中位数为4人；亚健康人数的均值为0.376人，中位数为0人。整体上，被调查者的身体状况良好。

在家庭住房面积方面，海南疍家人家庭的平均住房面积为157.354平方米，中位数为128平方米，属于较大范畴。这与疍家人的生活方式和生活状态相适应。疍家人普遍居住场所多元，具备养殖条件的疍家人除了陆域的生活场所外，还有额外的海域渔排居住地。具有远洋捕捞船只的疍家庭，船只也是可供休息的居住场所。

总的来说，以上226名受访者的人员构成、教育程度和生活条件与当地海南沿海地区的疍家人情况基本相符，能够较好地反映疍家人的真实状况。

表6-4 调研样本特征分析表

名称	最小值	最大值	平均值	标准差	中位数
家庭人口数	1	14	4.854	1.841	5
家庭劳动力数	0	8	2.588	1.335	2
大学及以上	0	2	0.257	0.513	0
高中或中专	0	4	0.662	0.825	0
初中	0	5	1.009	1.099	1
小学	0	5	1.150	1.043	1
未上学	0	6	1.779	1.459	2
身体有重大疾病，无法工作	0	2	0.146	0.401	0
身体亚健康，部分影响工作	0	4	0.376	0.739	0
良好	0	12	4.332	1.657	4
家庭住房面积（平方米）	30	500	157.354	74.329	128

资料来源：作者根据调查数据整理

三、海南疍家人可持续生计评价

（一）生计资本评价

根据可持续生计分析框架和评价指标体系，生计资本评价主要从物质资本、社会资本、金融资本、文化资本、人力资本和自然资本六个方面评价，通过指标测量和汇总分析的基础上，得出案例地生计资本的总体情况，进而分析单项生计资本的具体表现。

1. 生计资本总体评价

从表 6–5 和图 6–1 可知，海南疍家人的生计资本总值为 49.610，其均值为 0.220，物质资本表现最好，其次是社会资本、金融资本、文化资本。相比之下，人力资本和自然资本分值最低，分别为 0.013 和 0.012。

表 6–5　海南疍家人生计资本计算结果

指标	物质资本（PC）	社会资本（SC）	金融资本（FC）	文化资本（CC）	人力资本（HC）	自然资本（NC）	总资本
数值	15.964	15.221	7.310	5.622	2.835	2.656	49.610
平均数	0.071	0.067	0.032	0.025	0.013	0.012	0.220
占比（%）	32.17	30.68	14.73	11.33	5.71	5.35	—

资料来源：作者根据调查数据整理

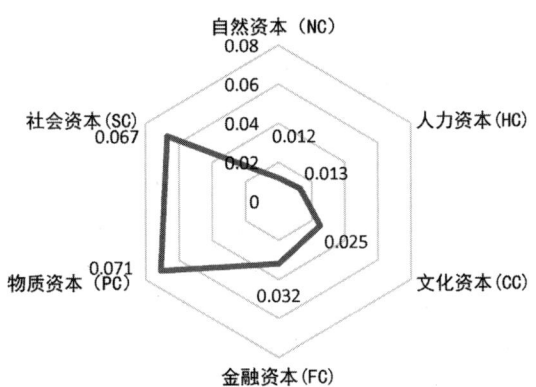

图 6–1　海南疍家人各生计资本评价结果

资料来源：作者根据分析数据绘制

2. 分项生计资本分析

（1）物质资本。

物质资本是疍家人生计表现最突出的一项，主要衡量家庭的物质条件，包括房屋面积、房屋结构、家用设备种类以及旅游经营用房面积等。从房屋的人均面积来看，疍家人的居住空间相对较大，户均为157.35平方米，并以混凝土结构的楼房为主。疍家人聚集区域的楼房林立，而低层的瓦房、木房相对较少。许多疍家人拥有多处房产，一部分用于日常居住，另一部分用于出租经营，甚至在海域也有疍家渔排的居住地。值得一提的是，一些房屋并非独立筹建，而是与他人合作建造，然后分配楼层，实现了合作共赢。这主要得益于区域优势和旅游资源的明显特点，为疍家人提供了经济支持。

在旅游经营方面，只有69户拥有旅游经营用房，而且这些用房的面积较小，有30户选择的面积在50平方米以下。这可能与疍家人房屋结构的特点相关，因为疍家人的房屋呈长条形，前厅较窄小，使得经营利用空间受到限制。许多疍家人从事餐饮行业，特别是喜好露天大排档的夜间小吃，通常在户外提供餐饮服务。此外，一些疍家人选择经营流动式摊位，而不是实际店面，这表明他们对旅游产业的依赖度较高。海南疍家人家庭居住条件和生产条件调查统计如表6-6所示。

表6-6　海南疍家人家庭居住条件和生产条件调查统计

种类	项目	选项	数值（户）	占比（%）
居住条件	房屋结构	混凝土结构	163	72.12
		砖木结构	17	7.52
		木结构/疍家棚	14	6.20
		渔排	32	14.16
	家用设备种类	9种以内	64	28.32
		9~12种	91	40.26
		13~16种	56	24.78
		16种以上	15	6.64

续表

种类	项目	选项	数值（户）	占比（%）
旅游经营	用房面积	无	157	69.47
		30平方米以下	11	4.86
		30~49平方米	20	8.85
		50~99平方米	16	7.08
		100~199平方米	15	6.64
		200平方米及以上	7	3.10
	房屋种类	无	157	69.47
		1种	45	19.92
		2种	6	2.65
		3种	6	2.65
		4种及以上	12	5.31
	资产种类	无	157	69.47
		1种	55	24.34
		2种	6	2.65
		3种	6	2.65
		4种及以上	2	0.89

资料来源：作者根据调查数据整理

（2）社会资本。

社会资本表现次于物质资本，主要涉及家庭所需的社会网络关系。从家庭是否有政府单位的干部职工、参加政府单位活动的频次以及获得政府资助的情况来考察。调查结果显示，有188户（占比83.19%）表示家庭中无政府单位职工，而有38户（占比16.81%）表示有政府职工。参加村/镇/县组织的各类活动频次方面，有46户（占20.35%）选择经常参加，有75户（占33.19%）选择有时参加，而有105户（占46.46%）选择极少参加。尽管极少参加的人数占多数，但经常参加与有时参加的人数总和占比过半，整体表现较好。

在获得村/镇/县或其他部门支持方面，有163户（占72.12%）表示获得支持，而有63户（占27.88%）表示未获得支持。在支持程度方面，地方福祉在疍家人身上得到了充分体现，主要表现在三个方面。一是为保障疍家人生产提供支持，如提供出海船只的油费补贴，以资助捕捞活动。二是将远海养殖作为合作社的支柱产业，并通过产业分红形式资金补贴至各社区家庭，从而深化了疍家人对集体的拥护和信任度。三是政府积极推广社会福利，确保每个人都能够享受到社会福利，这也增加了村民与政府之间的互动频次，加深了彼此之间的熟悉度和认同感。

（3）金融资本。

金融资本在六项资本中排名第三，主要涉及家庭的经济收入、储蓄情况以及信贷来源（见表6-7）。在家庭年总收入方面，有88.05%的家庭年收入在20万元以下，其中34.51%的家庭年收入在5万元及以下。以家庭人均数计算，家庭人均年收入约为4.12万元，人均月收入约为3433元，收入水平尚可。然而，受到当前制度背景、生态环境和渔业资源等因素的影响，疍家人传统渔业生计可能会受到一定的制约，因此需要转型发展。

表6-7 海南疍家人金融资本调查情况

类型	选项	数值（户）	占比（%）
家庭年总收入（元）	5万元及以下	78	34.51
	6万~10万元	74	32.74
	11万~20万元	47	20.80
	21万~35万元	15	6.64
	36万元及以上	12	5.31
家庭现有储蓄金额（元）	10万元以下	154	68.14
	11万~20万元	39	17.26
	21万~40万元	17	7.52
	41万~60万元	6	2.66
	61万元及以上	10	4.42

续表

类型	选项	数值（户）	占比（%）
信贷来源种类	3 种	26	11.50
	2 种	71	31.42
	1 种	97	42.92
	无法借到	32	14.16

资料来源：作者根据调查数据整理

在家庭储蓄方面，有68.14%的家庭储蓄金额在10万元以下，而86.4%的家庭储蓄金额在20万元以下，显示家庭储蓄并不富裕。然而，在信贷来源方面，结果较为乐观，仅有14.16%的人表示无法借到贷款，其余大部分能够通过亲戚朋友或银行借贷等渠道获取资金支持，为家庭的生产提供了资金保障。

（4）文化资本。

文化资本在六项资本中排名第四，主要涉及疍家人对本土文化的认知度、运用度和拥有度（见表6-8）。对疍家文化的了解程度较高，认为非常了解或比较了解的占52.65%。疍家文化仍然保持浓厚氛围，并且老一辈疍家人仍在活跃地传承传统知识和技艺，如咸水歌的创作演唱、疍家服饰的制作等。

表6-8 文化资本统计

类型	选项	数值（户）	占比（%）
对疍家文化的认知度	非常了解，平时还会表演	42	18.58
	比较了解，家里都有这些习俗	77	34.07
	一般，主要是看或者听说	88	38.94
	完全不了解，从未参与也没兴趣	19	8.41
对疍家文化的运用度	运用非常多，作为主业收入	27	11.95
	运用较多，作为兼职	38	16.81
	一般，作为兴趣爱好	57	25.22
	运用较少，听说但不会	86	38.05
	完全不运用，不感兴趣	18	7.97

资料来源：作者根据调查数据整理

文化运用度方面，有部分家庭将疍家文化运用于主业收入，如参与文化旅游经营，而有一部分作为兼职参与，如从事旅游经营活动。然而，相当一部分人将文化作为兴趣爱好，而有一部分则不太运用文化，这可能与生产生活模式的多元化以及外出务工人员的增加有关。

文化拥有度方面，疍家人对地方性知识的熟悉程度较高，主要涉及海上捕捞、传统美食制作、鱼排海鲜制作等方面。这些知识在渔业生产生活中得到了保留和传承，但在文化运用上仍有提升空间，需要将文化产品与生产生活紧密联系起来，以便更好地展示疍家地方性知识。

针对疍家人梳理出9种地方性知识，主要有咸水歌、海上捕捞、婚嫁礼仪、祭祀表演、疍家帽及服饰制作、鱼排海鲜制作等（见表6-9）。因为对文化技艺的拥有不会是单一形式出现，为此，以多选题的方式去反映疍家人对地方性知识熟悉程度，其中选择"海上捕捞""传统美食制作""鱼排海鲜制作""婚嫁礼仪""咸水歌"的较多，分别占到了49.56%、40.71%、37.61%、33.19%、26.99%，这与生产生活中的运用相关，选择"祭祀表演""疍家帽及服饰制作""疍家渔排及渔船制作""疍家棚建造"分别占到了22.57%、20.35%、20.35%、15.04%，比值也并不低，可见当前疍家文化拥有度表现不俗。在渔业生产生活常态下，捕捞技艺和饮食习惯至今保留完整，疍家传统婚嫁礼仪仍有不少人沿用，只是部分的礼仪环节被简化或改动。而疍歌推广在疍家文化节、村晚等活动中有所运用，甚至疍歌走进校园，教授孩童重新拾回疍家人的娱乐。尤其调研中有一幕令人触动的画面，在参观疍家博物馆时，一位疍家母亲带着孩子对着咸水歌词谱吟唱，亲子曲调娓娓道来，韵律委婉动听，扣人心弦，令人难以忘怀，可见传统文化仍在传承。

表 6-9 文化拥有度统计

对疍家文化的拥有度	咸水歌	海上捕捞	婚嫁礼仪	祭祀表演	疍家帽及服饰制作	鱼排海鲜制作	传统食物制作	疍家棚建造	疍家渔排及渔船制作
家庭数	61	112	75	51	46	85	92	34	46
比例（%）	26.99	49.56	33.19	22.57	20.35	37.61	40.71	15.04	20.35

资料来源：作者根据调查数据整理

（5）人力资本。

人力资本在六项资本中呈现出不佳的状态，主要涉及劳动能力、教育程度、身体状况和学历水平四个方面。家庭人口结构呈现出"二老两青一孩童"的特点，其中60岁以上人口占22.88%，60岁以下不包括正在读书的人口占53.33%，而正在读书的人口占23.79%。这意味着每两名年轻人需赡养三名老人和一个孩子，负担相对较重。在家庭的身体状况方面，有89.24%的人表示身体状况良好，但也有3.01%的人存在重大疾病影响劳作，以及7.75%的人存在亚健康状况影响工作。这些问题导致一些年长者无法自理，需要年轻人照料。

在家庭的教育程度方面，未上学和小学文凭的人员占比较高，分别为36.65%和23.70%，而具有初中及以上学历的人员比例较低，总占比为39.65%。这主要是因为过去海南疍家人多生活于船上，无法接受正规教育，直到较晚才开始接受教育。随着义务教育的普及，年轻一代的教育程度逐渐提高，但仍有很大比例的人受制于低文凭而受到生计选择的限制。

（6）自然资本。

自然资本受到生活方式和生态保护的限制，表现不佳。调查统计了疍家人的水域养殖面积和水域灾害频次（见表6-10）。结果显示，只有17.25%的家庭参与了养殖，而82.75%的家庭未参与养殖，主要原因是养殖区域有限，且近年来经历了整治革新，导致养殖区域骤减。此外，受灾频次较高，尤其是台风和水质变化等因素导致的灾害频次较多。虽然部分养殖户通过一些技巧减少了损失，但水质变化仍然是一个主要问题，影响了鱼类的存活率。

表6-10 海南疍家人自然资本统计

家庭养殖面积（平方米）	户均面积（平方米）	受灾频次	频数	占比
12365	317.05	少于1次/年	95	42.03%
		1或2次/年	75	33.19%
		3或4次/年	39	17.26%
		5或6次/年	17	7.52%

资料来源：作者根据调查数据整理。

（二）生计策略分析

生计策略选择、旅游生计意愿及家庭生计代际传承的分析提供了深入了解疍家人生计状态的途径。从生计策略分析中可以看出，大部分疍家人选择非旅游型生计，这表明他们更倾向于传统的生计方式。然而，旅游兼业型和纯旅游型的人数也有一定比例，显示了一部分家庭对旅游生计的意愿。具体来看，非旅游型人数最多，所占比重最高，为135人（59.73%）；旅游兼业型次之，51人（22.57%）。纯旅游型为40人，占到整体的17.70%；从整体看，疍家人参与旅游比例仍相对较少，仅为40%左右，更多家庭从事非旅游的谋生方式。

旅游生计意愿的分析显示，虽然有一部分人表示"不愿意"或"很不愿意"，但更多的人表示出了对旅游生计的一定程度的愿意，尤其是"比较愿意"和"一般"程度的人数较多，这表明了疍家人对旅游生计的普遍认可和接受程度。具体来看，表示"比较愿意"参与旅游为70人（30.97%），表示"一般"为85人（37.61%），表示"非常愿意"为52人（23.01%），"不愿意"16人（7.08%），"很不愿意"3人（1.33%）。

在家庭生计代际传承方面，有一部分家庭选择了传承相同的生计方式，但更多的家庭表示代际间存在较大的差异。这表明了新一代疍家人在生计选择上更加多元化，可能会选择与传统生计方式不同的生计路径。

（三）生计结果评价

对生计结果的评价主要从经济、社会、生态和文化四个方面进行了分析。从经济可持续性来看，疍家人普遍认为旅游发展对于增加就业机会、提高收入、改善生活方式等方面有积极影响，这显示了他们对旅游生计的经济潜力持乐观态度（见表6-11）。

表6-11 经济可持续分析

旅游发展改变了我们家的生活方式	旅游发展增加了我们的家庭收入	旅游发展让我们家收入波动不大	旅游发展带来了福利提升	旅游发展使得我们家的生计活动选择更加多元	旅游使得我们拥有更好的基础设施	旅游发展为我们创造了比之前更多的就业机会
2.14	2.32	2.23	2.34	2.15	2.03	1.79

注：表中数据为均值，采用李克特五分量表测量。1表示完全同意，2表示同意，3表示中立，4表示不同意，5表示完全不同意。等级评分平均值在1~2.4表示同意，2.5~3.4表示中立，3.5~5表示不同意，下同

从社会可持续性方面来看，疍家人普遍认为旅游发展有助于抑制不良陋习的增长，使村民之间的关系更为紧密和团结，而且并未因此出现不信任的情况。这表明旅游业的发展对社会秩序和人际关系产生了积极的影响（见表6-12）。

表6-12 社会可持续分析

旅游让我和村民的关系更紧密	旅游发展之后村民的酗酒、赌博的行为增多*	旅游发展之后村民之间越来越不信任*	旅游发展之后村民之间更加团结
2.15	1.11	1.38	1.92

注：带*号问题为反向题项设置，下同

在生态可持续性方面，疍家人普遍认为旅游发展并未对生态环境造成破坏，相反，他们在旅游发展过程中增强了生态保护的意识，使得乡村变得更加有吸引力，食品安全性也得到了改善。这表明旅游业的发展与生态保护是相辅相成的，旅游业的发展并未以牺牲环境为代价（见表6-13）。

表6-13 生态可持续分析

食品安全性得到了改善	旅游破坏了我们的生态环境*	旅游开发使得乡村更具吸引力	旅游发展之后大家的环境保护意识增强
1.96	1.83	2.07	2.03

资料来源：作者根据调查数据整理

在文化可持续性方面，旅游业推动了民俗文化的传承与创新，使得文化活动更加多样化，人们因此而感到自豪，对家乡有了更强的依赖感。这表明旅游业的发展有助于保护和传承当地的文化遗产，同时也促进了文化的创新与发展（见表6-14）。

表6-14 文化可持续状况

旅游推动了传统文化的传承与创新	旅游促进了疍家文化活动的多样性	旅游增强了我对社区和家乡的依恋感	旅游发展让我对疍家文化产生了自豪感
2.06	2.05	1.98	1.95

资料来源：作者根据调查数据整理

综合来看，疍家人的生计具有一定的可持续性。旅游业的发展为当地社会、生态和文化带来了积极的影响，同时也为疍家人提供了新的生计选择和发展机遇。然而，也需要注意到旅游业发展可能带来的一些挑战，如经济压力增加、生态环境保护等问题，需要通过有效的政策和措施加以解决。

第三节　海南疍家人可持续生计对比分析

上述两个案例都是以疍家渔村作为发展的基点，但在不同的开发模式下，疍家人的生计表现各不相同。通过对两个案例地的海南疍家人旅游可持续生计进行对比分析，可以探究不同区域环境和经营模式下的疍家人生计表现。通过分析差异，可以厘清地方性知识对疍家人生计的影响机制，并提出旅游可持续生计的建议性意见。由于两个案例地同属一县，其脆弱性背景和制度转变并无明显差异，因此我们仅对生计资本、生计策略及生计结果进行比较分析。

一、不同案例地生计资本对比

（一）不同案例地的生计资本总体评价

如表6-15所示，"三海"村委会的总资本值更高，疍家人的生计资本均值整体上优于赤岭村委会。在各分资本均值方面，除了赤岭村的人力资本（0.013）略高于"三海"村委会（0.012）外，其余均低于"三海"村委会。其中，物质资本的差距最为显著（"三海"村委会0.084，赤岭村委会0.046），而金融资本（"三海"村委会0.038，赤岭村委会0.022）和社会资本（"三海"村委会0.070，赤岭村委会0.062）的差距也十分明显。而自然资本（"三海"村委会0.013，赤岭村委会0.010）和文化资本（"三海"村委会0.026，赤岭村委会0.023）的差距较小。

表 6-15　不同案例地疍家人生计资本状况结果

指标	物质资本（PC）	社会资本（SC）	金融资本（FC）	文化资本（CC）	人力资本（HC）	自然资本（NC）	总资本
"三海"村委会	0.084	0.070	0.038	0.026	0.012	0.013	0.243
赤岭村委会	0.046	0.062	0.022	0.023	0.013	0.010	0.176

资料来源：作者根据调查数据整理

（二）不同案例地生计资本对比

通过对家庭六大生计资本状况的20项指标进行比较可以看出（见表6-16），"三海"村委会在实际养殖面积、家庭住房面积、家庭生活固定资产数以及旅游经营性房屋面积等17个单项中均高于赤岭村委会家庭的情况，而赤岭村委会仅在养殖区域质量、家庭住房质量、社会联结度及家庭人口规模4项指标方面表现更优。

表 6-16　案例地生计资本各项指标对比

资本类型	具体评价指标	案例地	
		"三海"村委会	赤岭村委会
物质资本（PC）	家庭住房质量（PC1）	3.795	3.888
	家庭住房面积（PC2）	0.625	0.525
	家庭生活固定资产数（PC3）	0.551	0.475
	旅游经营性房屋面积（PC4）	0.178	0.079
	家庭经营性住房类型（PC5）	0.135	0.044
	家庭经营资产数（PC6）	0.175	0.063
社会资本（SC）	社会联结度（SC1）	0.164	0.175
	社会支持度（SC2）	0.380	0.350
	社会扶持力度（SC3）	0.308	0.225
金融资本（FC）	家庭年收入（FC1）	0.337	0.200
	储蓄情况（FC2）	0.247	0.151
	信贷机会（FC3）	0.380	0.378

续表

资本类型	具体评价指标	案例地	
		"三海"村委会	赤岭村委会
文化资本（CC）	文化认知度（CC1）	0.661	0.591
	文化运用度（CC2）	0.495	0.416
	文化拥有度（CC3）	0.311	0.268
人力资本（HC）	家庭人口规模（HC1）	0.537	0.580
	家庭教育程度（HC2）	1.562	1.519
	家庭健康状况（HC3）	0.905	0.894
自然资本（NC）	实际养殖面积（NC1）	14.883	6.188
	养殖区域质量（NC2）	0.765	0.791

资料来源：作者根据调查数据整理

1. 物质资本对比分析

从指标上看，"三海"村委会的物质资本在6项二级指标中除了家庭住房质量略低于赤岭村委会外，其余均高于后者。而房屋质量较低主要是因为"三海"村委会仍有渔排等水上居住方式，而赤岭村委会则以混凝土房屋为主。从现状来看，这实质上是物资资本在其他资本积累基础上的建立。"三海"村委会在原有自然资本实现的资本积累基础上，较早参与了旅游开发。初期在南湾猴岛景区的辐射下，疍家人从事了渔排水上餐饮、饮品制作，以及渔产交易等活动，为他们增加了不少旅游收入。同时，在地方政府的倡导下，他们统一规划了经营区域，参与了旅游经营活动。即便当地居民自身不参与旅游经营，凭借着地理位置的优势和物资资本的基础，也能获得房屋租赁收入。如今，经营区域仍在不断扩张，实现了物质资本的不断积累。而赤岭村委会因自然资本匮乏，旅游处在起步阶段，率先发展起来的是滨海沿线的居民，其余居民仍保持观望状态，物质资本相对较低。

2. 社会资本对比分析

在社会资本的比较中，赤岭村委会的社会联结度略高于"三海"村委会，但在社会支持度和扶持度上稍显不足。这反映了两地疍家人借助外部资源谋取福利或权益的不同表现。尽管赤岭村委会的疍家人在县、镇和村级管理中具有一定优势,但在社会支持和扶持方面仍需要进一步加强,特别是在地方组织建设和经营活动参与方面尚显不足。

在调研中发现,"三海"村委会的两委干部均为疍家人,他们建立了多个以疍家人为主的经济组织和协会,包括17个合作社和1个渔排协会。这些组织不仅促进了深海网箱养殖等项目的发展,还为当地渔民提供了就业机会。与此不同,赤岭村委会的两委干部较少,疍家人参与管理的机会也相对较少。赤岭村委会仅有一个协会——陵水黎族自治县疍家人文化协会,尽管该协会在赤岭美丽渔村旅游开发中发挥了作用,但整体而言,赤岭村委会的社会组织发展相对薄弱。

3. 金融资本对比分析

根据指标测度,"三海"村委会的金融资本均优于赤岭村委会,这也反映在两地收入状况上(见表6-17)。"三海"村委会家庭年收入20万元以上占比达到16.43%,而赤岭村委会明显低收入人群占比更多,其中10万元以下占比达到80%,这种差异主要有以下几个原因。

表6-17 案例地家庭年总收入比重

	家庭年收入	36万元及以上	21万~35万元	11万~20万元	5万~10万元	5万元以下
比重	"三海"村委会	6.85%	9.58%	23.29%	32.19%	28.09%
	赤岭村村委会	2.50%	1.25%	16.25%	33.75%	46.25%

资料来源:作者根据调查数据整理

首先,产业布局的不同。在"三海"村委会,疍家人主要从事养殖业、捕捞业、旅游经营和外出务工等行业,特别是渔业。随着市场价格不断上涨,渔业带来的经济收益可观。例如,调查中一些养殖户介绍说,他们选择养殖巨型石斑等鱼类,这种养殖方式能够规避风险,而且市场需求稳定,这些因素使得疍家人更愿意从事养殖业。此外,疍家人还通过海上观光、渔货交易以及疍家民宿等旅游活动,进一步丰富了家庭收入。相比之下,赤岭村委会的疍家人由于自然资本匮乏,主要从事务工和少量旅游经营,因此收入来源较为单一。

除此以外，疍家人外出务工或者参与捕捞等工作作为生计补充。目前旅游热，疍家人借助小船从事的海上观光、渔货交易及疍家民宿等旅游活动，进一步增加了家庭收入。而赤岭村委会的疍家人因自然资本匮乏，从事行业主要以务工、旅游经营为主，生计呈现出了"非旅务工"的生计模式，生计选择较为单一，收入来源少。

其次，利益分配方面的差异。在旅游开发过程中，涉及多个利益相关者，其中疍家人作为旅游文化的经营者，其利益分配方式将直接影响经营状态和旅游形象。在"三海"村委会，政府主导着交通网络的拓宽、基础设施的完善以及经营路线的规划，而疍家人获得的利益最大化。与此不同，在赤岭村委会，由于项目仍处于初期阶段，土地租金和经营收益的分成以及参与旅游形式等利益分配尚不明确，这导致疍家人与开发商之间的利益博弈，进而影响了收入水平。

4. 文化资本对比分析

在文化资本的对比中，"三海"村委会显示出明显的优势，这种差异主要体现在以下几个方面。

首先，两地对疍家文化的重视程度不同。在"三海"村委会，地方政府重视疍家文化，并举办了多个文化活动，如疍家文化美食节、疍家人"村晚"等。这些活动不仅展示了疍家文化的特色，还加深了疍家人对自身文化的认同感。相比之下，赤岭村委会的疍家人很少组织或参与本土文化活动，因此文化传承面临一定的风险。

其次，两地疍家文化旅游展现形式不同。在"三海"村委会，文化与旅游相结合，如摆渡船表演、水上民俗等，这些活动展示了疍家文化的独特魅力。相比之下，赤岭村委会的旅游开发主要侧重于"渔村"地理属性，文化元素的融入相对较少。

5. 人力资本对比分析

根据实地调查的人口数据，"三海"村委会总共有950户4411人，而赤岭村委会总共有415户2119人，其中赤岭村的疍家人约占整个村委会总户数的80%。具体的人口结构表明，两地的家庭人数大致在5人左右，60岁以下的人口平均大约为2.5人。然而，在教育程度方面，"三海"村委会的疍家人在大学及以上、高中或中专及初中文凭人员略高于赤岭村委会（见表6-18）。

表6-18 案例地的文化水平差异

	教育水平	大学及以上	高中或中专	初中	小学	未上学
均值	"三海"村委会	0.28	0.67	1.03	1.05	1.88
	赤岭村委会	0.21	0.65	0.98	1.32	1.59

注：表中数据为学历均值。大学及以上，赋值1；高中或中专，赋值0.75；初中，赋值0.5；小学，赋值0.25；未上学，赋值0

由于学历的差异，疍家人在参与旅游和从事行业方面存在一定的差异。例如，"三海"村委会的疍家人虽然文凭略高，但劳动力相对较少。这主要是因为一些学生在外地读书后选择留在外地工作，而不是回到村里。这种人口外流现象导致了村庄内部建设和人口结构不匹配的问题。然而，对于当地居民来说，他们却感到欣慰。在访谈中，一名旅游经营者自豪地表示，他的三个孩子都上了大学，这让他感到非常开心。另一名村委会成员则乐观地分享了自己女儿在外地生活的各种情况，这些信息传达了疍家人对外部世界的好奇和期待。与此相比，在赤岭村委会，尽管疍家人口相对较多，但由于文凭较低，更多的人从事店员等工作，参与旅游经营的人较少。

6. 自然资本对比分析

疍家人耕海牧渔的生活习性，决定了养殖产业作为其重要的生计方式，而兴衰则取决于所处区位条件和水质状况。作为陵水县面积最大的港湾，新村港的平均深度可达4米，符合浅水养殖条件，因此，"三海"村委会参与养殖的较多。相反，赤岭村由于港湾狭小，难以像新村港一样大规模开发水产养殖。然而，具有丰富水产经验的疍家人在赤岭港湾利用良好的水质条件，发展了海胆养殖产业。尽管海胆养殖规模较小，受益群体也较少，但这为赤岭村委会的疍家人提供了一定的自然资本积累。

综合上述6项指标的对比分析，生计资本的分析显示出两地疍家人在资本丰度和旅游开发定位等方面存在差异。在资本拥有度方面，"三海"村委会凭借区域优势和地方政府的支持，积极参与养殖业等传统行业，实现了物资资本和金融资本的积累，从而促进了疍家人的技术致富。而赤岭村委会由于自然条件限制，生计方式较为单一，金融资本和物资资本相对较低。在旅游开发定位方面，"三海"村委会注重以疍家文化为核心的旅游开发，疍家人作为旅游文化的重要组成部分受到重视，旅游参与度较高。相反，赤岭村委会的旅游开发侧重于"渔村"属性，文化元素的融入较少，导致旅游参与度较低。

二、不同案例地生计策略对比

在生计类型方面，"三海"村委会（62.33%）、赤岭村委会（55.00%）选择"非旅游型"超出其他生计类型一半以上，其次是"兼业型"（"三海"村委会23.29%，赤岭村委会21.25%）、纯旅游型（"三海"村委会14.38%，赤岭村委会23.75%）。两地的疍家人主要选择"非旅游型"生计，其中赤岭村委会的旅游参与程度更高。尽管赤岭村委会的"非旅游型"家庭占比最多，但参与旅游的家庭比例更高，表明赤岭村委会的疍家人更多通过参与旅游来谋生。

在旅游生计意愿方面，两地的疍家人基本一致，大多数处于观望状态，但赤岭村委会的疍家人对旅游的愿意程度稍高，可能是因为缺乏旅游参与经验，需要更多的引导和帮助。此外，赤岭村委会的年青一代更愿意参与旅游生计，这可能会为后期的旅游经营活动提供支持。两案例地差异较大的指标在于选择"非常愿意"的比例（"三海"村委会为17.50%，赤岭村委会为26.03%）和"很愿意"的比例（"三海"村委会为2.50%，赤岭村委会为0.68%）。

在代际传承方面，两地的疍家人生计转型趋势相似，都有相当比例的人选择不同生计方式，表明年青一代开始寻求新的谋生方式，脱离传统生计依赖。然而，赤岭村委会的年青一代更多地选择传承或相似的生计方式，可能是因为旅游业的发展使得旅游生计成为一种新的传统。

综上所述，尽管两地的疍家人在生计策略上存在一些差异，但整体趋势相似，都在逐渐向旅游生计转型。赤岭村委会的疍家人更愿意参与旅游生计，但需要更多的支持和引导。而"三海"村委会的疍家人仍然依赖传统生计方式，但随着政策的趋势和港内养殖受限，也逐渐开始寻求新的生计方式，为旅游生计转型提供基础。

三、不同案例地的生计结果对比

（一）经济可持续对比分析

经济可持续方面，"三海"村委会的疍家人普遍认为旅游对他们的生活方式、家庭收入、福利待遇、基础设施和就业机会都产生了积极影响。然而，一些居民对收入波动和未来生计的忧虑也在增加，特别是因城市更新项目而导致房屋拆迁的情况。相比之下，赤岭村委会的疍家人对旅游的态度更加中立，尽管旅游也对生活方式、基础设施和就业机会产生了一定影响，但在家庭收入和福利方面表现出了更多的保留态度（见表6-19）。

表6-19 案例地经济可持续状况对比

问题选项	"三海"村委会 均值	"三海"村委会 标准差	赤岭村委会 均值	赤岭村委会 标准差
旅游发展改变了我们家的生活方式	1.98	1.159	2.43	1.209
旅游发展增加了我们的家庭收入	2.18	1.202	2.59	1.198
旅游发展让我们家收入波动不大*	2.18	1.133	2.33	0.965
旅游发展带来了福利提升	2.18	1.161	2.63	1.195
旅游发展使得我们家的生计活动选择更加多元	1.99	1.117	2.43	1.188
旅游使得我们拥有更好的基础设施	1.92	1.123	2.23	1.102
旅游发展为我们创造了比之前更多的就业机会	1.92	0.877	1.91	0.874
平均得分	2.05	—	2.36	—

资料来源：作者根据调查数据整理

在赤岭村委会，疍家人的福利待遇主要是基于原渔船捕捞的油价补贴，而这些补贴不会因旅游而增加，但旅游会对渔业产生影响。赤岭渔村项目的实施给当地带来了一定的变化，尽管初始时对项目的成功还存在疑虑，但随着时间的推移，疍家人的就业机会增加，生计方式也逐渐变化。当前，赤岭村委会村民已经开始从旅游业中获得一定的收入回报。

尽管两地的疍家人在旅游发展方面都有所受益，但对于生计的影响和态度有所不同。赤岭村委会的疍家人在旅游发展方面表现出更多的中立态度，但随着项目的实施和时间的推移，他们也逐渐开始从旅游业中获得收益。

（二）社会可持续对比

在社会可持续性方面，旅游开发对当地居民的社会关系产生了积极影响，尤其是在村风民风的改善方面，"三海"村委会和赤岭村委会均表现出良好的态势，但整体上"三海"村委会的表现优于赤岭村委会（见表6-20）。

表6-20　案例地社会可持续状况的对比

问题选项	"三海"村委会		赤岭村委会	
	均值	标准差	均值	标准差
旅游让我和村民的关系更紧密	2.09	1.231	2.26	1.199
旅游发展之后村民的酗酒、赌博等行为增多*	3.93	1.241	3.81	1.332
旅游发展之后村民之间越来越不信任*	3.72	1.333	3.43	1.516
旅游发展之后村民之间更加团结	1.84	0.930	2.01	0.985
平均得分	1.26	—	1.40	—

注：平均得分中将反向问题数据进行转向换算处理，下同

在"三海"村委会，疍家人普遍认为旅游拉近了村民之间的关系，增强了彼此之间的信任度，使村民更为团结友好。旅游活动不仅加深了疍家人之间的利益联系，还让他们重新拾起了传统的生活方式和文化，这一切都促进了集体共识的形成。

而在赤岭村委会，疍家人也认为旅游对居民之间的关系起到了正向作用，使村民更加团结。旅游的兴起使居民形成了统一的认知，认识到抓住旅游机遇的重要性，从而形成了利益共同体。在旅游开业初期，村民们自觉地维护着村庄的秩序，为游客提供服务，使村巷保持了良好的秩序和整洁。

尽管在赤岭村委会的疍家人中，一些不良习惯并未完全消失，但整体上社会关系向好的趋势是明显的。访谈中疍家人表示，"现在工作都很忙，很少有空闲时间去赌博、酗酒，年轻人几乎都去工作，只是农闲时刻，放松了才会娱乐而已"。相比之下，"三海"村委会的疍家人更多地表现出了对旅游发展带来的

积极社会影响的认同和支持。

（三）生态可持续对比

在生态可持续性方面，"三海"村委会和赤岭村委会在整体表现上均达到了"同意"的水平，显示出良好的生态环境和环境意识（见表6-21）。

表 6-21　案例地生态可持续状况对比

问题选项	"三海"村委会		赤岭村委会	
	均值	标准差	均值	标准差
食品安全得到了改善	1.93	0.952	2.01	1.037
旅游破坏了我们的生态环境 *	3.07	1.446	3.36	1.317
旅游开发使得乡村更具吸引力	1.99	1.148	2.20	1.107
旅游发展之后大家的环境保护意识增强	2.00	1.151	2.08	1.041
平均得分	1.96	—	1.98	—

资料来源：作者根据调查数据整理

在"三海"村委会，旅游开发促使村庄更具吸引力，吸引了大量游客前来游玩，同时也改善了生活卫生和港水环境，增强了居民的环保意识。特别是通过政府的生态保护措施，港内水质得到了明显改善，珊瑚礁、海草床、红树林等海洋生态系统也逐步恢复，为当地居民提供了更好的生态环境。访谈中居民表示，"旅游高峰时，新村港内养殖渔排和海上餐厅共有1143户渔民5000余人，一度对潟湖生态环境和自然景观产生严重破坏，相对混乱的环境也让游客望而却步"。

而在赤岭村委会，疍家人对旅游对生态的影响持乐观态度，认为旅游并未造成生态的恶化，反而使村庄更具吸引力，增强了居民的环保意识，并且保障了食品安全。通过对风情街、文艺街道等的生活化改造，村庄景观得到了极大提升，居民的生活环境也得到了质的飞跃。

可以看出，尽管在旅游开发过程中仍存在一些问题和不足，但通过政府的干预和生态保护措施，两地的生态环境均得到了改善，生态可持续性的发展势头良好。

(四)文化可持续对比

在文化可持续性方面,"三海"村委会和赤岭村委会均展现出了旅游对促进文化保护、传承和创新的积极作用,但两者的整体表现略有差异(见表6-22)。

表6-22 案例地文化可持续状况对比

问题选项	"三海"村委会		赤岭村委会	
	均值	标准差	均值	标准差
旅游推动了民俗文化的传承与创新	2.00	1.186	2.16	1.216
旅游促进了疍家文化活动的多样性	1.97	1.186	2.20	1.141
旅游增强了我对社区和家乡的依恋感	1.92	1.133	2.08	1.065
旅游发展让我对疍家文化产生了自豪感	1.90	1.155	2.05	1.018
平均得分	1.94	—	2.12	—

资料来源:作者根据调查数据整理

在"三海"村委会,旅游开发推动了传统文化的传承与创新,使得疍家文化活动形式更为多样化,增强了人们对家乡的依恋感和自豪感。特别是通过旅游开发以疍家文化为核心的旅游区,疍家文化得到了进一步的发扬和宣传,为当地居民提供了一种身份认同和文化自豪感。究其原因,一是"三海"村委会旅游开发是以疍家文化为核心,拟建造为疍家文化旅游区,疍家文化的扶持和发扬作为园区发展的主旋律;二是疍家文化氛围逐渐浓郁,随着疍家文化的不断宣传和展示,疍家人会因掌握疍家文化而感到自豪。三是疍家知识成了影响疍家人生计实实在在的因素,掌握疍家知识是疍家人从事旅游经营活动的基本门槛,也是疍家人谋取生计与发展的本领,对疍家人生计具有促进作用。

相比之下,在赤岭村委会,虽然旅游也推动了疍家文化的发展,让疍家活动更加多样化,增强了对家乡的依恋感和自豪感,但疍家文化并未得到充分的利用和发扬。赤岭村委会的旅游开发更侧重于区域景观,而疍家文化仅作为旅游产品的符号存在,没有触及其内核。因此,疍家人对旅游的参与感和获得感相对较低。

尽管旅游开发对促进文化可持续性有着积极的作用,但在不同地区,其对文化的影响和利用程度有所差异,需要进一步加强对本土文化的保护和传承,以实现文化可持续发展的目标。

第四节 海南疍家人地方性知识对可持续生计的作用

作为一种抽象概念,地方性知识存在于人们的观念中。联合国教科文组织将其定义为:由长期与当地自然环境相互作用的社会所形成的理解、技能和哲学(UNESCO,2017)。地方性知识在生计策略中扮演着重要的角色。疍家人的地方性知识是他们在特定区域土壤中创造和衍生出的,为他们适应环境和发展生产提供了重要的支持。这些知识不仅是疍家人生计变迁的基础,也是旅游开发的重要驱动力。因此,我们将从海南疍家人的地方性知识入手,对其进行解构分析,结合疍家人地方性知识与可持续生计评价结果,深入探讨地方性知识与可持续生计的关系。

一、疍家人地方性知识特征

疍家人因其特定区域土壤中创造和衍生出的地方性知识,为他们在海洋环境中生存和发展提供了宝贵的智慧和经验。这些知识不仅是疍家人生计变迁的重要支撑,也是推动其旅游开发的关键动力。因此,我们将从海南疍家人的地方性知识入手,对其进行特征分析,以探究其在旅游开发中的潜在价值和实际意义,为后续的知识转化提供指导。

如表6-23所示,疍家人地方性知识包括生产、生活和民俗3个类型和9项知识,这些知识类型、表现形式与传统的生计方式紧密联系。地方性知识不仅是疍家人生计变迁的重要支撑,也是推动其旅游开发的关键动力。因此,我们将从海南疍家人的地方性知识入手,对其进行特征分析,以探究其在旅游开发中的潜在价值和实际意义,为后续的知识转化提供指导。

表 6-23　海南疍家人地方性知识特征

类型	项目	特征	内涵	价值体现
生产	传统渔业知识	疍家人渔业包括捕鱼、养鱼两种类型，其中捕鱼分为赶海捕捞、近海捕捞和远洋捕捞，赶海捕捞耗时耗力，收益较小、受众广；近海捕捞需船只参与；养殖以网箱养殖为主	1. 历史展示疍家人生计变迁 2. 实用性强，继续沿袭原有的生产生活方式	历史价值 开发价值 经济价值 科研价值
生产	传统造船知识	造船有"七月竹，八月木"之说，对材质讲究；除了选材，制作船灰作为船体的缝合，技艺要求高	1. 集体智慧的结晶，通过合作方式完成 2. 替代性强，船只以工业化生产 3. 对机械技术具有一定的借鉴意义	历史价值 艺术价值 开发价值 科研价值
生活	服饰知识	服装特点主要呈现宽松轻便的样式，头发以齐耳短发和挽发成髻为多，外出头戴平头藤笠。女子无复杂佩饰，偏爱与海水一般颜色的玉器和翡翠，也有以玉镯、玉耳环、玉簪修饰，双耳上方别细链耳坠，下方悬吊翡翠环	1. 该服饰源自水上生产生活需要 2. 展示了疍家人独特的审美	历史价值 艺术价值 开发价值
生活	饮食知识	食材主要来源于海洋，有以"鲜"为首的海鲜制作、以"米"为主的花样糕点，还有以"补"为要的饮品药酒等	1. 独特的饮食知识为疍家生活增添了海洋的气息，也是海鲜制作的由来 2. 以"鲜"为美的疍家风味得到广泛认可 3. 传统食补是医治风湿等问题的老技艺	经济价值 开发价值
生活	住房知识	按生计变迁和居住区域划分为行舟、水棚、渔排、楼房四种形式	1. 住房变迁留下来的旧屋承载着疍家文化记忆 2. 水居文化为疍家文化生活的一部分，展示着其独特气质	经济价值 开发价值 艺术价值
生活	航行知识	疍家船只经历了三个阶段，无帆船时代、有帆船时代至后无帆船时代	1. 疍家人借助船只的变迁推动了经济的发展 2. 船只的演变让疍家人触及更为广阔的领域	科研价值 经济价值 开发价值

续表

类型	项目	特征	内涵	价值体现
民俗	节庆知识	传统节庆中春节、元宵节、端午节最为盛大隆重，但疍家人的节日与汉族传统节庆时分有所不同	1.节庆活动凝结了疍家人集体意识 2.疍家差异化的节庆方式，体现了疍家文化的独特性	社会价值 开发价值
	演艺知识	疍歌是疍家人表达情绪方式之一，喜庆、婚嫁、治丧时也会演唱	1.传统演艺是疍家人的生活展示 2.演艺不仅有歌曲，还凝结了服装展示、面貌展示等	艺术价值 经济价值
	信仰知识	崇拜：家神、妈祖、龙王、108兄弟公等	1.信仰是疍家人集体意识的凝聚 2.种类多样，代表信仰在疍家人心目中的不同意义	历史价值 社会价值 科研价值

资料来源：作者根据调查数据整理

二、疍家人地方性知识的旅游价值

从表 6-23 可以看出，疍家人地方性知识价值体现出历史价值、艺术价值、经济价值、科研价值、社会价值、开发价值六个方面，这些足以证明疍家人地方性知识具有旅游开发价值与潜力，将有利于在旅游产业中疍家人地方性知识资本转化。

（一）疍家人地方性知识历史价值在旅游中的体现

历史价值主要体现在历史悠久性、知名度、原真性及传承情况。疍家人文化的历史悠久，可追溯至 2000 多年前的战国中后期至汉代初中期，是我国南部沿海社会经济变迁的重要见证者。疍家人的生产生活方式深深烙印在他们的心中，并通过世代相传至今。他们是南海海域历史的见证者，也是南部海洋文明的非物质文化遗产之一。疍家人不断吸取时代精华，丰富文化内涵，为人们认识海洋、了解海洋文化、探索海洋奥秘提供了重要入口。

（二）疍家人地方性知识艺术价值在旅游中的体现

艺术价值包括美学特征、艺术独特性、完整度。海南疍家地方性知识蕴含着丰富的艺术气息，涵盖造船、服饰、住房、演艺等领域。这些知识展示了疍家人长期以来的历史故事、生活情感和审美情趣，具有极高的艺术价值和审美价值。通过艺术展示，可以深入了解疍家人的文化魅力。目前，咸水歌曲的展演和教学已走出舞台，融入了日常娱乐生活中；疍家建筑设计成为地方性知识与建筑审美研究的热点；疍家人博物馆及其陈列馆为展示、传承、保护和推广海南疍家文化提供了重要平台。

（三）疍家人地方性知识经济价值在旅游中的体现

经济价值展现在自身经济价值实现程度、开发利用程度、开发利用方式的多样性等方面。疍家地方性知识的展示为旅游产业发展提供了重要动力。疍家人的知识传承迎合了滨海旅游的体验需求，为游客提供了别具一格的海洋文化体验，丰富了旅游的层次。在旅游带动下，许多疍家人转型从事旅游经济产业或相关配套产业，如渔业转型、餐饮服务、住宿改造、演艺展示等。这不仅促进了疍家人的生计发展，还实现了地方性知识产物的资本化转变，成为旅游经济中的特色产品支柱。同时，各类经济产业区的建设，如美丽渔村商业综合体、疍家文化旅游开发区和游艇码头等，进一步拉动了疍家地方性知识的传承与发展，为地区经济增长注入了新的活力。

（四）疍家人地方性知识科研价值在旅游中的体现

科研价值表现在科普认知价值、学术研究价值及创新度方面。疍家地方性知识不仅是历史的见证者，也承载着南海海洋文明的发展历程。这些知识为后人提供了珍贵的历史资料和海洋科学研究的重要信息。例如，距今已有600多年的《更路薄》一书是古代海南渔民智慧的结晶，记录了发现和开发南海诸岛的真实过程，为我国航海历史、航运发展等领域提供了宝贵资料。疍家人的地方性知识积累还可以为海洋动植物分布、海水运动、海洋气象、历史考古等领域的研究提供重要支持。

（五）疍家人地方性知识社会价值在旅游中的体现

社会价值体现在文化认同感、社会影响力、居民参与度及政府重视程度方面。疍家地方性知识不仅是历史文化的传承，也是社区凝聚力的体现。通过节庆展示和信仰活动，疍家人延续着民俗精神，成为社区团结的纽带。重要节庆如正月十二疍家元宵和端午节等活动，几乎全体居民出动，展现了集体意识的文化符号，得到了广泛认同。这些活动不仅加强了社区成员之间的联系，也增强了他们对自身文化传统的认同感。

（六）疍家人地方性知识开发价值在旅游中的体现

开发价值主要体现在基础设施建设、资源分布与开发，以及旅游资源的旅游形象展示方面。疍家人聚集的沿海地区具备得天独厚的旅游资源，如山、海、港、湾、岛等，气候宜人，环境优美。随着旅游产业的发展，这些地区已成为集商贸、观光、休闲、度假于一体的经济休闲小镇。区域内的基础设施建设完善，交通便利，各类经济产业区的建设也为地方经济的发展带来了新的机遇。地方政府的规划与项目建设进一步推动了疍家地方性知识的传承与发展，为区域经济增长注入了新的动力。

三、疍家人地方性知识对可持续生计的作用

（一）地方性知识对可持续生计的作用

1. 地方性知识对海南疍家人生计的促进与保障作用

海南疍家人的生计现状表明，他们在生产生活中积累的地方性知识对生计选择产生了重要影响。调查数据显示，"三海"村委会有 28.55% 的疍家家庭从事传统的养殖业，并在地方政府的引导下，成立了 17 个合作社参与深海养殖项目。尽管整体上疍家人更倾向于"非旅游型"生计策略，但代际生计的传承依然十分重要。地方性知识在海南疍家人的生计中发挥着明显作用，尤其在自然资本的积累上。值得一提的是，地方性知识还帮助疍家人探索新的生计方式，如海上摆渡、渔排改造经营等活动。因此，保持原有自然资本供应和加强地方

性知识的适应至关重要，可以提升疍家人的生计韧性，为知识资本转化提供基础。

2. 旅游开发推动海南疍家人生计转型

通过对比分析不同案例地的生计状况可以发现，较早参与旅游开发的"三海"村委会的疍家人生计表现更为优越。旅游开发丰富了疍家人的生计选择，增加了旅游经营与管理的生计途径。此外，旅游开发还带动了区域基础设施的建设，改善了疍家人的生活环境，进一步促进了社会可持续发展。旅游产业的发展为疍家人提供了更多的就业机会和生计途径，提高了生计的抗风险能力。

3. 旅游促进了疍家地方性知识的传承与应用

旅游开发为疍家人传统地方性知识的传承和应用提供了契机。以疍家文化为核心的旅游产业让疍家人能够运用自身文化优势参与旅游经营，举办各种文化活动和建造博物馆等举措有助于传承疍家人的传统文化。在旅游开发中，疍家人通过餐饮、民宿等经营活动，运用自身知识技艺谋求生计发展。因此，旅游开发不仅丰富了疍家人的生计选择，还促进了地方性知识的传承与应用。

分析表明，地方性知识与旅游开发相互促进，为海南疍家人的可持续生计提供了新的发展路径。保持对地方性知识的重视和加强旅游产业的发展，将进一步提升疍家人的生计韧性和可持续发展能力。

（二）地方性知识对生计资本的作用

地方性知识作为地方文化符号的象征，不仅是可持续旅游发展的吸引点和推动力（李燕琴等，2021），同时以资本形式融入人们的视野，成为触手可及的形式之一。通过前述案例的生计资本分析，我们可以发现地方性知识悄然影响着六个生计资本的构建，具体表现在以下几个方面。

在物质资本方面，基于原有的航行和渔排建造知识积累，"三海"村委会充分抓住了旅游发展的机遇，开展了海上观光和将渔排改造成水上民宿等转型活动。通过改造被淘汰的渔排，他们展示了新的旅游产品，比如水上民宿，并将日常辅助船改造成旅游摆渡船，为海上村庄之间的交通提供了便利，为疍家文化旅游增添了新的乐趣。而赤岭村委会的疍家人则利用其特色房屋开展旅游经营，或将其租赁给开发企业，从而增加了旅游收入。

在社会资本方面，疍家村委会、协会与旅游开发企业之间的博弈中，本地人参与管理区域旅游的做法显得更为恰当。他们形成的内部网络为疍家人在资源熟悉和配置方面提供了巨大优势，并为事务协调、旅游线路规划、现场秩序管理等提供了有效建议。因此，赤岭村委会在旅游初期号召村民维持旅游交通、驾驶观光车辆和管理海上项目的工作，充分发挥了疍家人的自身知识优势，促进了旅游秩序的良性运转。

在金融资本方面，家庭收入得益于他们自身知识创造的财富，进而继续投入原有产业。疍家人在养殖方面的持续投入，如从港口内的养殖向深海养殖的转变，得益于其长期积累的养殖经验，这使得他们在旅游利益分配中拥有更多的话语权。因此，"三海"村委会为赢得深海养殖、特色美食制作、疍歌演艺、船只驾驶等参与机会而努力，而赤岭村委会的疍家人则具备参与海鲜制作、夜市特色美食等方面的优势。

在文化资本方面，海南疍家文化资源因其独特魅力而为人所知，吸引了大量游客前来参观。疍家人通过社会化和教育内化，将文化资本（樊友猛等，2016）转化为经济资本，如渔排海鲜制作、传统美食制作、咸水歌演唱、捕捞技艺和养殖技艺等。同时，客观化文化资本，如疍家船只、传统居住房屋和渔排等，以及制度化文化资本，如疍家船只捕捞组织形式和社区管理意识，都成为参与经营活动谋取利益的资本。疍家地方性知识的旅游开发与其他旅游文化有所不同，是独一无二且无法替代的存在。现如今，疍家人已经开始运用自身文化资源实现资本转化，地方政府也通过城市更新和项目合作来推动疍家文化旅游的开发规划和策划。比如在陵水县新村镇正在建设的疍家文化旅游开发区以及英州镇赤岭印象美丽渔村项目等，文化资本正迅速成为疍家人的优势资本，融入其生计之中。文化资本的提升不仅增强了疍家人的旅游吸引力，也决定了他们的参与程度。

在人力资本方面，疍家人作为疍家文化的代表，在参与疍家文化旅游经营活动方面具有优势。他们深知疍家故事的深层含义，能够向游客传递海洋知识、生物知识以及海洋应急自救技巧，从而丰富了旅游者的文化旅游体验。特别是"三海"村委会通过团结集体创建协会，参与疍家旅游产业，开展疍家趣味文化活动，凝聚了疍家群体，谋取了更多的利益。

在自然资本方面，疍家人凭借其养殖和捕捞知识，成功地在外部环境恶化的情况下保护了自身生计，持续维持了长期以来的海洋养殖生活方式。同时，他们对海洋知识的掌握使得在市场环境变化下能够因地制宜地选择养殖种类，比如赤岭村委会的疍家人在缺乏大规模养殖条件的情况下选择了海胆养殖，以满足其生计需求。

（三）地方性知识对生计策略的作用

一方面，地方性知识成为当地居民生计策略选择时的决定性因素。人们往往在自身认知范围内寻求生计，特别是像疍家人这样与海洋密切相关的人群，其生计选择主要集中在养殖、捕捞等海洋产业。例如，在调研中发现，赤岭村委会的长者仍在从事驱船捕鱼的工作，而"三海"村委会的年轻人则早出晚归地从事收购鱼料、驱船运输等与渔业相关的工作。疍家人还参与了乡村振兴合作社的养殖项目，并在海上民宿中担任主要员工。虽然疍家人保留了原有的生计模式，但也面临着教育程度和年龄等方面的限制。调查数据显示，对于生计策略的选择，家庭内不同代与代之间存在较大的差异，这部分是因为年青一代更倾向于外出就读或务工。同时，由于海上生活的艰辛，年青一代可能缺乏与之相匹配的新生计模式，因此，他们对于留在疍家村庄的吸引力也相对较低。

另一方面，地方性知识也影响着当地居民的生活方式。尽管疍家人的生活发生了巨大的变化，从过去的水上生活转变为如今的"水上+陆上"双重生活或纯粹的陆地生活，但他们的居住房屋仍然保留着船只的特点。他们的房屋结构通常包括一个小通道连接着客厅、卧室、厨房和卫生间，这种布局类似于船只的内部结构。此外，疍家人的饮食结构仍然以海鲜为主，他们能够迅速判断海鲜的新鲜程度。地方性知识在疍家人的生计策略选择和生活方式中扮演着重要的角色，成为他们生活中无形的推动力。

（四）地方性知识对生计结果的作用

地方性知识在海南疍家人的生计中发挥着至关重要的作用，尤其是在旅游业的推动下，疍家人的生计发生了巨大的变化。这种变化不仅是产业的转型，更是社会文化的重塑，其中地方性知识的调整和运用至关重要。地方性知识对疍家人旅游生计结果的影响是直接且积极的。

首先，在经济可持续性方面，旅游业为疍家旅游区带来了人流、物流和资金流。疍家人善于利用地方性知识的优势，充当了文化传承者和经营者的角色，从而增加了生计收入。这种转变不仅丰富了生计方式，也增加了社会福利和就业机会。然而，旅游业的发展需要尊重地方文化的演变，避免过度开发所带来的环境问题。

其次，在生态可持续性方面，疍家人拥有丰富的地方性知识，能够实现人与自然的和谐共生。他们意识到海洋生态的重要性，并自觉承担起保护生态环境的责任。在旅游业的发展过程中，疍家人积极参与环保工作，保护生态环境，以确保旅游业的可持续发展。

再次，在社会可持续性方面，地方性知识作为社会稳定的重要因素，成为疍家人之间的纽带，拉近了彼此之间的关系。在旅游业的推动下，疍家人形成了利益共同体，团结一致发展旅游业，强化了疍家人的自我意识和认同感，促进了传统文化的延续。

最后，在文化可持续性方面，地方性知识的传承通过居住环境的审美、生活知识的运用、饮食文化的选择等方式实现。在旅游业的发展过程中，疍家人通过展示自身的地方性知识，增强了游客对本地文化的认知和自豪感。同时，疍家人也通过参与各项旅游活动，进一步促进了疍家文化旅游区的文化氛围，增强了疍家人对家乡的情感连接和自豪感。

第五节　本章小结

为了剖析地方性知识影响下的乡村社区家庭生计可持续状况，进一步厘清以乡村地方性知识为代表的传统文化与家庭生计的内在作用关系，本章探讨了海南疍家人在乡村旅游发展中所经历的生计变迁及其对家庭生计可持续性的影响。

通过分析疍家人的地方性知识，本章揭示了这些传统知识如何成为影响家庭生计的关键因素，并在旅游活动中发挥重要作用。海南疍家人作为具有独特海洋文化的地方群体，其生计方式随着旅游业的发展而发生了显著转型。从历史上的海上捕鱼到现代的旅游经营，疍家人的地方性知识不仅在维持其传统生活方式中起到了核心作用，而且在促进旅游发展和文化传承方面也显示出巨大潜力。

通过案例对比分析，展示了不同地区疍家人在旅游发展中的生计表现。选取了海南新村镇的"三海"村委会和赤岭村委会两镇四村作为案例地，对不同旅游经营模式对海南疍家人生计的影响进行了对比分析。结果显示，生计资本的积累、社会网络的构建、金融收入的稳定性以及文化资本的运用均对疍家人的生计可持续性产生了重要影响。特别是物质资本和社会资本在促进疍家人经济收入和社会地位提升方面起到了显著作用。尤为突出的是，文化资本的保护与传承对于增强疍家人对自身文化认同感和自豪感至关重要。

最后，研究重点论述了地方性知识在海南疍家人可持续生计中的作用。指出地方性知识不仅为疍家人提供了适应环境和生产生活的智慧，还为旅游业的发展提供了独特的资源。通过合理利用和保护这些知识，可以促进疍家人在经济、社会、生态和文化方面的可持续发展，同时也为乡村旅游和文化传承提供了新的思路和策略。总之，本章为理解疍家人在乡村旅游发展中的角色转变提供了全面分析，并为促进其生计可持续性提供了理论和实践指导。

第七章

乡村旅游社区家庭生计恢复力协同治理

提升乡村旅游社区家庭生计恢复力需要在政府政策、乡村社区和家庭生计等多个层面进行协同治理。基于系统分析家庭生计恢复力的水平、差异状况和影响因素，针对"如何提升乡村旅游社区家庭生计恢复力水平"这一研究问题，本章依据前文研究中提出的外部扰动、旅游社区管理和家庭自身因素的作用路径与特征，从政府政策、乡村社区和家庭生计三个层面提出协同治理的实施路径，以进一步促进乡村旅游的高质量发展，提升乡村旅游社区精准治理能力，增强家庭生计恢复力。

第一节 政府层面协同治理

政府政策作为家庭生计恢复力的表层影响因素，直接影响家庭生计恢复力水平。因此，需要制定针对性乡村旅游发展政策，充分提高实施成效。政策制定中应充分认识到文化恢复的重要性，加大政策资金保障力度，提高居民的借贷能力，优化社会网络，增强居民获得外部帮助的机会及分享能力。

一、文化恢复带动生计恢复，增强旅游产业发展信心

通过案例分析和影响因素研究发现，文化适应是影响乡村旅游地家庭生计恢复力和旅游产业恢复的重要因素。因此，文化恢复是文化旅游产业恢复的重要内容。为了实现文化恢复，需要深入挖掘乡村旅游目的地的独特文化内涵和

精神品质，结合文旅产业开展特色文化产品开发，增强文旅产业的文化内涵、恢复动力和发展信心，从而在增长文化自信中促进文旅产业恢复增长。

第一，文化恢复源于乡村旅游的独特文化内涵。乡村旅游地往往承载着丰富的历史文化和地域特色，这些独特的文化元素和精神品质是吸引游客的核心竞争力。然而，在面临旅游冲击时，这些文化元素可能受到冲击甚至消失，导致旅游产业的吸引力下降。因此，深入挖掘乡村旅游目的地的独特文化内涵和精神品质，对于恢复和提升乡村旅游竞争力至关重要。

第二，需要结合文旅产业开发乡村特色文化旅游产品。具体包括利用当地文化资源，设计具有地域特色的乡村旅游产品，如民俗体验、手工艺制作、非遗传承等。这些特色文化产品不仅能够满足游客的多元化需求，提升旅游体验，还能够促进乡村传统文化的传承和发展。同时，通过文化产品的开发，还能够带动相关产业链的发展，提高乡村居民的收入水平，进一步增强乡村旅游的恢复动力和发展信心。

第三，文化恢复还能够增强文化自信。通过深入挖掘和传承乡村文化，能够增强居民对本土文化的认同感和自豪感，从而激发更多居民参与到乡村旅游发展中来。这种文化自信的提升，不仅能够为文旅产业提供源源不断的动力支持，还能够促进产业结构的优化和升级，推动文旅产业实现可持续发展。

第四，通过乡村文化恢复带动家庭生计恢复。文化恢复通过将乡村地区丰富的文化资源转化为经济价值，促进文化旅游就业，增强社会资本，实现旅游收入多元化，并提升居民文化自信和能力，从而实现生计恢复。不仅能够推动文化和经济的双重发展，还能增强乡村社区的整体发展能力，有效促进家庭生计的恢复和提升，为乡村旅游的可持续发展提供坚实的文化基础。

二、精准旅游治理，加强旅游业政策支持

家庭生计恢复力影响因素分析表明，在旅游波动背景下，政策支持和加强旅游治理是提升旅游生计恢复能力的重要措施。这就需要梳理汇总各级旅游业恢复发展纾困扶持政策，加大政策宣传解读力度和精准度，发挥基层组织和旅游行业组织的治理功能，建立旅游恢复组织和帮扶治理网络，延伸旅游扶持链条至旅游社区和经营户，以推动旅游业的全面恢复发展。

第一，全面梳理各级旅游业恢复发展纾困扶持政策，开展精准政策扶持。这些政策涉及财政、税收、金融、土地等多个方面，为旅游业提供全方位的支持。通过梳理这些政策，可以更好地了解政策内容和适用条件，为旅游业恢复发展提供有力保障。同时，还需要加强政策宣传解读工作，提高政策的知晓率和利用率，确保政策能够真正落地生根，实现精准治理。

第二，发挥基层组织和旅游行业组织的治理功能，建立精准治理网络。基层组织是联系政府与民众的桥梁，而旅游行业组织则是推动旅游业发展的中坚力量。通过发挥这些组织的治理功能，可以更好地协调各方资源，解决旅游业发展中遇到的问题和困难。同时，还需要建立旅游恢复组织和帮扶治理网络，为旅游业提供全方位的支持和帮助。这些组织可以组织旅游从业者进行培训、交流，提高他们的专业素养和竞争力；还可以为旅游企业提供政策咨询、市场推广等服务，帮助他们更好地适应市场变化，提升发展水平。

第三，延伸旅游扶持链条至旅游社区和经营户，开展旅游精准治理。旅游社区和经营户是旅游业发展的重要组成部分，他们的生计恢复能力直接影响到整个旅游业的健康发展。因此，需要通过政策扶持、资金补贴等方式，帮助他们提升经营能力、改善旅游环境，推动旅游业向更高层次、更高质量发展。

三、加大政府投入力度，规范乡村旅游市场秩序

在家庭生计恢复力的影响因素研究中表明，表层自治影响因素具有稳定性。在推动乡村旅游的可持续发展过程中，政府发挥着至关重要的作用。特别是通过加大资金投入力度和规范市场秩序，政府能够有效地提升乡村居民的生活水平，促进乡村旅游产业的高质量发展。

（一）政府加大资金投入，显著改善居民住房条件

乡村居民的传统民居保护和住房条件是家庭生计可持续的重要因素。为了全面提升乡村居民的生活品质，需要政府积极筹措资金，通过多种渠道为乡村文化街区的升级和古民居的修缮提供资金支持。这一举措不仅能够有效地改善居民的住房条件，让古民居焕发出新的生机与活力，同时还能为乡村旅游的发展注入新的动力。

在案例地访谈中，正如喜洲村 F 说："因为我们的洱海保护，所以现在镇政府建房政策比较严，现在我们正在进行文化街区升级，都需要来保护我们的这些建筑。我们会筹集资金来进行整体的修缮，对整体景观进行规划。"政府的这些行为可以帮助居民获得更好的居住环境，使古民居焕发出新活力。

在资金筹集过程中，积极寻求多元化的融资渠道，如争取上级政府资金支持、引入社会资本等。同时，还可以设立专项资金，用于支持乡村旅游市场的建设和发展，确保资金能够精准地投入关键领域和重点项目中。通过这些措施的实施，可以改善乡村居民的住房条件，提升乡村的整体风貌和吸引力，也为乡村旅游市场的繁荣和发展奠定基础。

（二）规范乡村旅游市场，维护公平竞争环境

健康的乡村旅游市场环境秩序是乡村旅游发展的前提。为了维护乡村旅游市场的健康发展，政府积极采取措施规范市场秩序，遏制恶性竞争现象的发生。通过制定并实施严格的旅游经营规章制度，对旅游市场的经营行为进行了全面的规范和管理。此外，加大对旅游市场的监管力度，建立完善的监管机制。政府通过定期巡查、设立投诉举报渠道等方式，及时发现和处理各种违规行为，维护了市场的公平性和竞争秩序。同时，还应充分发挥乡村村规民约的规范作用，引导乡村居民自觉遵守旅游市场的经营秩序。政府通过宣传教育、组织培训等方式，增强乡村居民的法律意识和诚信意识，让他们认识到恶意竞争的危害性，并自觉抵制各种违规行为。

通过上述这些措施的实施，政府可以更好地规范乡村旅游市场秩序，遏制恶性竞争现象的发生。在规范有序的市场环境中，不仅有助于提升乡村旅游的旅游品质和形象，还增强了乡村居民之间的相互信任和合作。

第二节 乡村社区层面协同治理

家庭生计恢复力影响因素综合分析将影响因素分为关键层驱动因素、中间层关联因素、表层自治因素、表层依赖因素，根据各类影响因素对家庭生计恢

复力产生不同的影响作用，提出针对性策略，提升生计恢复力。

一、成立社区管理委员会，促进文化资源活化利用

关键层驱动因素对家庭生计恢复力产生根本影响，为提高家庭生计恢复力提供强大动力。社区管理层面需要开展多样化培训，满足居民自我发展与生计转变能力，树立文化资源活化利用典范，促进旅游文化产业与相关产业融合发展，培育新型文化和旅游业态，为提高居民对文化资源的运用提供借鉴和机会。通过成立联合管理委员会，多方位建立沟通渠道，多主体协同管理，提高社区管理效能。

（一）树立文化资源活化利用典范，帮助居民创造性转化文化资源

结合案例分析，和顺部分当地居民缺少文化自信，追求短期利益，将民居直接租给外地经营户，导致民居原有的特点丧失。针对类似这一问题，政府需要加强引导，通过古建筑和古民居的活化利用，为居民树立典范，增强自信。同时，发动当地居民改造民居，参与旅游经营。但在此过程中，居民可能会受到资金和改造技术的限制，政府应提供资金和技术支持，帮助当地居民参与文化资源的开发和利用。

（二）完善旅游文化产业保护与发展激励机制

通过对文化资源进行政策性保护和旅游文化产业开发并举的方式，实现当地文化资源的有效利用。在旅游发展过程中，文化资源和随后的物质产出是实现生计目标的重要资源。政府应从多方面促进家庭文化生计的形成，提高家庭生计水平的同时，加强家庭对当地文化的认同、传承和自信，使得旅游地文化资源得到活态保护和利用，促使更多家庭形成文化生计，形成良性循环。此外，还应完善非遗文化传承的保护与激励机制，加大旅游文化产业的政策保障力度，提供发展资金保障，鼓励传承人创新，吸引更多年轻人学习传承文化，为旅游文化产业注入活力。

（三）成立联合管理委员会，多主体协同管理，提高社区管理效果

乡村旅游发展中一些管理制度引起旅游经营户的不满，但缺乏反馈渠道，政府和公司也处理不及时。例如，水碓村民宿负责人提到停车不便和消防通道堵塞的问题，影响了经营和安全；民宿负责人指出进景区需要门票增加了负担。对于此类问题，乡村旅游应建立联合管理委员会，成员包括政府部门、市场监督管理部门、公司员工、旅游经营户代表和文化精英，定期召开会议，提供意见反馈渠道，共同解决旅游发展中遇到的问题。结合多种管理方法，多主体协同管理，自上而下与自下而上管理相结合，差异化运用不同尺度的管理方法。

（四）优化社区社会网络，增强社会支持能力

优化古镇基于亲缘、地缘、姻缘的社会网络，提升古镇居民获取社会支持的能力。政府可以带动居民成立帮扶小组，由经营经验丰富、经营成果较好的居民担任帮扶小专家，通过定期开会，进行经验交流，及时发现并解决家庭在日常经营中出现的问题。年底对帮扶小组进行评比，健全激励机制，促进小组整体更好地发展。

二、加强新媒体技术培训，提升自身发展能力

（一）加强新媒体新技术应用能力，提高自我发展能力

社区应借助新媒体技术构建O2O营销模式，通过微博、微信公众号、快手、抖音等网络平台营销，加强对当地旅游特色的挖掘与展现，发挥新媒体传播速度快、覆盖广、交互性强的特点，提高交流互动效率，拓展营销流量（安晓颖，2021）。重视对当地旅游经营户，尤其是民宿经营户新媒体新技术应用能力的培养，帮助经营户与飞猪、携程、同程、艺龙、去哪儿等旅游网络合作。通过对经营户新媒体知识与创新能力的培养，提高分析客源数据的能力，根据实际需求制定营销策略与方案的能力，帮助经营户运用新媒体，进行电子优惠券、内容营销、会员营销等营销，加强经营管理与市场开拓能力，将等客上门

现象转变为吸引客人上门。

（二）组织学习交流活动，提高居民信息获取能力

组织各行业居民代表外出学习，到发展较为成熟的古镇去参观学习，吸取经验，结合古镇实际情况，发展有特色的旅游服务。政府应及时对古镇发布的规章制度进行全方位宣传，在古镇内居民聚集地进行宣传，建立居民群，定期在居民群中发布信息，提高居民的信息获取能力。

（三）满足居民就业培训需求，加强生计转变能力

加强就业指导，帮助居民确立就业目标，准确了解居民就业需求，丰富就业培训方向，实现居民需求全覆盖。对居民开展旅游经营管理、文化技能、就业技能、旅游服务等方面的培训，提高当地居民旅游服务质量、旅游产品开发能力以及自身素质。对案例地公司吸纳的当地居民进行就业技能培训，使得当地居民有能力胜任景区内各种岗位。对当地参与旅游经营的家庭进行旅游服务技能培训，增强旅游服务意识。

正如调查中喜洲三餐四季 Y 说："我觉得外地经营户他们可能比我们做得更好，就是他们的服务做得比我们更好，他们有那种意识，我觉得这些是要向他们学习的。我们这边也是一直在改进，原来比较喜欢出去吃饭，看到他们有什么优点就学习一下。还有一点他们很聪明，能把房子装修得很有感觉，看上去很高端。"

（四）激发内生动力，促进社区居民生计多样化

增强当地居民的自我发展能力，激发居民的内生动力，帮助居民实现生计多样化。例如，对于其他型生计策略家庭，增加文化技能培训机会。喜洲三餐四季 Y 说："我老公的堂哥开喜陶店，他去景德镇学习了几个月，而且他是市级非遗传承人，在之前主要是卖手机，因为手机生意不好，所以就开始找到这个，大家都在想办法想出路，然后很多人就转向旅游这一块。"从中可以看出，在旅游发展前景较好的时候，其他型生计策略家庭也愿意转向旅游经营，并且非常愿意学习文化技能运用到旅游经营中，所以政府应该针对这部分人群进

行多种文化技能培训，提高他们参与旅游经营的能力。对有意向开设旅行社、特色餐馆、民宿等旅游经营的家庭，加强相应的许可证办理讲解、相关技能培训。

三、建立社区参与决策机制，促进居民共享发展

中间层关联因素承担着相当重要传递作用，其中外部干扰处中间层关联因素，会降低对关键层驱动因素的传递作用，影响表层因素的作用效果，给家庭带来不好的影响。需要从社区管理层面优化产业结构，促进多元产业协同发展，增加居民就业机会与收入，健全社会保障制度，提高居民福利，引导居民采取多样化生计方式，加强未来风险应对能力，定期组织学习交流活动，保障居民切身权益，提升生计恢复力的同时，提高对外部干扰的抵御能力。

（一）促进社区多元产业协同发展，保障居民福利

水碓村由于旅游波动期间收入减少，导致农村合作医疗保险停缴，加大了居民的经济负担。政府应该通过丰富旅游文化产品、创新营销手段以及发展旅游文化产业带动农业、手工业的发展，为社区与当地居民创造经济效益。开发传统技艺，促进非物质文化遗产与产业发展的融合，拓展乡村文化传播的同时创造经济价值。促进社区多元产业协同发展，提高政府的资金能力，在困难期间加大公共服务及医疗政策的保障制度，提高家庭面对外界冲击的抵御能力。

（二）建立民主参与决策机制，提高居民旅游参与层次

和顺旅游开发建设中，政府采取的是自上而下的治理模式，上级部门拥有绝对的决策权力，根据调研得知，政府与公司做好决策后才会征求当地居民以及文化精英意见，他们没有机会参与到决策层面，导致居民旅游参与层次低。政府与公司出于经济收益的考虑去进行景区市场化的运作，不利于和顺特色文化的可持续发展，打击当地居民参与旅游文化开发建设的积极性。因此，应建立民主参与决策机制，形成旅游文化开发建设的多元参与体系，通过听证会等形式及政策性帮扶来帮助当地居民以及文化精英来获取一定的权力与权威，进

一步提升居民旅游参与热情，实现和顺旅游特色文化建设的可持续发展以及成果共享。

（三）加强政策宣传，提高家庭政策知晓度

喜洲由于生态治理政策，建房以及经营许可证的办理也受到严格限制。喜洲三餐四季 Y 说："现在审批建房太难了。我觉得其实应该放开一点，因为有些人没地方住，房子还是要建一些，不这样'一刀切'。"民宿老板 K 说："我去办理营业执照又不给办，我只是改一下法人名字，说大丽线以西、以东一律不准新办，不能办餐饮，证办不下来，公安、消防、工商都会来查你，票也开不了，几乎没法经营。"从当地居民口中得知，现在政策的限制导致居民进入民宿、餐饮经营变得较为困难。但是喜洲旅游公司办公室 Z 所说："现在许可证办理是非常严的。可以办，只是控制。"是否能够办理许可证的冲突体现出政策的宣传不到位，当地政府应该将许可证的申请流程以及申请所要符合的各种要求进行公开，同时加强旅游相关旅游政策的宣传推广，提高社区居民的政策知晓度。

（四）引导居民采取组合生计模式，提高未来风险应对能力

政府引导居民成立行业组织，各行业组织形成发展合作社，促进多种行业，多种生计方式的合作，丰富旅游产品类型，优化居民的生计资本结构。引导居民采取"旅游+"的组合生计模式，避免单一性生计方式，增强家庭生计方式转变的灵活性，提高未来风险应对能力，降低旅游外部环境对家庭生计恢复力的干扰。

第三节 家庭生计层面协同治理

根据不同生计策略家庭生计恢复力的对比分析可以得知，不同生计策略在旅游波动期间薄弱因素不同，所以在家庭层面根据不同生计策略薄弱因素结合解释结构模型（ISM）与交叉影响矩阵相乘法（MICMAC）结果从不同生计策略

提出生计恢复力提升路径。

一、旅游型家庭生计恢复力提升路径

通过不同生计策略家庭生计恢复力水平的对比得知，旅游型家庭相比旅游兼业型家庭以及其他型家庭，生活和生产资产、关系网络信任、社区和组织参与稍差。根据 ISM 模型得知生活和生产资产与关系网络信任是表层影响因素，通过提高它们可以直接提高生计恢复力水平。

由于在旅游经营中结识到更多的朋友，拥有更大的社会关系网络，但是对于同种经营方式存在恶性竞争问题，会降低旅游型家庭的关系网络信任。对于此，旅游型家庭应该团结起来，形成行业协会，制定行业协会条例，维护市场秩序和公平竞争，选出行业代表以便更好地与政府、社会沟通，鼓励成员相互之间共享人际关系、共享客源和货源等信息，成立合作社，不同经营方向进行低成本合作，帮助家庭提高获取社会资源的能力，降低交易成本并得到更广泛、更有效的信息，帮助家庭在困难时期获得多方面的支持与援助（温馨，2019）。旅游型家庭由于日常经营忙碌，较少地参加社区组织的活动，但是在参与的过程中可以与其他居民进行更多的沟通，提升相互之间的信任，所以旅游型家庭应该积极主动地参与社会组织活动。

根据 MICMAC 模型得知社会和组织参与是关联因素，与其他关联因素相互影响，并且社会和组织参与以及其他关联因素在 ISM 模型中都处于中层影响因素，所以提高社区和组织参与可以凭借关联因素的关联作用，提高整个中层影响因素的传递作用。旅游型家庭由于单一性的生计方式，受到旅游波动影响更为严重，应该更多地参与社区的听证会、管理委员会，更加积极地了解社区发布的旅游帮扶政策，来提高信息获取能力和未来风险应对能力。

二、旅游兼业型家庭生计恢复力提升路径

通过不同生计策略家庭生计恢复力水平的对比得知，旅游兼业型家庭相比旅游型家庭以及其他型家庭，信息获取能力、政策扶持、政策知晓度、储蓄状况稍差。根据 ISM 和 MICMAC 分析得知，信息获取能力、政策知晓度、储蓄状况处于中间层关联因素，起到重要的传递作用。通过 ISM 模型可知，家庭收

入、信息获取能力与外部干扰直接产生相互影响作用，提高家庭收入以及信息获取能力可以帮助旅游兼业型家庭更好地抵御外部干扰。

旅游兼业型家庭应该积极参与集体事务，争取加入政府成立的联合管理委员会，争取古镇组织的外出学习的机会，了解与自身利益密切相关的旅游帮扶、就业、惠民、信贷、社会福利等政策，获得更多的政策扶持，帮助家庭更好地表达自己的诉求，获得更多的帮助以及更快速地融入社区。学习网络技能，通过互联网拓宽信息来源渠道，并且通过网络互动，提高沟通能力。家庭储蓄状况无法直接提高，但是根据ISM模型得知对信息获取能力与储蓄状况产生直接影响的因素是家庭生计策略、技能培训机会以及文化运用度，与政策扶持一样都是深层影响因素，并且在MICMAC模型中属于独立因素，具有较强的驱动力，通过提高它们，可以对其他因素产生较强的驱动作用从而提高生计恢复力。家庭可以通过参加社区开展的旅游经营管理、文化技能、就业技能、旅游服务等方面的培训，掌握网络营销技能、文化运用技能，学习管理、经营等方面的知识，提高发展其他生计方式的能力，通过与外出学习的居民代表进行经验知识的交流，更好地将技能尤其是文化技能运用到旅游经营中，提高家庭文化运用的能力。

三、其他型家庭生计恢复力提升路径

通过不同生计策略家庭生计恢复力水平的对比得知，其他型家庭相比旅游型家庭以及旅游兼业型家庭来说，家庭收入、储蓄状况、社区和组织参与、社会支持网络、文化运用度、技能培训机会、教育程度、文化拥有度稍差。

根据ISM以及MICMAC模型可知，文化运用度、技能培训机会、教育程度、文化拥有度为深层或根源因素，属于独立因素，驱动性强、依赖性弱，可以通过提高它们来加强其他因素作用，从根源上直接影响生计恢复力的水平。其他型家庭要更加重视子女的教育，自己也要积极参与政府的教育培训课程，提高家庭整体的文化素质，提高家庭的学习能力以及市场预测分析能力，积极参与旅游经营。要积极参与政府的就业指导活动，结合自己较为熟悉的业务，确立参与旅游的经营方向，有针对性地学习文化技能、就业技能、旅游经营知识等各种知识与技能。对于没有熟悉业务的家庭，多参与当地开办的乡村文化传习班以及文化技能培训,提高文化拥有度后再进行旅游经营培训,将所学习的技能有效地运用到旅游经营中。社会支持网络作为表层影响因素直接影响生计恢复力水平。

根据 ISM 与 MICMAC 模型得知,家庭收入、储蓄状况、社区与组织参与是中层影响因素,同时是关联因素。家庭要多参与社区组织的活动,通过与旅游型以及旅游兼业型家庭的交流,获得更多经营的经验与知识,结识更多的朋友,进而提高社会支持网络。家庭储蓄与家庭收入无法直接提高,可以通过提高其他关联因素、发挥其关联作用来提升,也可以通过转变家庭生计策略来提升。通过提升家庭文化素质,积极参与培训,向其他旅游经营户虚心学习经验,来提高自身的旅游参与能力,转变家庭生计方式,获得更好的收入。

第四节 本章小结

本章研究了乡村旅游社区家庭生计恢复力的协同治理路径问题。基于对家庭生计恢复力水平、差异状况和影响因素的系统分析,提出了一系列针对性的策略,旨在通过政府政策、乡村社区和家庭生计三个层面的协同治理,提升乡村旅游社区家庭的生计恢复力。

首先,从政府政策层面来看,研究强调了文化恢复的重要性,提出通过挖掘和传承乡村旅游目的地的独特文化内涵,增强文旅产业的恢复动力和发展信心。同时,提出了精准旅游治理和加强政策支持的必要性,以及加大政府投入力度、规范乡村旅游市场秩序的具体措施。这些措施不仅能够改善居民的住房条件,还能遏制恶性竞争,维护市场的公平性和秩序。

其次,乡村社区层面的策略着重于成立社区管理委员会,促进文化资源的活化利用,提升社区管理效能。此外,加强新媒体技术培训,提升居民的自我发展能力,构建创新营销模式,提高信息获取能力和市场开拓能力。同时,建立社区参与决策机制,促进居民共享发展,优化产业结构,增加就业机会与收入,提高居民福利,对于提升家庭生计恢复力同样至关重要。

最后,在家庭生计层面,本研究根据不同生计策略家庭的特点,提出了针对性的生计恢复力提升路径。旅游型家庭需要团结起来，形成行业协会，提高社会资源的动员和获取能力。旅游兼业型家庭应积极参与集体事务，提高信息获取能力和储蓄状况，学习网络技能。而其他型家庭则应重视子女教育，提高家庭文化素质和学习能力，积极参与旅游经营培训，以提高自身的旅游参与能力和转变家庭生计方式。

  本章通过综合考虑多方面因素，提出了多层次的协同治理路径和实施策略，以期在乡村旅游社区中实现家庭生计恢复力的提升，进而推动乡村旅游的高质量发展。这些协同治理策略的实施，需要政府、社区和家庭三方面的共同努力和协作，以确保乡村旅游社区能够在面对各种挑战时展现出更强的恢复力和活力。

第八章

研究结论与展望

第一节 研究结论和讨论

一、研究结论

本书结合生计恢复力理论与可持续生计理论，应用于乡村旅游社区背景，通过分析影响因素作用路径，进而探讨旅游社区家庭生计恢复力提升路径。本书基于"分析框架与指标体系构建—生计恢复力差异对比分析—影响因素识别与作用路径分析—生计恢复力提升路径"的分析框架进行研究。基于生计恢复力框架以及文化对旅游社区发展与生计水平的影响，从缓冲能力、自组织能力、学习能力和文化适应力四个维度构建家庭生计恢复力指标体系，结合案例按照不同生计策略类型和不同社区进行分类，对各类别家庭生计恢复力水平进行定量评估以及各维度差异化分析，进一步识别影响因素，运用ISM方法，以递阶结构层次图直观地表现家庭生计恢复力影响因素间的相互作用关系，并分析不同路径下各影响因素对家庭生计恢复力的影响，构建ISM-MICMAC模型对家庭生计恢复力影响作用进行综合分析，还围绕海南疍家人社区案例进一步讨论了地方性知识与家庭生计可持续的关系，最后从家庭生计恢复力影响因素的作用路径与作用特点针对性地提出生计恢复力协同治理路径。主要研究结论如下：

（一）构建了乡村旅游社区家庭生计恢复力理论分析框架

1. 将生计恢复力与可持续生计理论结合构建分析框架

通过深入分析生计恢复力与可持续生计的理论关联，将生计恢复力理论与可持续生计理论相结合，为乡村旅游社区家庭生计提供了一个更为全面的理论分析基础。这种结合不仅强调了家庭面对旅游环境变化的适应性和恢复力，而且提升了家庭在面对外部冲击时的应对能力。在此基础上，研究创新构建了一个多层次的生计恢复力分析框架，该框架不仅涵盖了家庭和社区两个层面，还考虑了外部冲击和旅游发展环境的影响。这一框架有助于深入理解乡村旅游社区家庭生计恢复力的动态变化和影响因素。

2. 突出文化适应力的重要性

研究提出文化适应力是乡村旅游社区家庭生计恢复力的关键构成要素，并将其融入家庭生计恢复力理论分析框架。家庭能够利用传统文化、规则和技能，有效适应外部环境的变化和冲击，这在旅游发展中尤为重要。这一观点一方面弥补了传统分析框架中对文化元素重视的不足，另一方面凸显和验证了旅游环境下生计恢复对文化作用的彰显。

3. 生计恢复力测度指标体系和分析方法

在分析框架的基础上，研究提出了一套综合的生计恢复力指标体系，包括缓冲能力、自组织能力、学习能力和文化适应力等维度。这套指标体系能够全面测度家庭在旅游发展背景下的生计恢复力。进一步，研究明确了多种数据收集方法，包括访谈法、问卷调查法和参与式观察法，选取典型乡村旅游社区进行了实证研究。明确通过多元回归分析和ISM模型，用于分析影响家庭生计恢复力的主要因素，包括家庭结构、生计资本、生计策略、社区管理、政策支持等。这些案例研究提供了丰富的实地数据，支持了理论分析和指标体系的有效性。

（二）分析了乡村旅游社区家庭生计恢复力水平及差异

案例地旅游家庭生计恢复力得分为0.538，处于中等水平，各维度得分为自组织能力（0.148）＞学习能力（0.142）＞缓冲能力（0.141）＞文化适应力

（0.107），缓冲能力作为权重最大的维度，得分较低，一部分是因为外部环境对旅游的打击，导致旅游经营户的收入受到较大的影响，另一部分是因为旅游波动下当地家庭的工作机会以及薪资水平也会下降。不同社区和不同生计策略家庭生计恢复力也存在一定的差距。

1. 不同社区家庭生计恢复力对比情况

对比结果表明：喜洲村家庭生计恢复力得分为0.542，各维度得分为自组织能力（0.149）＞缓冲能力（0.144）＞学习能力（0.138）＞文化适应力（0.110），水碓村家庭生计恢复力得分为0.534，各维度得分为自组织能力（0.147）＞学习能力（0.145）＞缓冲能力（0.138）＞文化适应力（0.103）。喜洲村的自组织能力、缓冲能力以及文化适应力包括整体恢复力水平都高于水碓村，是因为喜洲村由于受商帮文化的影响，有更好的住房状况、生活和生产资产、关系网络信任、分享的能力，并且因为社区对当地旅游产业的发展以及文化资源的开发受到居民认同，所以喜洲家庭的社区和组织参与情况更好，整体文化适应力更高。水碓村的学习能力更高，是因为当地家庭的平均教育程度、信息获取能力以及技能培训机会得分较高，和顺对教育的重视提高了当地家庭的教育程度，当地经营户自发形成的行业组织促进了信息的传递，当地大量民宿在招聘居民时进行的培训以及柏联公司对当地居民的培训，提高了当地技能培训机会的得分。

2. 不同生计策略家庭生计恢复力对比情况

结果显示：旅游兼业型生计策略家庭（0.550）＞旅游型生计策略家庭（0.540）＞其他型生计策略家庭（0.498），并且不同生计策略家庭同一维度的大小顺序与生计恢复力大小顺序基本一致，只有旅游兼业型家庭的学习能力略低于旅游型家庭生计策略。根据得分趋势可以得知，参与旅游家庭生计恢复力高于未参与旅游家庭，生计多样性家庭恢复力水平高于生计单一性家庭。

3. 传统文化赋予家庭较强的文化适应力和生计恢复力

文化适应对生计恢复力的提升作用在案例实践中得到了一定检验。大理喜洲古镇是南诏"大厘城"，文商并重，历史上"喜洲商帮"在大理乃至云南省的社会和经济中都占有重要地位。受传统白族和商帮文化影响，面对旅游冲击许多家庭表现出较好的文化适应性和生计恢复能力，具体表现在：第一，坚持多元化的经营策略，喜洲多元生计策略家庭占比57.4%，表现出灵活的经商策略，缓解了旅游波动带来的影响。第二，文化认同度和文化自信心较强，多数家庭坚信喜洲独特的白族文化在未来市场竞争中的优势，对旅游波动后的恢复充满信心。第三，依靠经商群体形成信息共享与社会网络，在面对经营困难时能够及时掌握信息和获得外部资源支持，并及时调整生计策略。部分家庭转变经营策略，收回店铺转而自己扩大投资经营。

对传统文化的利用程度会带来文化适应力的不同。与喜洲自信和乐观的文化适应性不同，调研中其他乡村的居民在面对旅游停滞和商铺歇业时更多表现出焦虑，对能否适应未来新兴旅游市场需求表示担忧。部分原因在于外来投资者居多，经营业态随市场波动和消费趋势变动较大，对传统文化利用程度不高，对旅游波动和策略选择仍有不适应性。

4. 地方性知识合理利用促进家庭生计可持续

通过海南疍家人社区的案例研究发现，海南疍家人的地方性知识在他们从传统海上捕鱼向现代旅游经营的生计方式转型中起到了关键作用。地方性知识在海南疍家人可持续生计中具有核心作用，这些传统知识是适应环境、指导生产生活的智慧，同时为旅游业提供了独特的资源。这种知识不仅支撑了疍家人维持传统生活方式，而且在推动旅游发展和文化传承方面展现了巨大潜力。研究表明，生计资本的积累、社会网络的构建、金融收入的稳定性以及文化资本的运用对疍家人生计的可持续性具有显著影响。物质资本和社会资本在提高经济收入和社会地位方面发挥了重要作用，而文化资本的保护与传承对于增强文化认同感和自豪感至关重要。

（三）明确了家庭生计恢复力影响因素及其作用机制

识别家庭生计恢复力影响因素，根据调研与访谈得知环境变化与生态治理政策对案例地旅游发展以及家庭生计的影响，所以将外部干扰作为影响因素之一。通过不同案例地家庭的生计恢复力水平对比得知，部分指标得分的差异是由于当地政府与公司管理模式以及管理措施的不同导致，因此将旅游社区管理纳入影响因素中。对不同生计策略家庭生计恢复力对比得知，多样化生计策略的生计恢复力水平更好，并且各指标的得分也会直接影响生计恢复力的总体得分，所以将家庭生计策略以及生计恢复力各指标全部纳入影响因素，共识别了22个影响因素。

1. 厘清了主要影响因素的作用路径

构建家庭生计恢复力影响因素结识结构模型（ISM），划分了4个影响层级，找出2个根源因素，分析每层级影响因素作用，辨别了根源因素对应的主要三条影响作用路径。路径1：文化拥有度—文化运用度—信息获取能力+未来风险应对能力+文化自信度—分享的能力+借贷能力—生计恢复力。路径2：旅游社区管理—政策扶持+技能培训机会—信息获取能力+未来风险应对能力—分享的能力+借贷能力—生计恢复力。路径3：旅游社区管理—政策知晓度+社区和组织参与+文化自信度—信息获取能力+未来风险应对能力—分享的能力+借贷能力—生计恢复力。将主要影响路径结合各层级影响作用分析，厘清各影响因素的影响作用与影响过程。

2. 梳理了影响因素的组合和交互关系

通过结合交叉影响矩阵相乘法（MICMAC），明确了旅游社区家庭生计恢复力各影响因素的驱动力和依赖性，其中住房状况（S_2）、关系网络信任（S_9）属于Ⅰ自治因素，具有较低的驱动力以及较低的依赖度；生活和生产资产（S_3）、借贷能力（S_6）、社会支持网络（S_{10}）、分享的能力（S_{14}）属于Ⅱ依赖因素，具有较低的驱动力以及较高的依赖度；劳动能力（S_1）、政策扶持（S_8）、教育程度（S_{12}）、技能培训机会（S_{15}）、文化拥有度（S_{18}）、文化运用度（S_{19}）、旅游社区管理（S_{21}）、家庭生计策略（S_{22}）属于Ⅲ独立因素，具有较高的驱动力以及较低的依赖度，是影响家庭生计恢复力的重要因素；家庭收入（S_4）、储蓄状况（S_5）、政策知晓度（S_7）、社区和组织参与（S_{11}）、信息获取能力（S_{13}）、未来风险应对能力（S_{16}）、文化自信度（S_{17}）、外部干扰（S_{20}）属于Ⅳ关联因素，具有较高的驱动力以及较低的依赖度，关联作用较强。

结合解释结构模型（ISM）与交叉影响矩阵相乘法（MICMAC）结果构建ISM-MICMAC模型进行综合分析，将影响因素分为关键层驱动因素、中间层关联因素、表层自治因素、表层依赖因素，分别分析各层影响因素作用，为提出对策奠定基础。

3. 家庭旅游生计恢复力受复杂因素影响

不同生计策略家庭的影响程度也不同。调查表明，旅游波动对旅游型家庭冲击较大，其中靠租赁房屋进行旅游经营的家庭影响更甚。旅游兼业型家庭因工作机会减少和业务缩减使得收入降低。其他型家庭中打工型家庭因为店铺装修、客栈和餐饮服务需求减少，造成外出打工机会减少和收入损失。

根据分析框架的文化适应力、缓冲能力、自组织能力和学习能力四个维度可以探究旅游生计恢复力影响因素。案例分析表明，文化拥有程度、学习能力和政策知晓程度等因素对生计恢复力具有明显影响作用。传统文化拥有较多的家庭，对自身白族文化的认同度和自信程度较高，如传统的商帮文化增强了家庭的适应能力和生计恢复力。学习能力反映通过获取信息和技能从而提升自身应变策略的能力。例如，乡村民宿经营对新媒体、新营销、新设计等技术的学习和应用会直接影响民宿经营状况，拥有较强学习能力的家庭受旅游波动影响较小。政策知晓度反映居民对旅游市场和政府支持政策的关注程度。旅游发展容易受到政策因素影响，居民希望能够了解政府政策和旅游纾困信息，争取得到政府政策和资金支持。

（四）提出了旅游社区家庭生计恢复力协同治理路径

根据家庭生计恢复力影响因素以及作用路径分析，结合案例地实际情况，从政府政策、乡村社区和家庭生计等方面提出协同治理路径措施。根据不同社区家庭的生计恢复力对比，以及旅游社区管理是根源因素和驱动力最强的因素都可以得知社区管理的重要性，所以本书针对家庭生计恢复力关键层驱动因素、中间层关联因素、表层自治因素、表层依赖因素分别提出提升策略。从不同生计策略对比中找出得分较低的影响因素，结合解释结构模型（ISM）与交叉影响矩阵相乘法（MICMAC）结果，分析不同生计策略生计恢复力提升路径，有针对性地提出协同治理路径。

研究提出，当地居民对产业发展、政府规划、旅游纾困等方面信息掌握不够，获得信息和培训的渠道有限。旅游组织没有完全发挥管理效能，反映出旅游治理层面的缺陷。特殊情形下，居民希望政府和行业组织能够采取有力的管理手段和多样的营销方式，吸引游客消费以减轻经营损失。通过乡村旅游社区和行业组织，形成家庭、社区和政府等多主体协同致力于旅游恢复的协同治理结构，有助于抵御旅游波动带来的风险，提升旅游家庭生计恢复力。

二、研究讨论

（一）理论分析框架的适用性

研究创新构建了乡村旅游环境下外部冲击—生计恢复力—生计策略的旅游生计恢复力分析框架，并制定了相应的指标体系和测算方法。一方面弥补了传统分析框架中对文化元素重视不足（Wall，2018），另一方面凸显和验证了旅游环境下生计恢复对文化作用的彰显（Sydnor-Bousso 等，2011）。进一步通过案例分析对分析框架和指标体系进一步验证，表明从文化适应力视角不仅能够洞察生计恢复力的状况，透视家庭生计恢复力差异及原因。文化自信度和文化拥有度指标对不同类型目的地和家庭都显示出较强影响力。总体上，构建的旅游生计恢复力分析框架具有创新性和适用性。

1. 文化适应对生计恢复力的作用

将文化适应力纳入家庭生计恢复力分析框架中，分析案例地家庭文化适应力对生计恢复力的作用及影响。第一，文化适应力可以提高家庭的生计恢复力水平。凭借拥有的文化资源，在旅游经营的过程中，具有更多的竞争优势，提高家庭的收入。第二，家庭文化适应力可以帮助家庭提高生计选择的灵活性。拥有文化技能以及传统民居等文化资源的家庭更容易参与旅游经营中，增加生计方式的多样性，提高家庭应对风险的能力。第三，文化适应力促进旅游文化产业的发展。社区通过对当地文化资源的挖掘利用，形成独具特色的旅游文化产业，获得更多的经济效益，解决当地居民的文化生计，促进文化的保护传承，增进文化认同，生成文化自信，在提高文化适应力的同时又进一步促进了旅游文化产业的发展（李军，2020）。

2. 家庭生计恢复力影响因素的多层次复杂性

对于家庭生计恢复力影响因素的研究，不同于其他研究从外部因素（刘伟等，2023）、社会人口特征（Amadu 等，2021）以及分析指标对生计恢复力的影响作用（季天妮等，2022），本书从家庭自身因素、外部干扰以及旅游社区管理多角度进行影响作用研究，分析外部干扰对家庭生计恢复力的冲击，表明不同生计策略都会受到外部干扰的影响，需要提高自身应对冲击的能力；分析社区管理对家庭生计恢复力的保障作用，表明较强的社区管理能力可以快速对外界干扰做出反应，进行适应性管理，降低社区的生计脆弱性；分析生计策略选择对家庭生计恢复力的影响，表明生计方式的多样性可以通过分散风险来提高抵御能力。

（二）主要研究结果的讨论

1. 生计恢复力测度结果

本书基于旅游社区家庭生计恢复力分析框架，从缓冲能力、学习能力、自组织能力、文化适应力四个维度构建指标体系，更全面客观地评估家庭生计恢复力水平。通过对不同社区和不同生计策略家庭生计恢复力的差异性对比，了解家庭生计策略选择以及社区管理对家庭生计恢复力的作用。在区域对比方面，可以尝试以省为单位进行对比，分析旅游文化资源、当地政策、经济发展状况等对生计恢复力的影响。在测度方法上，可以运用更多的预测与演化模型进行生计恢复力水平发展态势的研究。

2. 影响因素分析结果

对于旅游社区家庭生计恢复力的影响因素作用研究，运用解释结构模型（ISM）与交叉影响矩阵相乘法（MICMAC）分析影响因素的作用路径，区别于现有研究常用的回归方法（Matter 等，2021；Nath 等，2020），能够更直观地看出影响因素之间的相互影响以及对家庭生计恢复力的影响路径。构建 ISM-MICMAC 模型也可以更进一步分析影响因素的作用途径和效果。虽然对影响因素的影响作用进行了综合分析，但是不能对后续新的影响因素以及影响因素未来作用效果进行预测，后续研究可以尝试使用交叉影响因素分析（CIA），对家庭生计恢复力影响因素未来的作用效果进行预测。

此外，根据分析框架中对文化适应力、影响因素和协同治理等内容的突出，重点围绕文化适应在生计恢复力中的体现、旅游生计恢复力的影响因素、生计恢复力协同治理三个方面展开论述，为后续家庭生计恢复力影响机制分析奠定基础。

（三）政策建议与实际应用

1. 强化政策支持，推动乡村文旅融合发展

针对研究结果，建议政府进一步加强对文化资源的政策支持，促进文化与旅游的深度融合发展。通过制定和实施专门的政策法规，保护和利用文化资源，支持文化产业与旅游业的联动发展。同时，加大资金投入，提供技术支持，帮助当地居民和企业更好地利用文化资源，提升生计恢复力。

2. 加强乡村社区治理，提升社会资本

乡村旅游社区治理在提升家庭生计恢复力中起着重要作用。建议通过成立社区管理委员会，推动多主体协同管理，增强社区治理的效果。政府应积极引导居民参与社区治理，建立健全反馈机制，解决社区发展中遇到的问题和困难。同时，通过优化社区社会网络，提升居民获取社会支持的能力，增强社会资本，促进生计恢复力的提升。

3. 提高居民文化自信，推动乡村文化传承与创新

研究表明，文化自信在生计恢复力中具有重要作用。建议通过加强文化宣传教育，提高居民对本土文化的认同感和自豪感，激发他们参与文化传承和创新的积极性。通过举办各种文化活动和培训，提高居民的文化素养和技能，推动文化资源的创造性转化和利用，为旅游业发展注入新的活力。

4. 优化乡村旅游要素，促进多元化生计方式

为了提升家庭生计恢复力，需要优化旅游产业要求，促进多元化生计方式的发展。建议政府和社区通过政策引导和资金支持，鼓励居民发展多种旅游相关产业，如民宿、农家乐、手工艺品制作等，增加收入来源，提升生计恢复力。同时，通过培训和技术支持，提升居民的经营能力和服务水平，增强市场竞争力。

综上所述，本研究通过构建乡村旅游环境下外部冲击—生计恢复力—生计策略的分析框架，提出了多层次、多角度的协同治理路径，为提升乡村旅游社区家庭生计恢复力提供了理论依据和实践指导。未来研究可以进一步探索新的影响因素及其作用效果，丰富和完善生计恢复力的理论与实践。

第二节 研究的主要贡献

本研究通过构建乡村旅游社区家庭生计恢复力分析框架与指标体系,测度家庭生计恢复力水平和差异,分析家庭生计恢复力影响因素及作用机制,提出家庭生计恢复力协同治理的实施路径。总体来看,本研究在理论创新、方法完善和实证研究方面做出了一定贡献,为乡村旅游社区家庭生计恢复力的研究提供了新的理论视角和工具,对于促进旅游社区的可持续发展具有重要的理论和实践价值。可能的贡献具体表现在以下几个方面。

(1) 创新性理论框架的构建。本研究突破了传统生计恢复力分析框架的局限,创新性地将文化适应力纳入理论分析中,构建了一个新的旅游生计恢复力分析框架。该框架不仅结合了旅游发展的实际情况,还通过案例的验证和分析,明确了外部冲击、旅游生计恢复力与生计策略之间的内在联系。特别是在全球经济波动和地区冲突等不确定性因素的冲击下,本研究不仅拓展和创新了现有理论,还为旅游恢复力和可持续生计的研究提供了新的视角和理论基础。

(2) 生计恢复力测度指标和方法的完善。在传统生计恢复力和可持续生计的测度指标基础上,本研究进一步增加了适应旅游发展环境的文化适应力测度指标。通过实证测量分析和指标验证,形成了一套完整的分析方法,包括分析框架、指标体系、测度方法和案例分析等,为旅游生计恢复力的方法体系提供了重要补充和完善。

本研究运用解释结构模型(ISM)与交叉影响矩阵相乘法(MICMAC)构建递阶结构模型以及驱动—依赖度结果分析图,揭示了各影响因素对旅游社区家庭生计恢复力的影响路径和作用程度。多样化的资料收集方法和数据分析方法,对拓展旅游研究的分析方法具有一定贡献。

(3) 旅游波动下的案例深入调查。在旅游业面临巨大冲击的背景下,本研究选择了具有代表性的旅游案例地进行深入调查研究,详细描述了旅游波动对目的地家庭旅游经营活动的影响以及家庭生计的恢复情况。通过对比分析不同案例和不同生计策略家庭的生计恢复情况,揭示了影响生计恢复力的内在因素。

这些研究不仅为旅游恢复提供了数据支持和案例支撑,同时也呼吁社会对旅游地家庭民生福祉的关注,具有重要的实践意义。

(4)家庭生计恢复力影响机制的多维剖析。本研究不仅关注生计恢复力的测度分析,还深入探讨了影响家庭生计恢复力的内在影响机制。通过综合运用多元回归分析、ISM模型和MICMAC模型等研究方法,多维度揭示了家庭生计恢复力的影响因素及其相互作用关系。研究识别了关键因素,如家庭结构、生计资本、社会网络、文化适应力等,并分析了这些因素如何共同作用于家庭的生计恢复力。

此外,研究还考察了外部环境变化对家庭生计恢复力的影响,为理解和应对旅游市场和外部环境的不确定性提供了理论依据和实践指导。这一贡献为制定有效的政策干预措施,提升家庭应对外部冲击的能力,促进乡村旅游社区的可持续发展提供了重要参考。

(5)协同治理实践的政策建议。根据研究结果,本研究提出了多层次生计恢复力协同治理实践应用的政策建议,包括强化政策支持,推动文化与旅游的融合发展;加强社区治理,提升社会资本;提高居民文化自信,推动文化传承与创新;优化旅游产业链,促进多元化生计方式等。这些政策建议为政府和相关部门在制定乡村旅游发展政策、提升社区管理能力以及增强居民生计恢复力方面提供了科学依据和具体指导。

第三节 研究展望

虽然本研究对旅游生计可持续和旅游恢复力研究具有一定的理论和实践价值,但仍然存在研究局限。构建的理论分析框架缺少足够的分析验证,案例地因其特殊性无法反映整体乡村旅游地家庭生计恢复状况,也未从时间维度研究家庭生计恢复力的演化状况和内在机制等,这些也是未来研究的主要方向。

(1)理论分析框架的应用和验证。本研究提出的旅游生计恢复力分析框架在特定案例地得到了应用和初步验证,但为了增强该框架的普适性和可靠性,未来的研究需要在不同的地理、文化和经济背景下进一步应用和测试这一框架。

研究者可以在更广泛的乡村旅游社区中进行实证研究，以检验框架中各构成要素的适用性和有效性，以及复杂环境因素对生计恢复力的交互影响作用。此外，随着社会经济环境的不断演进，理论分析框架本身也需要不断地更新和完善，以适应新的挑战和需求。通过在不同旅游发展环境下的应用和反复验证，可以进一步提高框架的解释力和预测力，为乡村旅游社区家庭生计恢复力的研究提供更加坚实的理论基础和实用的分析工具。

（2）典型案例地的扩展和深入研究。虽然本研究选取的多个案例在分析家庭生计恢复力水平、影响机制、文化适应力对生计恢复重要性等方面具有一定的代表性，但它们的特殊性可能限制了研究结果的普遍适用性。未来的研究应当考虑包含更多样化的乡村旅游社区，进行多类型案例的对比分析，以增强研究结果的广泛性和适用性。这包括不同类型的地理环境、文化背景和旅游发展阶段的社区，以获得对生计恢复力更全面的理解，以及对旅游可持续生计更广泛的案例支撑和研究参考。

（3）时间维度动态演化机制的探讨。本研究虽然构建了旅游生计恢复力的分析框架并进行了影响因素分析，但尚未从时间维度深入探讨家庭生计恢复力的演化过程和内在机制。但是应该注意到的是，动态性是生计恢复力理论的显著特征，但目前对生计恢复力动态性演化的分析还较为少见。因此，未来的研究需要关注家庭生计恢复力随时间的变化，通过纵向案例研究设计来追踪和分析家庭生计策略的调整、外部环境变化对生计恢复力的影响，以及家庭如何适应这些变化，从而剖析生计恢复力的动态演化机制。

（4）跨学科的生计恢复力研究方法。本书运用主成分分析方法、解释结构模型（ISM）方法、交叉影响矩阵相乘法（MICMAC）方法对家庭生计恢复力水平的发展态势以及影响因素未来的作用效果进行预测。在未来的研究中应该运用更多预测与演化模型等方法，结合时间序列数据，开展旅游社区家庭生计恢复力水平以及影响因素作用的动态分析以及发展趋势预测。研究可以采用跨学科的方法，结合社会学、经济学、心理学和环境科学等领域的理论和方法，以更全面地理解和解释家庭生计恢复力的影响因素和演化机制。

（5）从生计恢复力到生计韧性的拓展。本研究着重探讨了生计恢复力的概念，并建立了相应的分析框架。然而，生计恢复力与生计韧性是紧密相关的概念，未来的研究可以进一步探索从生计恢复力到生计韧性的过渡和深化。生计韧性不仅关注系统在遭受冲击后的恢复能力，还包括系统在持续变化中适应、转型和成长的能力。未来的研究可以着重分析家庭和社区如何在不断变化的社会经济环境中，通过创新和适应来增强自身的生计韧性。这涉及对家庭和社区多层次、多方面的适应策略、转型路径和发展潜力的深入研究，以及如何通过政策支持、能力建设和社会参与来促进这种韧性的构建。通过这种拓展，研究可以为乡村旅游社区和其他类型的社区提供更为全面和深入的发展指导。

综上所述，未来研究应从多维度、多层次、多视角出发，进一步验证和完善本研究提出的理论分析框架，扩展典型案例地的研究，探讨生计恢复力的动态演化机制，采用跨学科的研究方法，并探索生计恢复力向生计韧性的拓展。通过这些努力，可以更全面、深刻地理解和提升乡村旅游社区家庭的生计恢复力，为其旅游可持续发展提供更加坚实的理论依据和实践指导。

参考文献

[1] Aazami M, Shanazi K. Tourism wetlands and rural sustainable livelihood: The case from Iran [J]. Journal of Outdoor Recreation and Tourism, 2020 (30): 100284.

[2] Adger W N, Dessai S, Goulden M, et al. Are there social limits to adaptation to climate change? [J]. Climatic Change, 2009, 93 (3): 335-354.

[3] Adger W N, Hughes T P, Folke C, et al. Social-ecological resilience to coastal disasters [J]. Science, 2005, 309 (5737): 1036-1039.

[4] Adger W N. Social and ecological resilience: are they related? [J]. Progress in Human Geography, 2000, 24 (3): 347-364.

[5] Adger W N. Social capital, collective action, and adaptation to climate change [M]. Berlin: Springer, 2010.

[6] Alam G M M, Alam K, Mushtaq S, et al. How do climate change and associated hazards impact on the resilience of riparian rural communities in Bangladesh? Policy implications for livelihood development [J]. Environmental Science & Policy, 2018 (84): 7-18.

[7] Allred S, Harris R, Zaman T, et al. Cultural resilience in the face of globalization: Lessons from the Penan of Borneo [J]. Human Ecology, 2022, 50 (3): 447-462.

[8] Amadu I, Armah F A, Aheto D W, et al. A study on livelihood resilience in the small-scale fisheries of Ghana using a structural equation modelling approach [J]. Ocean & Coastal Management, 2021 (215): 105952.

[9] Tran V T, Mushtaq S, Cockfield G, et al. Nuanced assessment of livelihood resilience through the intersectional lens of gender and ethnicity: Evidence from small-scale farming communities in the upland regions of Vietnam [J]. Journal of Rural

Studies, 2022 (92): 68-78.

[10] Awazi N P, Quandt A. Livelihood resilience to environmental changes in areas of Kenya and Cameroon: A comparative analysis [J]. Climatic Change, 2021, 165 (1): 33.

[11] Baral N. Evaluation and resilience of ecotourism in the Annapurna Conservation Area, Nepal [J]. Environmental Conservation, 2014, 41 (1): 84-92.

[12] Bec A, McLennan C-l, Moyle B D. Community resilience to long-term tourism decline and rejuvenation: A literature review and conceptual model [J]. Current Issues in Tourism, 2016, 19 (5): 431-457.

[13] Becken S. Developing a framework for assessing resilience of tourism sub-systems to climatic factors [J]. Annals of tourism research, 2013 (43): 506-528.

[14] Biggs D, Hicks C C, Cinner J E, et al. Marine tourism in the face of global change: The resilience of enterprises to crises in Thailand and Australia [J]. Ocean & coastal management, 2015 (105): 65-74.

[15] Boccardi G. From mitigation to adaptation: A new heritage paradigm for the Anthropocene [M]. Berlin: De Gruyter, 2015.

[16] Bui H T, Jones T E, Weaver D B, et al. The adaptive resilience of living cultural heritage in a tourism destination [J]. Journal of Sustainable Tourism, 2020, 28 (7): 1022-1040.

[17] Burnell J. Small change: Understanding cultural action as a resource for unlocking assets and building resilience in communities [J]. Community Development Journal, 2013, 48 (1): 134-150.

[18] Butler R. Resilience in the face of changing circumstances: Fair Isle, Shetland [M]. London: Routledge, 2017.

[19] Calgaro E, Lloyd K, Dominey-Howes D. From vulnerability to transformation: A framework for assessing the vulnerability and resilience of tourism destinations [J]. Journal of Sustainable Tourism, 2014, 22 (3): 341-360.

[20] Carpenter S, Walker B, Anderies J M, et al. From metaphor to

measurement: Resilience of what to what? [J]. Ecosystems, 2001, 4(8): 765-781.

[21] Chambers R, Conway G. Sustainable rural livelihoods: Practical concepts for the 21st century [M]. Brighton: Institute of Development Studies (UK), 1992.

[22] Chen F, Xu H, Lew A A. Livelihood resilience in tourism communities: The role of human agency [J]. Journal of Sustainable Tourism, 2020, 28(4): 606-624.

[23] Chen H, Wang J, Huang J. Policy support, social capital, and farmers' adaptation to drought in China [J]. Global Environmental Change, 2014(24): 193-202.

[24] Chitongo L. Rural livelihood resilience strategies in the face of harsh climatic conditions: The case of ward 11 Gwanda, South, Zimbabwe [J]. Cogent Social Sciences, 2019, 5(1): 1617090.

[25] Christmann G B, Ibert O. Vulnerability and resilience in a socio-spatial perspective [J]. Spatial Research and Planning, 2012, 70(4): 259-272.

[26] Clauss-Ehlers C S. Sociocultural factors, resilience, and coping: Support for a culturally sensitive measure of resilience [J]. Journal of Applied Developmental Psychology, 2008, 29(3): 197-212.

[27] Cochrane J. The sphere of tourism resilience [J]. Tourism Recreation Research, 2010, 35(2): 173-185.

[28] Cutter S L, Burton C G, Emrich C T. Disaster resilience indicators for benchmarking baseline conditions [J]. Journal of Homeland Security and Emergency Management, 2010, 7(1): 1-22.

[29] Daskon C D. Cultural resilience—The roles of cultural traditions in sustaining rural livelihoods: A case study from rural Kandyan Villages in Central Sri Lanka [J]. Sustainability, 2010, 2(4): 1080-1100.

[30] Daskon C, Binns T. Culture, tradition and sustainable rural livelihoods: Exploring the culture-development interface in Kandy, Sri Lanka [J]. Community Development Journal, 2010, 45(4): 494-517.

［31］Daskon C, McGregor A. Cultural capital and sustainable livelihoods in Sri Lanka's rural villages: Towards culturally aware development［J］. Journal of Development Studies, 2012, 48（4）: 549-563.

［32］Davidson J L, van Putten I E, Leith P, et al. Toward operationalizing resilience concepts in Australian marine sectors coping with climate change［J］. Ecology and Society, 2013, 18（3）: 4.

［33］DFID U. Sustainable livelihoods guidance sheets［M］. London: DFID, 1999.

［34］Fang Y P, Zhu F B, Qiu X P, et al. Effects of natural disasters on livelihood resilience of rural residents in Sichuan［J］. Habitat International, 2018（76）: 19-28.

［35］Filimonau V, De Coteau D. Tourism resilience in the context of integrated destination and disaster management（DM2）［J］. International Journal of Tourism Research, 2020, 22（2）: 202-222.

［36］Folke C, Carpenter S, Elmqvist T, et al. Resilience and sustainable development: building adaptive capacity in a world of transformations［J］. AMBIO: A Journal of the Human Environment, 2002, 31（5）: 437-440.

［37］Folke C. Resilience: The emergence of a perspective for social-ecological systems analyses［J］. Global Environmental Change, 2006, 16（3）: 253-267.

［38］Forster J, Lake I R, Watkinson A R, et al. Marine dependent livelihoods and resilience to environmental change: A case study of Anguilla［J］. Marine Policy, 2014（45）: 204-212.

［39］Martha G, 杨国安. 可持续发展研究方法国际进展——脆弱性分析方法与可持续生计方法比较［J］. 地理科学进展, 2003（1）: 11-21.

［40］Ghahramani L, Mcardle K, Fatorić S. Minority community resilience and cultural heritage preservation: A case study of the gullah geechee community［J］. Sustainability, 2020, 12（6）: 2266.

［41］Grothmann T, Patt A. Adaptive capacity and human cognition: The process of individual adaptation to climate change［J］. Global Environmental Change, 2005,

15(3): 199-213.

[42] Guo Y, Zhang J, Zhang Y, et al. Examining the relationship between social capital and community residents' perceived resilience in tourism destinations [J]. Journal of Sustainable Tourism, 2018, 26(6): 973-986.

[43] Holladay P J, Powell R B. Resident perceptions of social-ecological resilience and the sustainability of community-based tourism development in the Commonwealth of Dominica [J]. Journal of Sustainable Tourism, 2013, 21(8): 1188-1211.

[44] Holland K K, Larson L R, Powell R B, et al. Impacts of tourism on support for conservation, local livelihoods, and community resilience around Maasai Mara National Reserve, Kenya[J]. Journal of Sustainable Tourism, 2022, 30(11): 2526-2548.

[45] Ifejika Speranza C, Wiesmann U, Rist S. An indicator framework for assessing livelihood resilience in the context of social-ecological dynamics [J]. Global Environmental Change, 2014(28): 109-119.

[46] Joakim E P, Wismer S K. Livelihood recovery after disaster [J]. Development in Practice, 2015, 25(3): 401-418.

[47] Anup K C, Parajuli R B. Tourism and its impact on livelihood in Manaslu conservation area, Nepal [J]. Environment, Development and Sustainability, 2014, 16(5): 1053-1063.

[48] Kuščer K, Eichelberger S, Peters M. Tourism organizations' responses to the COVID-19 pandemic: An investigation of the lockdown period [J]. Current Issues in Tourism, 2022, 25(2): 247-260.

[49] Lew A A. Scale, change and resilience in community tourism planning [J]. Tourism Geographies, 2014, 16(1): 14-22.

[50] Li E, Deng Q, Zhou Y. Livelihood resilience and the generative mechanism of rural households out of poverty: An empirical analysis from Lankao County, Henan Province, China [J]. Journal of Rural Studies, 2022(93): 210-222.

[51] Liu W, Li J, Ren L, et al. Exploring livelihood resilience and its impact

on livelihood strategy in rural China[J]. Social Indicators Research, 2020, 150(3): 977-998.

[52] Liu W, Li J, Xu J. Effects of disaster-related resettlement on the livelihood resilience of rural households in China [J]. International Journal of Disaster Risk Reduction, 2020 (49): 101649.

[53] Luthe T, Wyss R, Schuckert M. Network governance and regional resilience to climate change: empirical evidence from mountain tourism communities in the Swiss Gotthard region [J]. Regional Environmental Change, 2012, 12 (4): 839-854.

[54] Marschke M J, Berkes F. Exploring strategies that build livelihood resilience: A case from Cambodia [J]. Ecology and Society, 2006, 11 (1): 42.

[55] Marshall N A, Gordon I J, Ash A. The reluctance of resource-users to adopt seasonal climate forecasts to enhance resilience to climate variability on the rangelands [J]. Climatic change, 2011, 107 (3): 511-529.

[56] Matter S, Boillat S, Ifejika Speranza C. Buffer-capacity-based livelihood resilience to stressors—An early warning tool and its application in Makueni County, Kenya [J]. Frontiers in Sustainable Food Systems, 2021 (5): 213.

[57] Mavhura E. Applying a systems-thinking approach to community resilience analysis using rural livelihoods: The case of Muzarabani district, Zimbabwe [J]. International Journal of Disaster Risk Reduction, 2017 (25): 248-258.

[58] Milestad R, Darnhofer I. Building farm resilience: The prospects and challenges of organic farming[J]. Journal of Sustainable Agriculture, 2003, 22(3): 81-97.

[59] Mohammed K, Batung E, Kansanga M, et al. Livelihood diversification strategies and resilience to climate change in semi-arid northern Ghana [J]. Climatic Change, 2021 (164): 1-23.

[60] Nath S, van Laerhoven F, Driessen P, et al. Capital, rules or conflict? Factors affecting livelihood-strategies, infrastructure-resilience, and livelihood-vulnerability in the polders of Bangladesh[J]. Sustainability Science, 2020, 15(4):

1169-1183.

［61］Nyamwanza A M. Livelihood resilience and adaptive capacity: A critical conceptual review［J］. Jàmbá:Journal of Disaster Risk Studies, 2012, 4（1）: 1-6.

［62］Nyaupane G P, Poudel S. Linkages among biodiversity, livelihood, and tourism［J］. Annals of Tourism Research, 2011, 38（4）: 1344-1366.

［63］Okafor L E, Khalid U, Burzynska K. Does the level of a country's resilience moderate the link between the tourism industry and the economic policy response to the COVID-19 pandemic?［J］. Current Issues in Tourism, 2022, 25（2）: 303-318.

［64］Orchiston C, Prayag G, Brown C. Organizational resilience in the tourism sector［J］. Annals of Tourism Research, 2016（56）: 145-148.

［65］Orchiston C. Tourism business preparedness, resilience and disaster planning in a region of high seismic risk: The case of the Southern Alps, New Zealand［J］. Current Issues in Tourism, 2013, 16（5）: 477-494.

［66］Pham A V, Adrian C, Garg M, et al. State-level COVID-19 outbreak and stock returns［J］. Finance Research Letters, 2021（43）: 102002.

［67］Poelma T, Bayrak M M, Van Nha D, Tran T A. Climate change and livelihood resilience capacities in the Mekong Delta: A case study on the transition to rice-shrimp farming in Vietnam's Kien Giang Province［J］. Climatic Change, 2021, 164（1）: 9.

［68］Powell R, Green T, Holladay P, et al. Examining community resilience to assist in sustainable tourism development planning in Dong Van Karst Plateau Geopark, Vietnam［J］. Tourism Planning & Development, 2018, 15（4）: 436-457.

［69］Quandt A, Neufeldt H, McCabe J T. Building livelihood resilience: What role does agroforestry play?［J］. Climate and Development, 2018, 11（6）: 485-500.

［70］Quandt A, Neufeldt H, McCabe J T. The role of agroforestry in building livelihood resilience to floods and drought in semiarid Kenya［J］. Ecology and Society, 2017, 22（3）: 10.

[71] Quandt A. Measuring livelihood resilience: The Household Livelihood Resilience Approach (HLRA) [J]. World Development, 2018 (107): 253-263.

[72] Régnier P, Neri B, Scuteri S, Miniati S. From emergency relief to livelihood recovery: Lessons learned from post-tsunami experiences in Indonesia and India [J]. Disaster Prevention and Management: An International Journal, 2008, 17 (3): 410-430.

[73] Sarker M N I, Wu M, Alam G M M, et al. Life in riverine islands in Bangladesh: Local adaptation strategies of climate vulnerable riverine island dwellers for livelihood resilience [J]. Land Use Policy, 2020 (94): 1-7.

[74] Scoones I. Livelihoods perspectives and rural development [J]. The Journal of Peasant Studies, 2009, 36 (1): 171-196.

[75] Shen F, Hughey K F, Simmons D G. Connecting the sustainable livelihoods approach and tourism: A review of the literature [J]. Journal of Hospitality and Tourism Management, 2008, 15 (1): 19-31.

[76] Sina D, Chang-Richards A Y, Wilkinson S, et al. What does the future hold for relocated communities post-disaster? Factors affecting livelihood resilience [J]. International Journal of Disaster Risk Reduction, 2019 (34): 173-183.

[77] Sina D, Chang-Richards A Y, Wilkinson S, Potangaroa R. A conceptual framework for measuring livelihood resilience: Relocation experience from Aceh, Indonesia [J]. World Development, 2019 (117): 253-265.

[78] Singh R K, Bhardwaj R, Sureja A K, et al. Livelihood resilience in the face of multiple stressors: biocultural resource-based adaptive strategies among the vulnerable communities [J]. Sustainability Science, 2022, 17 (1): 1-19.

[79] Su M M, Wall G, Wang Y, et al. Livelihood sustainability in a rural tourism destination-Hetu Town, Anhui Province, China [J]. Tourism Management, 2019 (71): 272-281.

[80] Su M M, Wall G, Xu K. Heritage tourism and livelihood sustainability of a resettled rural community: Mount Sanqingshan World Heritage Site, China [J].

Journal of Sustainable Tourism, 2016, 24 (5): 735-757.

[81] Tanner T, Lewis D, Wrathall D, et al. Livelihood resilience in the face of climate change [J]. Nature Climate Change, 2015, 5 (1): 23-26.

[82] Tao T C, Wall G. A livelihood approach to sustainability [J]. Asia Pacific Journal of Tourism Research, 2009, 14 (2): 137-152.

[83] Tebboth M G L, Conway D, Adger W N. Mobility endowment and entitlements mediate resilience in rural livelihood systems [J]. Global Environmental Change, 2019 (54): 172-183.

[84] Thulstrup A W. Livelihood resilience and adaptive capacity: Tracing changes in household access to capital in central Vietnam [J]. World Development, 2015 (74): 352-362.

[85] Tsai C H, Wu T C, Wall G, et al. Perceptions of tourism impacts and community resilience to natural disasters [J]. Tourism Geographies, 2016, 18 (2): 152-173.

[86] Walker B, Holling C S, Carpenter S R, et al. Resilience, adaptability and transformability in social-ecological systems [J]. Ecology and Society, 2004, 9 (2): 5.

[87] Walker B, Salt D. Resilience practice: Building capacity to absorb disturbance and maintain function [M]. Washington, DC: Island Press, 2012.

[88] Wang Y, Zhang Q, Li Q, et al. Role of social networks in building household livelihood resilience under payments for ecosystem services programs in a poor rural community in China [J]. Journal of Rural Studies, 2021 (86): 208-225.

[89] Wilson G A. Community resilience, globalization, and transitional pathways of decision-making [J]. Geoforum, 2012, 43 (6): 1218-1231.

[90] Yang E, Kim J, Pennington-Gray L, et al. Does tourism matter in measuring community resilience? [J]. Annals of Tourism Research, 2021 (89): 103222.

[91] Zhao X, Chen H, Zhao H, et al. Farmer households' livelihood resilience

in ecological-function areas: Case of the Yellow River water source area of China [J]. Environment, Development and Sustainability, 2021, 24 (7): 9665-9686.

[92] Zhao X, Xiang H, Zhao F. Measurement and spatial differentiation of farmers' livelihood resilience under the COVID-19 epidemic outbreak in rural China [J]. Social Indicators Research, 2023, 166 (2): 239-267.

[93] Zhou W, Guo S, Deng X, et al. Livelihood resilience and strategies of rural residents of earthquake-threatened areas in Sichuan Province, China [J]. Natural Hazards, 2021, 106 (1): 255-275.

[94] 安晓颖.乡村旅游背景下精品民宿的经营策略探讨[J].产业创新研究, 2021 (23): 76-78.

[95] 包战雄, 袁书琪.旅游发展、生态保护与社区生计关系研究进展[J].亚热带资源与环境学报, 2017, 12 (4): 49-57.

[96] 卜诗洁, 王群, 卓玛措.生态旅游发展模式演变下三江源国家公园居民生计韧性分析[J].地域研究与开发, 2023, 42 (1): 132-136.

[97] 曾文蕊.喜洲村[M].北京: 光明日报出版社, 2014.

[98] 陈佳, 杨新军, 尹莎.农户贫困恢复力测度、影响效应及对策研究——基于农户家庭结构的视角[J].中国人口·资源与环境, 2016, 26 (1): 150-157.

[99] 陈佳.干旱乡村人地系统演化的脆弱性—恢复力整合研究[D].西安: 西北大学, 2018.

[100] 崔明昆, 杨索, 赵文娟, 等.云南新平傣族生计模式及其变迁的生态人类学研究[J].云南师范大学学报(哲学社会科学版), 2015, 47 (5): 30-35.

[101] 崔晓明, 杨新军.旅游地农户生计资本与社区可持续生计发展研究——以秦巴山区安康一区三县为例[J].人文地理, 2018, 33 (2): 147-153.

[102] 大理喜洲镇政府.大理历史文化名城喜洲历史街区的保护和发展[J].城乡建设, 2022 (16): 78-81.

[103] 管睿, 余劲.生计恢复力、抱负水平与农户风险投资行为[J].华

中农业大学学报（社会科学版），2021（4）：69-78+180-181.

［104］郭华，杨玉香.可持续乡村旅游生计研究综述［J］.旅游学刊，2020，35（9）：134-148.

［105］郭永锐，张捷，张玉玲.旅游目的地社区恢复力的影响因素及其作用机制［J］.地理研究，2018，37（1）：133-144.

［106］郭永锐，张捷，张玉玲.旅游社区恢复力研究：源起、现状与展望［J］.旅游学刊，2015，30（5）：85-96.

［107］郭永锐.突发灾害后旅游目的地社区恢复力的影响因素及其作用机制［D］.南京：南京大学，2014.

［108］何立荣.权力、资本与城市空间：一个西南边疆城市的空间生产及其变迁研究［D］.昆明：云南大学，2018.

［109］何思薇.文化旅游型特色小镇地方重构研究［D］.昆明：昆明理工大学，2021.

［110］纪金雄，洪小燕，朱永杰.茶农生计恢复力测度及影响因素研究——以安溪县为例［J］.茶叶科学，2021，41（1）：132-142.

［111］季天妮，周忠发，牛子浩，等.易地扶贫搬迁前后农户生计恢复力对比分析：以贵州省贞丰县者相镇安置点为例［J］.生态与农村环境学报，2022，38（11）：1406-1414.

［112］江易华，黄桀烽.失地农户生计恢复力的效应及影响因素研究［J］.统计与决策，2020，36（5）：62-67.

［113］金东朝.中国云南大理白族传统宗教研究［D］.北京：中央民族大学，2003.

［114］李川，漆雁斌，何仁伟，邓鑫.生计恢复力视角下我国易地扶贫搬迁研究进展及展望［J］.地理与地理信息科学，2022，38（4）：74-81+129.

［115］李聪，王磊，康博纬，等.易地移民搬迁农户的生计恢复力测度及影响因素分析［J］.西安交通大学学报（社会科学版），2019，39（4）：38-47.

［116］李会琴，潘婧妍，侯林春，黄珂.生计恢复力视角下旅游地农户返贫风险评估与因素识别［J］.干旱区资源与环境，2023，37（2）：88-95.

［117］李会琴，徐宁.基于扎根理论的可持续旅游生计策略影响因素研究

[J].国土资源科技管理,2018,35(4):81-93.

[118]李军,李忠斌,罗永常.文化产业发展视角下民族文化自信的生成机制研究[J].凯里学院学报,2020,38(2):17-23.

[119]李梦雪,尚前浪,邓萌.旅游生计恢复力研究进展及分析框架构建[J].四川旅游学院学报,2022(4):80-85.

[120]李文龙,匡文慧.草原牧区旅游发展对牧户生计的影响——以内蒙古希拉穆仁草原为例[J].地理科学,2019,39(1):131-139.

[121]李颖超,淮建军,张欣茹."气象灾害+新冠疫情"下黄土高原农户生计恢复力影响因素研究[J].干旱区资源与环境,2023,37(9):54-62.

[122]李玉山,卢敏,朱冰洁.多元精准扶贫政策实施与脱贫农户生计脆弱性——基于湘鄂渝黔毗邻民族地区的经验分析[J].中国农村经济,2021(5):60-82.

[123]梁旺兵,田红旭.社会—生态耦合分析视角下民族旅游社区居民生计脆弱性研究[J].资源开发与市场,2021,37(7):863-870.

[124]刘佳欣,徐楠,柴瑞莎,马红玉.新冠疫情背景下不同生计类型农户生计恢复力评价及影响因素研究[J].中国农业资源与区划,2024,45(2):223-231.

[125]刘嘉乐,马慧强,席建超,李哲,李薇.遗产型旅游目的地居民生计韧性测度及影响因素——以山西平遥古城为例[J].旅游学刊,2023,38(7):70-83.

[126]刘俊,张恒锦,金朦朦,等.旅游地农户生计资本评估与生计策略选择——以海螺沟景区为例[J].自然资源学报,2019,34(8):1735-1747.

[127]刘伟,于倩倩.易地搬迁对陕南农户生计弹性的影响研究[J].地理与地理信息科学,2023,39(1):105-110.

[128]刘相军,孙九霞.民族旅游社区居民生计方式转型与传统文化适应:基于个人建构理论视角[J].旅游学刊,2019,34(2):16-28.

[129]罗明义.民族地区旅游产业发展研究——大理白族自治州旅游产业发展战略及综合改革试点规划[M].昆明:云南大学出版社,2011.

[130]罗文斌,孟贝,唐沛,等.土地整理、旅游发展与农户生计的影响

机理研究：一个乡村旅游发展的实证检验［J］.旅游学刊，2019，34（11）：96-106.

［131］罗杨.中国名震云南喜洲［M］.北京：知识产权出版社，2014.

［132］马随随，李传武，张华兵.黄海湿地遗产区周边农户生计恢复力评价及优化路径［J］.生态与农村环境学报，2023，39（11）：1421-1429.

［133］蒙子钰，卢远，汤传勇，林思妍.欠发达山区农户生计恢复力测度——以广西凤山县为例［J］.山地学报，2023，41（4）：584-596.

［134］苗钰聪，黄燕玲，罗盛锋.突发公共卫生事件下民族旅游村寨农户生计变化与干预研究［J］.南方农村，2021，37（6）：22-29+37.

［135］莫潇杭.杭州城市边缘区乡村旅游地农户生计韧性测度及影响因素研究［D］.杭州：浙江工商大学，2020.

［136］尚前浪，陈刚，明庆忠.边境民族旅游村寨生计变迁研究［M］.北京：中国旅游出版社，2020.

［137］尚前浪，陈刚，明庆忠.民族村寨旅游发展对社区和家庭生计变迁影响［J］.社会科学家，2018（7）：78-86.

［138］尚前浪，明庆忠，李梦雪，等.文化适应视角下乡村旅游地家庭生计恢复力与影响因素［J］.中国生态旅游，2024，14（1）：198-212.

［139］尚前浪，明庆忠，李梦雪.旅游生计恢复力研究进展、分析框架与案例分析［J］.旅游导刊，2023，7（2）：79-94.

［140］沈艳，蒋敏，李汶娟，易晖，龙敏飞，余国鹏，李建国，段显洪，明立胜，于绍彦."健康生活目的地"的保山实践［J］.社会主义论坛，2021（4）：43-44.

［141］史玉丁，李建军，刘红梅.提升旅游生计资本的生态补偿机制［J］.西北农林科技大学学报（社会科学版），2019，19（5）：98-106.

［142］苏飞，朱晓倩，刘江玉，等.广东省农村居民生计恢复力测度及影响因素分析［J］.地理科学，2022，42（6）：1015-1023.

［143］苏慧，周鸿.中国文化资源转化为文化资本的机制探究——以广西罗城仫佬族文化资源为例［J］.改革与战略，2013，29（6）：99-102.

［144］孙彦，赵雪雁.陇南山区脱贫户的生计恢复力演变及其影响因素

[J].地理科学,2022,42(12):2160-2169.

[145]唐文跃,胡郭潇,王乾光,成皓,刘陶红.新冠疫情对景区依托型安置区失地农户生计的影响——以三清山银湖湾安置区为例[J].中国生态旅游,2022,12(1):125-139.

[146]王晨.陕北黄土高原农户生计恢复力评价及影响因素研究[D].西安:西北大学,2019.

[147]王群,陆林,杨兴柱.旅游地社区恢复力认知测度与影响因子分析——以千岛湖为例[J].人文地理,2017,32(5):139-146.

[148]王蓉,代美玲,欧阳红,等.文化资本介入下的乡村旅游地农户生计资本测度——婺源李坑村案例[J].旅游学刊,2021,36(7):56-66.

[149]王蓉,欧阳红,代美玲,等.旅游地可持续生计:国际研究进展评述及其对中国的启示[J].人文地理,2022,37(4):10-21.

[150]王蓉.乡村旅游发展对社区农户生计的影响研究[D].武汉:华中师范大学,2019.

[151]王新歌,席建超.大连金石滩旅游度假区当地居民生计转型研究[J].资源科学,2015,37(12):2404-2413.

[152]王子侨.恢复力视角下的黄土高原典型乡村社会—生态系统研究[D].西安:西北大学,2018.

[153]温腾飞,石育中,杨新军,等.黄土高原半干旱区农户生计恢复力及其影响因素研究——以榆中县为例[J].中国农业资源与区划,2018,39(5):172-182.

[154]温馨.旅游扶贫开发下农户生计恢复力及适应路径研究[D].西安:西北大学,2019.

[155]吴吉林,肖玉春,刘水良,左金友,尹宁玲,谢文海.民族旅游乡村农户生计恢复力评价及障碍因子分析——以湘鄂武陵山片区10个村为例[J].经济地理,2024,44(1):174-184.

[156]吴孔森,杨晴青,叶文丽,等.黄土高原农户生计恢复力及其生计建设路径——以陕北佳县为例[J].干旱区资源与环境,2021,35(4):24-30.

[157]吴诗嫚，祝浩，卢新海．土地综合整治对农户生计韧性的影响效应及机制分析——以湖北省部分县市为例［J］．农业现代化研究，2023，44（6）：1002-1013．

[158]吴晓萍．气候灾害下黄土高原农户生计恢复力研究［D］．咸阳：西北农林科技大学，2019．

[159]席建超，张楠．乡村旅游聚落农户生计模式演化研究——野三坡旅游区苟各庄村案例实证［J］．旅游学刊，2016，31（7）：65-75．

[160]喜洲镇志编纂委员会．喜洲镇志［M］．昆明：云南大学出版社，2005．

[161]谢双玉，田文利，聂黎莎，等．山区旅游地不同生计策略类型农户生计韧性的比较研究——以恩施州为例［J］．水土保持研究，2023，30（5）：435-442．

[162]薛祖军．百年滇商喜洲商帮［M］．昆明：云南出版集团公司，2013．

[163]余汝艺，梁留科．脱贫旅游地农户生计风险感知及管理策略研究［J］．资源开发与市场，2023，39（2）：250-256．

[164]云南省腾冲市和顺镇志编委会．和顺镇志［M］．北京：方志出版社，2019．

[165]张二申，周亚娟，乔家君，等．连片特困区易地扶贫搬迁户生计策略选择影响因素分析［J］．地域研究与开发，2022，41（5）：152-158．

[166]张瑾．民族旅游语境中的地方性知识与红瑶妇女生计变迁——以广西龙胜县黄洛瑶寨为例［J］．旅游学刊，2011，26（8）：72-79．

[167]张馨月．旅游影响下的民族社区居民生计变迁研究［D］．兰州：西北师范大学，2020．

[168]张祎娜．黄河国家文化公园建设中文化资源向文化资本的转化［J］．探索与争鸣，2022（6）：24-26．

[169]赵锋．可持续生计分析框架的理论比较与研究述评［J］．兰州财经大学学报，2015，31（05）：86-93．

[170]赵勤．大理喜洲白族民居建筑群［M］．昆明：云南人民出版社，2015．

［171］赵旭，池辰，赵菲菲. 重大突发公共卫生事件冲击下农户的生计水平突变研究［J］. 统计与信息论坛，2022，37（1）：65-77.

［172］周云波，杨家奇. 农户生计恢复力与家庭教育期望——基于CFPS数据的实证分析［J］. 山西财经大学学报，2023，45（4）：16-30.

［173］周智生. 商人与近代中国西南边疆社会［D］. 昆明：云南大学，2002.

［174］朱昌茂，车震宇. 旅游城镇化背景下和顺古镇空间形态演变特征及动力机制研究［J］. 华中建筑，2015，33（12）：148-152.

［175］朱昌茂. 旅游影响下和顺侨乡空间形态演变与重构研究［D］. 昆明：昆明理工大学，2015.

［176］邹瑜，王华丽，刘子豪. 生计恢复力框架下易地扶贫搬迁农户非农就业影响因素研究——基于新疆克孜勒苏柯尔克孜自治州的调查［J］. 干旱区资源与环境，2020，34（11）：29-35.

［177］左迪. 旅游扰动下传统村落社会—生态系统的适应性研究［D］. 上海：华东师范大学，2022.

附　录

附录A　乡村旅游社区家庭生计恢复力调查问卷

一、基本信息

1. 家庭人口数量_____，其中10岁以下_____人；11~18岁_____人；19~60岁_____人；61岁以上_____人

2. 家庭受教育情况：大学及以上_____人；高中或中专_____人；初中_____人；小学_____人；未上学_____人

3. 住房结构为：A. 传统民居风格结构　　B. 砖木结构　　C. 混凝土结构　　D. 传统木结构与混凝土混搭

4. 家庭现有家用设备共_____种。

5. 家里是否有村/镇/县或其他政府部门干部？　A. 有　　B. 无

6. 家庭年收入：A. 5万元以下　　B. 5万~10万元　　C. 11万~15万元　　D. 16万~20万元　　E. 20万元以上

7. 家庭现有储蓄金额：A. 5万元以下　　B. 5万~10万元　　C. 11万~15万元　　D. 16万~20万元　　E. 20万元以上

8. 当家庭需要资金帮助时，您通常会选择：A. 银行/信用贷款　　B. 亲戚朋友借款　　C. 无法借到款　　D. 不需要借款

9. 家庭成员是否拥有传统文化相关技能：A. 是　　B. 否

10. 家庭是否将所拥有或引进传统文化技能转化为旅游产品经营：A. 是　　B. 否

二、家庭生计

1. 是否得到过资金补助和减免？ A.有 金额：_____ B.没有
2. 家庭生计策略：A.旅游型　　B.旅游兼业型　　C.农业兼业型　　D.农业型　　E.其他（打工）备注_____
3. 家庭参与旅游的方式（未参与旅游不填）：A.农家乐　B.特色餐饮　C.旅游商品　D.手工艺品　E.景区工作　F.娱乐项目　G.民宿　H.其他_____

三、生计恢复力［量表题］：

1（完全不同意）—5（完全同意）

	1	2	3	4	5
家庭成员对旅游、社保、扶贫、补助等政策非常了解	□	□	□	□	□
家庭在困难时期获得的政府资助和政策优惠机会较多	□	□	□	□	□
家庭成员与社区其他居民和亲戚有很强的信任感，并且愿意向邻居和亲戚提供借款	□	□	□	□	□
能够提供帮助的亲朋好友数量较多	□	□	□	□	□
家庭成员参与社区活动、加入合作社、协会和地方团体的情况较多	□	□	□	□	□
家庭获取信息的渠道数量较多	□	□	□	□	□
家庭成员与其他居民信息资源与技能交流的程度较高	□	□	□	□	□
家庭成员参加技能培训的次数较多	□	□	□	□	□
家庭成员对旅游发展机会的识别能力	□	□	□	□	□
家庭应对未来可预见的生计风险所能采用的应对策略种类数量较多	□	□	□	□	□
家庭对当地传统文化发展和传承的自信程度	□	□	□	□	□
家庭对能用于旅游开发的物质文化资源的拥有度	□	□	□	□	□
家庭在旅游经营过程中对当地传统文化的运用程度	□	□	□	□	□

附录 B 乡村旅游社区家庭生计恢复力影响因素专家问卷

1. 家庭劳动能力对下列因素的影响程度：
1（无影响）—5（极高影响）

	1 2 3 4 5		1 2 3 4 5		1 2 3 4 5
住房状况	☐☐☐☐☐	关系网络信任	☐☐☐☐☐	未来风险应对能力	☐☐☐☐☐
生活和生产资产	☐☐☐☐☐	社会支持网络	☐☐☐☐☐	文化自信度	☐☐☐☐☐
家庭收入	☐☐☐☐☐	社区和组织参与	☐☐☐☐☐	文化拥有度	☐☐☐☐☐
储蓄状况	☐☐☐☐☐	教育程度	☐☐☐☐☐	文化运用度	☐☐☐☐☐
借贷能力	☐☐☐☐☐	信息获取能力	☐☐☐☐☐	外部干扰	☐☐☐☐☐
政策知晓度	☐☐☐☐☐	分享的能力	☐☐☐☐☐	旅游社区管理	☐☐☐☐☐
政策扶持	☐☐☐☐☐	技能培训机会	☐☐☐☐☐	家庭生计策略	☐☐☐☐☐

2. 对家庭住房状况下列因素的影响程度：
1（无影响）—5（极高影响）

	1	2	3	4	5			1	2	3	4	5
劳动能力	□	□	□	□	□	关系网络信任	未来风险应对能力	□	□	□	□	□
生活和生产资产	□	□	□	□	□	社会支持网络	文化自信度	□	□	□	□	□
家庭收入	□	□	□	□	□	社区和组织参与	文化拥有度	□	□	□	□	□
储蓄状况	□	□	□	□	□	教育程度	文化运用度	□	□	□	□	□
借贷能力	□	□	□	□	□	信息获取能力	外部干扰	□	□	□	□	□
政策知晓度	□	□	□	□	□	分享的能力	旅游社区管理	□	□	□	□	□
政策扶持	□	□	□	□	□	技能培训机会	家庭生计策略	□	□	□	□	□

3. 家庭生活和生产资产（家庭耐用品的数量）对下列因素的影响程度：
1（无影响）—5（极高影响）

	1	2	3	4	5			1	2	3	4	5
劳动能力	□	□	□	□	□	关系网络信任	未来风险应对能力	□	□	□	□	□
住房状况	□	□	□	□	□	社会支持网络	文化自信度	□	□	□	□	□
家庭收入	□	□	□	□	□	社区和组织参与	文化拥有度	□	□	□	□	□
储蓄状况	□	□	□	□	□	教育程度	文化运用度	□	□	□	□	□
借贷能力	□	□	□	□	□	信息获取能力	外部干扰	□	□	□	□	□
政策知晓度	□	□	□	□	□	分享的能力	旅游社区管理	□	□	□	□	□
政策扶持	□	□	□	□	□	技能培训机会	家庭生计策略	□	□	□	□	□

4. 家庭收入（家庭年收入水平）对下列因素的影响程度：
1（无影响）—5（极高影响）

	1	2	3	4	5		1	2	3	4	5
劳动能力	□	□	□	□	□	关系网络信任	□	□	□	□	□
住房状况	□	□	□	□	□	社会支持网络	□	□	□	□	□
生活和生产资产	□	□	□	□	□	社区和组织参与	□	□	□	□	□
储蓄状况	□	□	□	□	□	教育程度	□	□	□	□	□
借贷能力	□	□	□	□	□	信息获取能力	□	□	□	□	□
政策知晓度	□	□	□	□	□	分享能力	□	□	□	□	□
政策扶持	□	□	□	□	□	技能培训机会	□	□	□	□	□

	1	2	3	4	5
未来风险应对能力	□	□	□	□	□
文化自信度	□	□	□	□	□
文化拥有度	□	□	□	□	□
文化运用度	□	□	□	□	□
外部干扰	□	□	□	□	□
旅游社区管理	□	□	□	□	□
家庭生计策略	□	□	□	□	□

5. 储蓄状况（家庭的储蓄额度）对下列因素的影响程度：
1（无影响）—5（极高影响）

	1	2	3	4	5		1	2	3	4	5
劳动能力	□	□	□	□	□	关系网络信任	□	□	□	□	□
住房状况	□	□	□	□	□	社会支持网络	□	□	□	□	□
生活和生产资产	□	□	□	□	□	社区和组织参与	□	□	□	□	□
家庭收入	□	□	□	□	□	教育程度	□	□	□	□	□
借贷能力	□	□	□	□	□	信息获取能力	□	□	□	□	□
政策知晓度	□	□	□	□	□	分享能力	□	□	□	□	□
政策扶持	□	□	□	□	□	技能培训机会	□	□	□	□	□

	1	2	3	4	5
未来风险应对能力	□	□	□	□	□
文化自信度	□	□	□	□	□
文化拥有度	□	□	□	□	□
文化运用度	□	□	□	□	□
外部干扰	□	□	□	□	□
旅游社区管理	□	□	□	□	□
家庭生计策略	□	□	□	□	□

6. 家庭借贷能力（是否能获得借款）对下列因素的影响程度：
1（无影响）—5（极高影响）

	1	2	3	4	5
关系网络信任	☐	☐	☐	☐	☐
社会支持网络	☐	☐	☐	☐	☐
社区和组织参与	☐	☐	☐	☐	☐
教育程度	☐	☐	☐	☐	☐
信息获取能力	☐	☐	☐	☐	☐
分享的能力	☐	☐	☐	☐	☐
技能培训机会	☐	☐	☐	☐	☐

	1	2	3	4	5
劳动能力	☐	☐	☐	☐	☐
住房状况	☐	☐	☐	☐	☐
生活和生产资产	☐	☐	☐	☐	☐
家庭收入	☐	☐	☐	☐	☐
储蓄状况	☐	☐	☐	☐	☐
政策知晓度	☐	☐	☐	☐	☐
政策扶持	☐	☐	☐	☐	☐

	1	2	3	4	5
未来风险应对能力	☐	☐	☐	☐	☐
文化自信度	☐	☐	☐	☐	☐
文化拥有度	☐	☐	☐	☐	☐
文化运用度	☐	☐	☐	☐	☐
外部干扰	☐	☐	☐	☐	☐
旅游社区管理	☐	☐	☐	☐	☐
家庭生计对策略	☐	☐	☐	☐	☐

7. 家庭政策知晓度（对旅游、社保、扶贫、补助等政策的知晓度）对下列因素的影响程度：
1（无影响）—5（极高影响）

	1	2	3	4	5
关系网络信任	☐	☐	☐	☐	☐
社会支持网络	☐	☐	☐	☐	☐
社区和组织参与	☐	☐	☐	☐	☐
教育程度	☐	☐	☐	☐	☐
信息获取能力	☐	☐	☐	☐	☐
分享的能力	☐	☐	☐	☐	☐
技能培训机会	☐	☐	☐	☐	☐

	1	2	3	4	5
劳动能力	☐	☐	☐	☐	☐
住房状况	☐	☐	☐	☐	☐
生活和生产资产	☐	☐	☐	☐	☐
家庭收入	☐	☐	☐	☐	☐
储蓄状况	☐	☐	☐	☐	☐
借贷能力	☐	☐	☐	☐	☐
政策扶持	☐	☐	☐	☐	☐

	1	2	3	4	5
未来风险应对能力	☐	☐	☐	☐	☐
文化自信度	☐	☐	☐	☐	☐
文化拥有度	☐	☐	☐	☐	☐
文化运用度	☐	☐	☐	☐	☐
外部干扰	☐	☐	☐	☐	☐
旅游社区管理	☐	☐	☐	☐	☐
家庭生计对策略	☐	☐	☐	☐	☐

8. 家庭政策扶持（旅游波动时期能够获得的政府资助和政策优惠机会）对下列因素的影响程度：

1（无影响）—5（极高影响）

因素	1	2	3	4	5	因素	1	2	3	4	5	因素	1	2	3	4	5
劳动能力	□	□	□	□	□	关系网络信任	□	□	□	□	□	未来风险应对能力	□	□	□	□	□
住房状况	□	□	□	□	□	社会支持网络	□	□	□	□	□	文化自信度	□	□	□	□	□
生活和生产资产	□	□	□	□	□	社区和组织参与	□	□	□	□	□	文化拥有度	□	□	□	□	□
家庭收入	□	□	□	□	□	教育程度	□	□	□	□	□	文化运用度	□	□	□	□	□
储蓄状况	□	□	□	□	□	信息获取能力	□	□	□	□	□	外部干扰	□	□	□	□	□
借贷能力	□	□	□	□	□	分享的能力	□	□	□	□	□	旅游社区管理	□	□	□	□	□
政策知晓度	□	□	□	□	□	技能培训机会	□	□	□	□	□	家庭生计策略	□	□	□	□	□

9. 家庭关系网络信任（对邻里和亲戚朋友的信任程度）对下列因素的影响程度：

1（无影响）—5（极高影响）

因素	1	2	3	4	5	因素	1	2	3	4	5	因素	1	2	3	4	5
劳动能力	□	□	□	□	□	政策扶持	□	□	□	□	□	未来风险应对能力	□	□	□	□	□
住房状况	□	□	□	□	□	社会支持网络	□	□	□	□	□	文化自信度	□	□	□	□	□
生活和生产资产	□	□	□	□	□	社区和组织参与	□	□	□	□	□	文化拥有度	□	□	□	□	□
家庭收入	□	□	□	□	□	教育程度	□	□	□	□	□	文化运用度	□	□	□	□	□
储蓄状况	□	□	□	□	□	信息获取能力	□	□	□	□	□	外部干扰	□	□	□	□	□
借贷能力	□	□	□	□	□	分享的能力	□	□	□	□	□	旅游社区管理	□	□	□	□	□
政策知晓度	□	□	□	□	□	技能培训机会	□	□	□	□	□	家庭生计策略	□	□	□	□	□

10. 家庭社会支持网络（能够提供帮助的亲朋好友数量）对下列因素的影响程度：
1（无影响）—5（极高影响）

	1 2 3 4 5
劳动能力	□ □ □ □ □
住房状况	□ □ □ □ □
生活和生产资产	□ □ □ □ □
家庭收入	□ □ □ □ □
储蓄状况	□ □ □ □ □
借贷能力	□ □ □ □ □
政策知晓度	□ □ □ □ □

	1 2 3 4 5
政策扶持	□ □ □ □ □
关系网络信任	□ □ □ □ □
社区支持组织参与	□ □ □ □ □
教育程度	□ □ □ □ □
信息获取能力	□ □ □ □ □
分享的能力	□ □ □ □ □
技能培训机会	□ □ □ □ □

	1 2 3 4 5
未来风险应对能力	□ □ □ □ □
文化自信度	□ □ □ □ □
文化拥有度	□ □ □ □ □
文化运用度	□ □ □ □ □
外部干扰	□ □ □ □ □
旅游社区管理	□ □ □ □ □
家庭生计策略	□ □ □ □ □

11. 家庭社区和组织参与（家庭成员参与社区活动、加入合作社、协会和地方团体的情况）对下列因素的影响程度：
1（无影响）—5（极高影响）

	1 2 3 4 5
劳动能力	□ □ □ □ □
住房状况	□ □ □ □ □
生活和生产资产	□ □ □ □ □
家庭收入	□ □ □ □ □
储蓄状况	□ □ □ □ □
借贷能力	□ □ □ □ □
政策知晓度	□ □ □ □ □

	1 2 3 4 5
政策扶持	□ □ □ □ □
关系网络信任	□ □ □ □ □
社会支持网络	□ □ □ □ □
教育程度	□ □ □ □ □
信息获取能力	□ □ □ □ □
分享的能力	□ □ □ □ □
技能培训机会	□ □ □ □ □

	1 2 3 4 5
未来风险应对能力	□ □ □ □ □
文化自信度	□ □ □ □ □
文化拥有度	□ □ □ □ □
文化运用度	□ □ □ □ □
外部干扰	□ □ □ □ □
旅游社区管理	□ □ □ □ □
家庭生计策略	□ □ □ □ □

12. 家家教育程度（家庭成员的平均教育水平）对下列因素的影响程度：
1（无影响）—5（极高影响）

	1 2 3 4 5		1 2 3 4 5
劳动能力	□ □ □ □ □	政策扶持	□ □ □ □ □
住房状况	□ □ □ □ □	关系网络信任	□ □ □ □ □
生活和生产资产	□ □ □ □ □	社会支持网络	□ □ □ □ □
家庭收入	□ □ □ □ □	社会组织参与	□ □ □ □ □
储蓄状况	□ □ □ □ □	信息获取能力	□ □ □ □ □
借贷能力	□ □ □ □ □	分享的能力	□ □ □ □ □
政策知晓度	□ □ □ □ □	技能培训机会	□ □ □ □ □

	1 2 3 4 5
未来风险应对能力	□ □ □ □ □
文化自信度	□ □ □ □ □
文化拥有度	□ □ □ □ □
文化运用度	□ □ □ □ □
外部干扰	□ □ □ □ □
旅游社区管理	□ □ □ □ □
家庭生计策略	□ □ □ □ □

13. 家庭信息获取能力（家庭获取信息的渠道数量）对下列因素的影响程度：
1（无影响）—5（极高影响）

	1 2 3 4 5		1 2 3 4 5
劳动能力	□ □ □ □ □	政策扶持	□ □ □ □ □
住房状况	□ □ □ □ □	关系网络信任	□ □ □ □ □
生活和生产资产	□ □ □ □ □	社会支持网络	□ □ □ □ □
家庭收入	□ □ □ □ □	社会组织参与	□ □ □ □ □
储蓄状况	□ □ □ □ □	教育程度	□ □ □ □ □
借贷能力	□ □ □ □ □	分享的能力	□ □ □ □ □
政策知晓度	□ □ □ □ □	技能培训机会	□ □ □ □ □

	1 2 3 4 5
未来风险应对能力	□ □ □ □ □
文化自信度	□ □ □ □ □
文化拥有度	□ □ □ □ □
文化运用度	□ □ □ □ □
外部干扰	□ □ □ □ □
旅游社区管理	□ □ □ □ □
家庭生计策略	□ □ □ □ □

14. 家庭分享的能力（农户间信息资源与技能交流的程度）对下列因素的影响程度：
1（无影响）—5（极高影响）

	1	2	3	4	5		1	2	3	4	5
劳动能力	□	□	□	□	□	政策扶持	□	□	□	□	□
住房状况	□	□	□	□	□	关系网络信任	□	□	□	□	□
生活和生产资产	□	□	□	□	□	社会支持网络	□	□	□	□	□
家庭收入	□	□	□	□	□	社会组织参与	□	□	□	□	□
储蓄状况	□	□	□	□	□	教育程度	□	□	□	□	□
借贷能力	□	□	□	□	□	信息获取能力	□	□	□	□	□
政策知晓度	□	□	□	□	□	技能培训机会	□	□	□	□	□

	1	2	3	4	5
未来风险应对能力	□	□	□	□	□
文化自信度	□	□	□	□	□
文化拥有度	□	□	□	□	□
文化运用度	□	□	□	□	□
外部干扰	□	□	□	□	□
旅游社区管理	□	□	□	□	□
家庭生计策略	□	□	□	□	□

15. 家庭技能培训机会（家庭成员参加技能培训的次数）对下列因素的影响程度：
1（无影响）—5（极高影响）

	1	2	3	4	5		1	2	3	4	5
劳动能力	□	□	□	□	□	政策扶持	□	□	□	□	□
住房状况	□	□	□	□	□	关系网络信任	□	□	□	□	□
生活和生产资产	□	□	□	□	□	社会支持网络	□	□	□	□	□
家庭收入	□	□	□	□	□	社会组织参与	□	□	□	□	□
储蓄状况	□	□	□	□	□	教育程度	□	□	□	□	□
借贷能力	□	□	□	□	□	信息获取能力	□	□	□	□	□
政策知晓度	□	□	□	□	□	分享的能力	□	□	□	□	□

	1	2	3	4	5
未来风险应对能力	□	□	□	□	□
文化自信度	□	□	□	□	□
文化拥有度	□	□	□	□	□
文化运用度	□	□	□	□	□
外部干扰	□	□	□	□	□
旅游社区管理	□	□	□	□	□
家庭生计策略	□	□	□	□	□

16. 家庭未来风险应对能力（家庭应对未来可预见的生计风险所能采用的应对策略种类数量）对下列因素的影响程度：
1（无影响）—5（极高影响）

	1	2	3	4	5			1	2	3	4	5
劳动能力	□	□	□	□	□		政策扶持	□	□	□	□	□
住房状况	□	□	□	□	□		关系网络信任	□	□	□	□	□
生活和生产资产	□	□	□	□	□		社会支持网络	□	□	□	□	□
家庭收入	□	□	□	□	□		社会组织参与	□	□	□	□	□
储蓄状况	□	□	□	□	□		教育程度	□	□	□	□	□
借贷能力	□	□	□	□	□		信息获取能力	□	□	□	□	□
政策知晓度	□	□	□	□	□		分享的能力	□	□	□	□	□

	1	2	3	4	5
技能培训机会	□	□	□	□	□
文化自信度	□	□	□	□	□
文化拥有度	□	□	□	□	□
文化运用度	□	□	□	□	□
外部干扰	□	□	□	□	□
旅游社区管理	□	□	□	□	□
家庭生计策略	□	□	□	□	□

17. 家庭文化自信度（家庭对当地传统文化发展和传承的自信程度）对下列因素的影响程度：
1（无影响）—5（极高影响）

	1	2	3	4	5			1	2	3	4	5
劳动能力	□	□	□	□	□		政策扶持	□	□	□	□	□
住房状况	□	□	□	□	□		关系网络信任	□	□	□	□	□
生活和生产资产	□	□	□	□	□		社会支持网络	□	□	□	□	□
家庭收入	□	□	□	□	□		社会组织参与	□	□	□	□	□
储蓄状况	□	□	□	□	□		教育程度	□	□	□	□	□
借贷能力	□	□	□	□	□		信息获取能力	□	□	□	□	□
政策知晓度	□	□	□	□	□		分享的能力	□	□	□	□	□

	1	2	3	4	5
技能培训机会	□	□	□	□	□
未来风险应对能力	□	□	□	□	□
文化拥有度	□	□	□	□	□
文化运用度	□	□	□	□	□
外部干扰	□	□	□	□	□
旅游社区管理	□	□	□	□	□
家庭生计策略	□	□	□	□	□

18. 家庭文化拥有度（家庭对能用于旅游开发的物质文化资源的拥有度）一5（极高影响）

	1	2	3	4	5
劳动能力	□	□	□	□	□
住房状况	□	□	□	□	□
生活和生产资产	□	□	□	□	□
家庭收入	□	□	□	□	□
储蓄状况	□	□	□	□	□
借贷能力	□	□	□	□	□
政策知晓度	□	□	□	□	□

对下列因素的影响程度：

	1	2	3	4	5
政策扶持	□	□	□	□	□
关系网络信任	□	□	□	□	□
社会支持网络	□	□	□	□	□
社会组织参与	□	□	□	□	□
教育程度	□	□	□	□	□
信息获取能力	□	□	□	□	□
分享的能力	□	□	□	□	□

	1	2	3	4	5
技能培训机会	□	□	□	□	□
未来风险应对能力	□	□	□	□	□
文化自信度	□	□	□	□	□
文化运用度	□	□	□	□	□
外部干扰	□	□	□	□	□
旅游社区管理	□	□	□	□	□
家庭生计策略	□	□	□	□	□

19. 家庭文化运用度（家庭在旅游经营过程中对当地传统文化的运用程度）对下列因素的影响程度：
1（无影响）一5（极高影响）

	1	2	3	4	5
劳动能力	□	□	□	□	□
住房状况	□	□	□	□	□
生活和生产资产	□	□	□	□	□
家庭收入	□	□	□	□	□
储蓄状况	□	□	□	□	□
借贷能力	□	□	□	□	□
政策知晓度	□	□	□	□	□

	1	2	3	4	5
政策扶持	□	□	□	□	□
关系网络信任	□	□	□	□	□
社会支持网络	□	□	□	□	□
社会组织参与	□	□	□	□	□
教育程度	□	□	□	□	□
信息获取能力	□	□	□	□	□
分享的能力	□	□	□	□	□

	1	2	3	4	5
技能培训机会	□	□	□	□	□
未来风险应对能力	□	□	□	□	□
文化自信度	□	□	□	□	□
文化运用度	□	□	□	□	□
外部干扰	□	□	□	□	□
旅游社区管理	□	□	□	□	□
家庭生计策略	□	□	□	□	□

20. 外部干扰（外部冲击、旅游市场波动等外部因素）对下列因素的影响程度：
1（无影响）—5（极高影响）

	1	2	3	4	5		1	2	3	4	5		1	2	3	4	5
劳动能力	□	□	□	□	□	政策扶持	□	□	□	□	□	技能培训机会	□	□	□	□	□
住房状况	□	□	□	□	□	关系网络信任	□	□	□	□	□	未来风险应对能力	□	□	□	□	□
生活和生产资产	□	□	□	□	□	社会支持网络	□	□	□	□	□	文化自信度	□	□	□	□	□
家庭收入	□	□	□	□	□	社会组织参与	□	□	□	□	□	文化拥有度	□	□	□	□	□
储蓄状况	□	□	□	□	□	教育程度	□	□	□	□	□	文化运用度	□	□	□	□	□
借贷能力	□	□	□	□	□	信息获取能力	□	□	□	□	□	旅游社区管理	□	□	□	□	□
政策知晓度	□	□	□	□	□	分享的能力	□	□	□	□	□	家庭生计策略	□	□	□	□	□

21. 旅游社区管理（政府与旅游公司的管理水平）下列因素的影响程度：
1（无影响）—5（极高影响）

	1	2	3	4	5		1	2	3	4	5		1	2	3	4	5
劳动能力	□	□	□	□	□	政策扶持	□	□	□	□	□	技能培训机会	□	□	□	□	□
住房状况	□	□	□	□	□	关系网络信任	□	□	□	□	□	未来风险应对能力	□	□	□	□	□
生活和生产资产	□	□	□	□	□	社会支持网络	□	□	□	□	□	文化自信度	□	□	□	□	□
家庭收入	□	□	□	□	□	社会组织参与	□	□	□	□	□	文化拥有度	□	□	□	□	□
储蓄状况	□	□	□	□	□	教育程度	□	□	□	□	□	文化运用度	□	□	□	□	□
借贷能力	□	□	□	□	□	信息获取能力	□	□	□	□	□	外部干扰	□	□	□	□	□
政策知晓度	□	□	□	□	□	分享的能力	□	□	□	□	□	家庭生计策略	□	□	□	□	□

22. 家庭生计策略对下列因素的影响程度：
1（无影响）—5（极高影响）

	1	2	3	4	5		1	2	3	4	5		1	2	3	4	5
劳动能力	□	□	□	□	□	政策扶持	□	□	□	□	□	技能培训机会	□	□	□	□	□
住房状况	□	□	□	□	□	关系网络信任	□	□	□	□	□	未来风险应对能力	□	□	□	□	□
生活和生产资产	□	□	□	□	□	社会支持网络	□	□	□	□	□	文化自信度	□	□	□	□	□
家庭收入	□	□	□	□	□	社会组织参与	□	□	□	□	□	文化拥有度	□	□	□	□	□
储蓄状况	□	□	□	□	□	教育程度	□	□	□	□	□	文化运用度	□	□	□	□	□
借贷能力	□	□	□	□	□	信息获取能力	□	□	□	□	□	外部干扰	□	□	□	□	□
政策知晓度	□	□	□	□	□	分享的能力	□	□	□	□	□	旅游社区管理	□	□	□	□	□

附录 C 海南疍家人地方性知识与旅游发展访谈提纲

一、访谈内容（本地居民）

1. 您是疍家人吗？
2. 您在这区域生活多久了呢？您从事什么行业呢？
3. 你了解你们疍家文化吗？
4. 您有什么生产生活中的技能吗 / 您在生活中有运用到怎样的生活技巧呢？
5. 您熟悉咸水歌、海上捕捞、婚嫁礼仪、祭祀表演、疍家帽及服饰制作、渔排海鲜制作、传统食物制作、疍家棚建造、疍家鱼排、渔船制作等吗？
6. 您觉得以上技能在日常生活中发挥什么作用吗？
7. 如果疍家旅游开发后，您能利用以上技能帮助您做什么吗？
8. 如果让您参与旅游开发，您会选择做什么呢？或者您有什么技能可以在旅游开发中发挥作用呢？
9. 您认为目前疍家文化作为旅游资源来开发的话，会有什么困难吗？

二、访谈内容（疍家产业开发领头人）

1. 您从事的是什么产业？您为什么要做这行？
2. 您觉得疍家文化在当前有什么开发价值吗？
3. 疍家人在您的行业中从事什么工种呢？您觉得疍家人在旅游开发中有什么优势吗？
4. 旅游开发对疍家人生活带来了什么影响和变化呢？
5. 在您的领域，您觉得您可以为疍家人带来什么影响呢？
6. 您觉得疍家旅游开发前景如何，还有什么可以继续开发的吗？

三、访谈内容（旅游行业部门）

1. 您在这工作多久了呢？您具体负责什么工作呢？
2. 这边的疍家文化给您有什么感觉？
3. 您觉得疍家文化有哪些值得开发？
4. 对疍家文化旅游开发有怎样的计划呢？侧重哪些方面？

附录 D　海南疍家人旅游可持续生计调查问卷

一、生计资本

（一）人力资本

1. 家庭人口数量：＿＿＿人，其中正在读书有＿＿＿人，劳动力数量（60 岁含以下）：＿＿＿人，60 岁以上＿＿＿人。
2. 家庭受教育情况：大学及以上＿＿＿人；高中或中专＿＿＿人；初中＿＿＿人；小学＿＿＿人；未上学＿＿＿人。
3. 家庭健康状况：有重大疾病，影响工作＿＿＿人；身体残疾＿＿＿人；良好＿＿＿人。

（二）自然资本

1. 家现有水域面积＿＿＿亩，实际养殖＿＿＿亩。
2. 家庭生产受自然灾害影响频率，如发生出现赤潮、台风等自然灾害：
   A. 少于 1 次 / 年　　　　　　　B. 1 或 2 次 / 年
   C. 3 或 4 次 / 年　　　　　　　D. 5 或 6 次 / 年

（三）物资资本

1. 您的家庭住房面积_____平方米。建筑用材：_____

   A. 渔排　　　　　　　　　　　B. 木结构/疍家棚

   C. 砖木结构　　　　　　　　　D. 混凝土结构

2. 家庭现有家用设备共____种（电视、洗衣机、电饭煲、电磁炉、微波炉、电冰箱、电风扇、空调、电脑、汽车、摩托、电动车、自行车、农用车/拖拉机/货车、电话、热水器/太阳能、船等）：

   A. 9种以内　　　　　　　　　B. 9~12种

   C. 13~16种　　　　　　　　　D. 16种以上

3. 家庭现有旅游经营性房屋共____种［农家乐、餐厅、小卖部、水果摊、超市、理发店、旅游纪念品商店、旅游观光车（船）、民宿、酒店、KTV、酒吧等］：

   A. 无　　　　　　　　　　　　B. 1种

   C. 2种　　　　　　　　　　　D. 3种

   E. 4种以上

4. 家庭现有旅游经营性资产共____项（客房中的电视、电脑、床位、空调、淋浴、餐厅中的灶具、消毒柜、电视、冰箱、超市中的商品、纪念品店中的商品、水果摊中的商品、用于载客的船只、用于拉货或拉游客的汽车、KTV中的设备、台球厅中的球桌、其他生产工具）：

   A. 无　　　　　　　　　　　　B. 1种

   C. 2种　　　　　　　　　　　D. 3种

   E. 4种以上

5. 家庭现有旅游经营性房屋面积：

   A. 200平方米及以上　　　　　B. 100~199平方米

   C. 50~99平方米　　　　　　　D. 30~49平方米

   E. 30平方米以下　　　　　　　F. 无

（四）社会资本

1. 家里是否有村/镇/县或其他政府部门干部：

A. 有　　　　　　　　　　　B. 无

2. 是否经常参加村/镇/县组织的各类活动，如技能培训等：

A. 经常参加　　　　　　　　B. 有时参加

C. 极少参加

3. 是否获得村/镇/县或其他政府部门的支持，如政府补贴等：

A. 有　　　　　　　　　　　B. 无

（五）金融资本

1. 家庭年总收入：

A. 5万元以下　　　　　　　B. 5万~10万元

C. 11万~20万元　　　　　　D. 21万~35万元

E. 35万元以上

2. 家庭现有储蓄金额：

A. 10万元以下　　　　　　　B. 10万~20万元

C. 21万~40万元　　　　　　D. 41万~60万元

E. 60万元以上

3. 当家庭需要资金帮助时，您通常会选择（银行/信用贷款、民间借贷、亲戚朋友借款）：

A. 3种　　　　　　　　　　B. 2种

C. 1种　　　　　　　　　　D. 无法借到

（六）文化资本

1. 家庭成员对苗家地方性知识了解程度（重点对物质文化遗产和非物质文化遗产）：

A. 非常了解，平时还会表演　　B. 比较了解，家里都有这些习俗

C. 一般，主要是看或者听说　　D. 完全不了解，从未参与也没兴趣

2. 家庭成员对疍家知识运用程度（重点在非物质文化遗产方面）：

A. 运用非常多，作为主业收入　　B. 运用较多，作为兼职

C. 一般，作为兴趣爱好　　　　　D. 运用较少，听说但不会

E. 完全不运用，不感兴趣

3. 您的家庭成员所拥有的传统文化技能种类（多选题）：

□咸水歌　　□海上捕捞　　□婚嫁礼仪　　□祭祀表演

□疍家帽及服饰制作　　□渔排海鲜制作　　□传统食物制作

□疍家棚建造　　□疍家鱼排、渔船制作　　□其他

4. 您及您的家人所参与的传统文化旅游活动有哪些（多选题）：

A. 婚嫁礼仪　　　　　　B. 祭祀表演

C. 服饰制作　　　　　　D. 疍家美食制作

E. 疍家渔船　　　　　　F. 咸水歌表演

G. 歌曲演奏　　　　　　H. 其他

5. 家庭是否将所拥有或引进传统文化技能转化为旅游产品经营：

A. 是　　　　　　　　　B. 否

二、生计策略

1. 您的家庭生计类型是：□纯旅游型　　□兼业型　　□非旅游型

2. 家庭年收入是否受到季节影响：

A. 完全不影响　　　　　B. 基本不影响

C. 比较影响　　　　　　D. 非常影响

3. 旅游业作为生计策略意愿：

A. 非常愿意　　　　　　B. 比较愿意

C. 一般　　　　　　　　D. 不愿意

E. 很不愿意

4. 家庭内部不同代际的生计策略选择：

A. 传承或相同　　　　　B. 不同，差异较大

三、生计结果

经济可持续	完全同意	同意	中立	不同意	完全不同意
旅游发展改变了我们家的生活方式					
旅游发展增加了我们家庭收入					
旅游发展让我们家收入波动不大					
旅游发展带来了福利提升					
旅游发展使得我们家的生计活动选择更加多元					
旅游使得我们拥有更好的基础设施					
旅游发展为我们创造了比之前更多的就业机会					
社会可持续	完全同意	同意	中立	不同意	完全不同意
旅游让我和村民的关系更紧密					
旅游发展之后，村民的酗酒、赌博等行为增多*					
旅游发展之后村民之间越来越不信任*					
旅游发展之后村民之间更加团结					
生态可持续	完全同意	同意	中立	不同意	完全不同意
食品安全性得到了改善					
旅游破坏了我们的生态环境*					
旅游开发使得我们村寨更具吸引力					
旅游发展之后大家的环境保护意识增强					
文化可持续	完全同意	同意	中立	不同意	完全不同意
旅游推动了传统文化的传承与创新					
旅游促进了疍家文化活动的多样性					
旅游增强了我对社区和家乡的依恋感					
旅游发展让我对疍家文化产生了自豪感					

注：带*号问题为反向题项设置